BESTSELLER

Ramón Lobo, hijo de padre español y madre inglesa, nació en Madrid en 1955, se licenció en Periodismo por la Universidad Complutense de Madrid y luego trabajó en diversos medios de comunicación. En 1992 entró en *El País*, donde permaneció veinte años como redactor de su sección Internacional y con el que cubrió numerosos conflictos internacionales: Croacia, Serbia y Kosovo, Bosnia-Herzegovina, Afganistán, Albania, Chechenia, Irak, Líbano, Argentina, Haití, Ruanda, Nigeria, Guinea Ecuatorial, Sierra Leona, Uganda, Congo, Zimbabue, Namibia y Filipinas. Recibió algunos premios, entre ellos el Cirilo Rodríguez y el del Club Internacional de la Prensa. También colaboró con la *Cadena SER*, eldiario.es, infolibre.es y *El Periódico de Catalunya*, entre otros medios. Entre sus libros destacan *Todos náufragos* (2015), *El día que murió Kapuściński* (2019) y *Las ciudades evanescentes. Miedos, soledades y pandemias en un mundo globalizado* (2020). Falleció en 2023.

Biblioteca

RAMÓN LOBO

Todos náufragos

DEBOLS!LLO

Papel certificado por el Forest Stewardship Council®

MIXTO
Papel | Apoyando la
silvicultura responsable
FSC® C117695
FSC
www.fsc.org

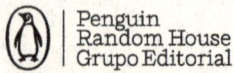

Penguin
Random House
Grupo Editorial

Primera edición en Debolsillo: abril de 2024
Primera reimpresión: septiembre de 2024

© Ramón Lobo, 2015
Publicado de acuerdo con Pontas Literary and Film Agency
© 2015, 2024, Penguin Random House Grupo Editorial, S. A. U.
Travessera de Gràcia, 47-49. 08021 Barcelona
Diseño de la cubierta: Penguin Random House Grupo Editorial / Laura Jubert
Imagen de la cubierta: © Shutterstock

Printed in Spain – Impreso en España

ISBN: 978-84-663-7607-5
Depósito legal: B-1.826-2024

Impreso en QP Print
Molins de Rei (Barcelona)

P 376075

A mi bisabuelo Ramón Lobo Regidor,
a mi abuelo Ramón Lobo Coya
y a todos aquellos que siguen luchando
por la Memoria Histórica.

A mi familia de Inglaterra,
en especial a Martin Leyder.
A María.

1

En guerra por las ausencias

A los siete años me inventé una vida, otra familia, un accidente de aviación, un hospicio en la ciudad de Maracaibo. La chica de servicio planchaba en una sala de la cocina en la casa de María de Molina 60, en Madrid, que recuerdo enorme, de techos altos que más tenían que ver con mi tamaño que con la realidad. El vapor nos hacía sudar. Parecían los trópicos, una selva de ropa que olía a jabón. Le conté que mis verdaderos padres murieron en Venezuela, que los actuales me habían recogido en una casa grande, donde estaba con otros niños, y traído con ellos a España. La chica se emocionó. No fueron grandes lágrimas, solo un brillo en los ojos. Su desazón me envalentonó, y entré en detalles; los detalles siempre han sido mi perdición. Fue mi primer y único éxito narrativo. Al regresar mi madre, la chica, aún conmovida por el relato del huérfano inesperado, le dijo: «No conocía la historia tan triste de Ramoncito». Ella lo desmintió a mis espaldas, sin comunicarme que aquel primer extraordinario relato de la vida no vivida se había desmoronado sin remedio. A última hora de la tarde, mi padre fue informado de los pormenores del viaje literario en la sala de la plancha. Nunca destacó como lector de ficción, lo suyo eran los libros de la División Azul y del bando nacional que poblaban la estantería del salón. Con la vocación militar intacta lo resolvió como solía resolver estas situaciones: dos bofetadas, y a la cama sin cenar.

Han pasado 53 años, y aún fantaseo con ser otro, tener otro padre, otra familia. Siempre con la carga de la infancia, de los yos inventados que alimento y arrastro. Soy un tipo en guerra subterránea permanente conmigo mismo, preso de un relato trágico del que no consigo desprenderme. Soy como España: un derrotado por el franquismo, víctima de una transición mal resuelta que me dejó preñado de fantasmas e impunidades, incapaz de sacar los muertos de las fosas comunes y de las cunetas, de devolverles el nombre, el apellido y la dignidad, de firmar la paz, una paz verdadera, sostenible. Necesito desenterrar al niño desaparecido que podría haber sido y que no fui, y ponerlo en el lugar íntimo de la memoria que le corresponde.

Enrique Vila Matas, con quien compartí en 2012 una charla en la librería +Bernat de Barcelona, dijo que si hubiese nacido en China sería la misma persona. Lo planteó como un juego literario de los suyos, una broma narrativa. Traté de defenderme, argumentar; es un territorio espinoso, lleno de arenas movedizas. Al sentirme acorralado por sus malabares de artista de las palabras, repliqué: «Sería completamente distinto si hubiera crecido a 20 kilómetros de mi padre». En este asunto me falta humor, adolezco de la ironía a la que soy tan aficionado.

Me reconstruí para ser, pensar, sentir y estar en un mundo opuesto al de mi padre. Elegí ser lo contrario, la antimateria. Solo salvé al Real Madrid del derribo concienzudo de la herencia impuesta. Asistir, a los siete años, a un partido de fútbol en el segundo anfiteatro del Santiago Bernabéu me conquistó para siempre. Me ganó el juego, quizás aún con Alfredo Di Stéfano, el rugir animal de la grada, ese sentimiento de pertenencia a una tribu diferente de la familiar, tan irracional como ella, pero ajena, sin efectos secundarios. Me resulta más sencillo expresar sentimientos ante desconocidos, navegantes que se cruzan en mi vida durante un instante y después desaparecen. Me resulta más fácil abrazar y emocionarme en lo circunstancial. Querer en lo efímero me protege de la decepción. Cuando tomé conciencia de que compartía devoción futbolística con él, era tarde para rectificar, para transfugarme al Atlético de Madrid, el equipo que me corresponde por carácter y actitud vital. Había decidido la emoción, no el cerebro. Uno puede cambiar de familia, pareja, sexo, país, nacionalidad, religión, ideas políticas, pero jamás de equipo de fútbol. Hay cosas sagradas.

Soy un superviviente maltrecho de un doble maremoto, el familiar y el colectivo, que asoló España entre el 18 de julio de 1936 y el 20 de noviembre de 1975, y del que aún no nos hemos recuperado. Ambos, familia y país, fuimos aplastados por una forma de intolerancia, impulsada y guiada desde el nacional-catolicismo, un virus troyano que procede de la Inquisición, de la España más oscura. Estoy rodeado de náufragos: decenas de tíos, hermanas, sobrinos y primos que flotan aferrados a una tabla de salvación, a un resto a la deriva, sin saber lo que son ni hacia dónde nadar. Somos una familia desestructurada. Nos atraviesa los huesos una línea verde, como la que dividió Beirut y Mogadiscio, y un muro de Berlín; dos bandos: aquí los buenos, allá los malos. Este tipo de fronteras no se dibujan sobre los mapas o la tierra, se imprimen a golpes y agravios en la mente, se transmiten a la siguiente generación aunque ya no haya guerra. Una parte de la familia, Salud, Pilar y Manuel, fue silenciada, arrancada del relato cotidiano; eran los exiliados en México. Su delito: estar emparentados con los De Rivas Cherif, los cuñados de Manuel Azaña.

El día en que Salud Lobo, hermana de mi abuelo Ramón Lobo Coya, republicana como él y como su padre, aterrizó en el aeropuerto de Madrid-Barajas tras treinta y cuatro años de exilio, vi lo que anhelaba ver: una mujer en color que se acercaba a una familia en blanco y negro que vivía en un país en blanco y negro. Aunque Salud iba vestida de luto, resplandecían su mirada, su sonrisa, el pelo blanco y una forma de caminar elegante y segura. Su marido, Manuel De Rivas Cherif, médico oftalmólogo, había fallecido en 1966 por causas naturales; tenía 72 años. Su único hijo, José Manuel, se dejó la vida en el vuelo 704 de Mexicana de Aviación con destino a Monterrey que se estrelló el 4 de junio de 1969 en el Pico del Frayle (Nuevo León). El accidente tenía el sello de los atentados políticos. A bordo viajaban 79 personas, entre ellas Carlos Madrazo, ex presidente del PRI, el objetivo. Salud también perdió a su hermana Pilar, que se había trasladado a vivir con ella tras el fallecimiento de Manuel; luego se fue quedando poco a poco sin sus nietos, distanciada de su nuera, Guadalupe Fernández Gascón. Sin nadie a quien aferrarse en México, decidió el regreso a España. Faltaba que muriese el dictador. Pese a las derrotas, las heridas y el exilio, Salud parecía conservar intacta la dignidad.

Aquel viaje exploratorio antes de instalarse en España tras la muerte de Franco, y mi ingreso en el internado de Izarra, en Álava, debieron de producirse casi al mismo tiempo en el verano de 1973; o tal vez no y es mi memoria la que los aproxima en busca de una ligadura, de una relación causal. Fueron dos sucesos extraordinarios que encauzaron mi rebeldía y la dotaron de la etiqueta ideológica de mi abuelo y de mi bisabuelo, entroncándome con una forma de entender el mundo en la que mi padre, Ramón Lobo Varela, quedaba excluido. Soy el penúltimo de una estirpe de cinco generaciones marcada por una evidente falta de originalidad en el nombre; mi primo cordobés, José Luis Lobo, ya nombró a su primogénito Ramón Lobo sin que sepamos aún cuál será su bando o si tendrá necesidad de escogerlo. Estamos a un paso de extraviarnos entre Aurelianos y Arcadios Buendía.

Aquellos dos acontecimientos, Salud e Izarra, me permitieron descubrir quién quería ser y a qué facción familiar deseaba pertenecer, dónde me ubicaba en la pugna entre las izquierdas y las derechas, entre el librepensamiento y el temor a dios. Escogí el lado de los perdedores;

explica mejor la vida, sus laberintos y complejidades. Me siento uno de ellos, un hombre con la infancia robada. En los arrugues de la derrota, en su melancolía y soledad, hay más certezas que en las fanfarrias de la victoria. Desde entonces he buscado a los derrotados. Me convertí en reportero para poder vivir esa búsqueda en cada viaje, en cada guerra, en cada tragedia. En aquella tía llegada desde el exilio, y en aquel colegio vasco, descubrí que había vida lejos del campo de reeducación, del insoportable imperio de los vencedores y de la verdad única. Fue el comienzo de mi liberación.

Al entrar el primer día en el aula me impactó una frase escrita en tiza blanca en la pizarra: «¿Has matado ya a tu fascista? Dos mejor que uno». Era septiembre de 1973. Procedía de un colegio del Opus Dei, El Prado de Mirasierra, en Madrid, donde nuestro acto más revolucionario e insolente había consistido en poner a gran volumen en los altavoces del centro la canción *Je t'aime* de Serge Gainsbourg y Jane Birkin. Sucedió durante una fiesta de fin de curso con madres, padres, abuelas, abuelos y profesores sentados en las gradas. Escuchar el orgasmo de Birkin en medio de tanta compostura fue un desafío inconmensurable. La mayoría simuló no saber de qué iban aquellos jadeos. Tal vez fuera cierto. En aquel colegio, donde primaba la manipulación emocional y psicológica, cursé Tercero (dos veces), Cuarto, Quinto y Sexto de Bachillerato, que concluyó en una hecatombe inapelable: aprobé Educación Física y Formación del Espíritu Nacional en junio, e Historia en septiembre. El resto: cinco insuficientes y un muy deficiente. Se trató de un acto de resistencia, mi récord en una dilatada carrera de pésimo estudiante. Tocaba repetir de nuevo.

Aquel texto escrito en mayúsculas en la pizarra me conmocionó; más allá de las diferencias ideológicas con El Prado, apuntaba a una parte mayoritaria de mi familia. En Izarra estuve un curso, mi segundo intento de terminar Sexto de Bachillerato. Aprobé en junio, saqué buenas notas por primera vez en mi vida y fui feliz alejado de la casa de mis padres. Allí, cerca de Vitoria, descubrí la represión franquista, conocí a los hijos de sus víctimas y oí hablar de ETA y de su entorno desde otro punto de vista. Aún vivía el dictador. Fue catártico.

Me cuesta sentir el vínculo de sangre con mi familia española. No fui capaz de crear lazos con mis tíos y mis primos; tampoco con mis hermanas y sobrinos. Ser de la familia era y es un obstáculo. Sé que es injusto, algo que me disminuye, pero aun así me cuesta enfrentarlo. Siempre preferí a la familia de mi madre que vivía en el Reino Unido. Su extranjeridad era una garantía de no contaminación franquista. Los Leyder se convirtieron en mi hogar mental, en un seguro de supervivencia. Aunque mis abuelos pasaron la mayor parte de sus vidas en el Reino Unido y tenían pasaporte británico, no eran ingleses, un título nobiliario en aquella época y en la actual. Arrastraban dos defectos insalvables para obtener tal honor: nacieron en el extranjero, y de padres foráneos. A Germaine Marie Lebel, mi abuela materna, nunca le preocuparon los detalles burocráticos ni estéticos, restos imperiales de la Union Jack. Murió a los

93 años tras pasar 70 en Inglaterra, sin perder un ápice de su acento francés, esa erre gutural que transmutaba mi nombre de pila en *Gramon*. No ocultó su origen normando del que estaba orgullosa, un sello de generaciones indómitas.

La situación legal de Marcel Nicolas Leyder, mi abuelo materno, resultaba más complicada. Pese a nacer como Germaine en Pantin, localidad situada entonces fuera de París, no tenía derecho a la nacionalidad francesa porque ninguno de sus progenitores era francés. François Leyder y Anna Reis procedían de Luxemburgo. Nacer en la Francia de finales del XIX no era mérito suficiente para ser ciudadano de la República. Su madre murió cuando él tenía siete años, y su padre, desbordado por la responsabilidad de una paternidad en solitario, se deshizo de sus cinco hijos: cuatro los repartió entre su madre y sus hermanos, mientras que a la pequeña Suzanne le tocó un hospicio que marcaría su vida. A Marcel le cayeron en suerte sus tíos Charles Leyder y Elisabeth Field, que era británica. Años después se trasladarían a Londres para emprender una nueva vida. Elisabeth quería alejar a su marido de algunas amistades del café que frecuentaba. La decisión de François de abandonar a sus hijos empujó al primogénito Marcel a ejercer ante sus hermanos el rol de padre. Esa herida esculpió la fortaleza de su carácter, su capacidad de lucha, como demostró durante la enfermedad de su mujer, mi abuela, pero también le generó debilidades: era una persona desconfiada, rígida; estaba habituado a mandar, era un patriarca que ejercía su autoridad con firmeza. Tras él, emigró Germaine, una vez casados el 5 de octubre de 1920 en París. Estaban predestinados por la amistad entre los Leyder y los Lebel. Él tenía 30 años; ella, 22. Germaine era de una belleza perturbadora: labios carnosos, ojos claros y párpados ligeramente caídos. Al observar sus fotos juveniles sé que algo de su rostro ha quedado prendido en mí convertido en canon de belleza.

Nunca escuché a mi abuelo Marcel hablar de su padre biológico, pero sí de su padrastro *Papa* Leyder, como le llamaban. François me provoca rechazo. No me gusta que se deshiciera de sus hijos y que un año después, una vez repuesto de la crisis, fuera económica, de egoísmo o pánico, se casara con la viuda Eliza Trausch, de quien tengo una fotografía. En ella aparece de pie, vestida de negro junto a las dos hijas de su primer matrimonio; sentadas se encuentran las que tuvo con François: Émiliene, Marthe, que llegó a ser una heroína de guerra, y Jeanne. ¿Por qué no intentó recuperar a los cinco hijos que tuvo con Ana Reis? ¿Ni siquiera a Suzanne, que permaneció en un hospicio hasta los siete años? François murió a los 41.

No sé cómo sintió mi abuelo Marcel esta ausencia física y emocional, este doble abandono del padre biológico en apenas doce meses, al entregarlo y al no recuperarlo, y si afectó a mi madre y a sus hermanas, si influyó en su educación y, de alguna forma, en la mía. Quizá mi avería no dependa tanto de mi padre y de los Lobo, como siempre he sostenido, sino que me llegue de los Leyder. ¿Es el destino de las familias dañadas seguir dañando y producir nuevos náufragos? Al menos una de las hijas de mi abuelo, Janine, lo fue, una mujer a quien condenó y salvó la maternidad.

Fui el primer nieto de Marcel y Germaine. Debo de ser Ramón Lobo Leyder Varela Lebel Coya Reis Castro Billard Regidor Beiches Álvarez Maudek, o algo así. Me agrada la sonoridad de los apellidos foráneos y tener antepasados con nombres tan literarios como Anna Freud, Suzanna Konnen o Anna Barbara Wasserlo. El árbol genealógico conocido de la rama de los Leyder alcanza a diez generaciones, hasta Theodore Leyder que vivió en 1698 en Diekirch (Luxemburgo). Soy mezcla, sincrético, impuro, un producto de las fronteras que se abren y cruzan, y que a veces se cierran y militarizan levantando nuevas defensas, incluso emocionales. Soy víctima y constructor de esos muros. Haber sido el primer nieto de Marcel y Germaine me otorgó en Inglaterra una primogenitura medieval que duró hasta la muerte de mis abuelos; en cambio en España me sentí desplazado tras el nacimiento de mis hermanas, Mónica y Patricia, a las que aventajo en siete y ocho años.

En Inglaterra percibo el placer íntimo del regreso al hogar, la pertenencia emocional a un sitio concreto. Hay imágenes, olores y sabores que me conectan a esa infancia feliz: el césped recién cortado, la quema de la mala hierba, el salitre del mar, la lluvia, el helado 99 Flake, las cabinas de teléfono, los autobuses de dos pisos, el pastel de manzana, los Beatles. Mis abuelos vivían en Ferring, en el Oeste de Sussex, un pueblo a un par de kilómetros de la playa entre Worthing y Littlehampton, dos ciudades de veraneantes. En casa de los Leyder Lebel me sentí respetado, querido; jamás me golpearon, nunca me gritaron ni castigaron. Como europeos del norte eran fríos, poco dados al abrazo y al beso, pero para mí su distancia estaba preñada de calor. Quizás esa dificultad de expresar afectos, que también cercenó a mi madre, no sea climática ni geográfica sino que proceda del fracaso de François como progenitor.

He preguntado a decenas de corresponsales de guerra sobre su relación con el padre. Muchos tuvieron una experiencia difícil, conflictiva, traumática. Estamos marcados, en lucha contra esa figura distorsionada en el tiempo, una figura aplastante, castradora, a veces excesiva. Huimos de una infancia mal vivida, y vamos encontrando con el paso de las guerras otros motivos, más profundos, para seguir en la brega; a veces basta el espejismo de creernos útiles, de modificar las pequeñas cosas. Vamos a las guerras porque es el estado natural de nuestras vidas, de nuestras emociones; siempre en lucha contra algo, contra nosotros mismos; en busca del dolor que ayude a calmar la culpabilidad constante. Vamos para llamar la atención, para obtener el reconocimiento que nos negaron de niños, para que nos quieran, como decía Enrique Meneses. La periodista Emma Daly, a quien conocí en Sarajevo en la primavera de 1993 como enviada especial del *The Independent*, añade una variante: también estamos en guerra por las ausencias; la muerte prematura es otra forma de abandono.

En mi caso mantengo una doble beligerancia: contra la autoridad desmedida que ejerció Ramón Lobo Varela durante mis dos infancias y la primera de mis dos juventudes, y contra la ausencia que provocó su muerte prematura hace 32 años. Mi padre falleció en la madrugada del 28 de diciembre de 1983 sin dejarme concluir la guerra, ganarla o perderla, sin firmar un armisticio, un pacto que permitiera una reconciliación, relacionarnos de una manera más inteligente y respetuosa, menos tóxica. Tenía 63 años. Soy el general de un ejército fantasma apostado en un campo de batalla rodeado de brumas, armas abandonadas, esqueletos, olores pútridos y estandartes deshilachados en espera de un milagro. Soy el general de un ejército patético, tan derrotado como el que había enfrente, que se esfumó con la excusa de la muerte de su líder. Vivir en combate desde la infancia resulta agotador. Construirme como el antónimo de otro es una forma absurda de estar en el mundo. Tengo miedo de curarme, de sanar de las heridas, de quedar en tierra de nadie, de dejar de ser yo después de tanto empeño por ser otro. Pienso en *El duelo* de Joseph Conrad y en D'Hubert y Feraud. En mi lance combato a un fantasma que me alimenta.

Cada lunes visito a mi madre, Maud Leyder Lebel. El trayecto en la Línea 1 del Metro hasta la estación de Pinar de Chamartín, al norte de Madrid, se convierte en un viaje deliberado en el tiempo, traqueteante y lento, a la infancia amable que se desarrollaba en la calle, extramuros de la casa de mis padres. Esa parte feliz se nutre de juegos de asalto con piedras a montículos de arena, partidos de chapas, Scalextric con coches tuneados, carreras de bicicletas, patines de ruedas y motos sin frenos, una competición de eructos en la que quedé subcampeón, el inolvidable combate de boxeo en la piscina del barrio con Juan Rodríguez *El Copón*, los primeros porros, las borracheras y gamberradas; también de los primeros ligues y manoseos furtivos, del sexo como fantasía inalcanzable. Todo lo bueno ocurría fuera del correccional, de lo que fue mi casa al final de Arturo Soria entre los 12 y los 28 años. Atrás quedó María de Molina, las infancias y dos amigos del alma, José Ramón y Jesús, a quienes no volví a ver tras la mudanza. La distancia nos separó para siempre.

Comemos, charlamos y jugamos una partida de Scrabble. Suele ganar ella pese a superar los 91 años; a veces por el impulso de la jugadora competitiva que aún es, otras porque coloca palabras inventadas que dejo pasar sin reclamación. Al llegar a los 80 empezó a escribir la historia de su vida en un ordenador portátil. Fue su primer contacto con las nuevas tecnologías. Descubrió las ventajas del correo electrónico, el placer de navegar por la Red para leer mi blog personal y seguirme en Twitter y Facebook, lo que limitó mis posibilidades de sarcasmo. Perdí invisibilidad, volví a estar vigilado.

Maud fue una aventurera, una mujer valiente, de una actividad extraordinaria. Aún hoy, restringida por la edad, es capaz de ser el centro de cualquier reunión: tiene historias que contar, es amena y entretenida. Heredé algunos rasgos de su carácter: la rebeldía, la impetuosidad, el placer por el viaje y un sentido de la justicia que me ha empujado a meterme en todos los charcos. Escribió su libro en castellano, después en inglés para que lo pudiera leer su familia de Inglaterra. Cuando pretendía una tercera versión en francés, su idioma materno, empezó a flaquearle la memoria y el Windows no-sé-qué-punto se convirtió en un Everest. «Me cambian las cosas para confundirme», se queja. No es la única que tiene problemas con Microsoft.

El libro es un recorrido por sus primeros 35 años de vida: la casa en Hornsey —la del abuelastro *Papa* Leyder y su mujer Elisabeth— y la posterior de Marcel y Germaine, ya independizados, en Etchingham Park Road, en Finchley, un barrio del norte de Londres que entre 1959 y 1992 sería el distrito de la imbatible Margaret Thatcher; el colegio de las monjas de Marie Auxiliatrice; sus primeros viajes al Continente a conocer a la familia de Francia, Bélgica y Luxemburgo; los prolegómenos de la Segunda Guerra Mundial; las dos evacuaciones, el racionamiento y su militancia antinazi. Allí están su infancia y juventud, la pasión por el tenis, el bádminton y el ajedrez, el enamoramiento *fou* de España, su primer viaje a Madrid en el verano de 1949, el definitivo en 1950, los toros en las Ventas, la fascinación por Miguel Báez *El Litri*, su matador favorito. Está también uno de sus pretendientes, el pintor y vallista olímpico en Londres 1948, Manuel Molezún, y la aparición de mi padre en febrero de 1953, el encantamiento súbito y no menos loco, su compromiso inmediato, el viaje en barco a Venezuela, donde vivía por entonces Ramón, y la boda en la catedral de Caracas el 2 de marzo del año siguiente. El libro finaliza con nuestro regreso a España en 1959.

Tardé dos años en leerlo. No lo edité mientras estaba

en pruebas; no ayudé a mejorarlo, a corregir erratas, a liberarlo de adjetivos, religión y frases hechas. Sabía que para ella era importante que realizara esa lectura, otra forma de reconocimiento, pero había algo en él que me impedía entrar. «A ver si lees mi libro, que me he leído los tuyos», decía. Otras veces probaba la táctica del ego: «Hablo mucho de ti, de tu infancia en los trópicos». No sé a qué se debió la resistencia, tal vez fuera dejadez o miedo a enfrentarme al pasado a través de un relato que no me pertenece, a que se manchara Inglaterra y la imagen idílica de mis abuelos Marcel y Germaine, la parte de la infancia que me sostiene, a que descarrilara mi decisión infantil de salvar a mi madre.

Antes de arrancar este libro, leí el suyo armado de un rotulador de punta fina y un taco de *post-it*. Resultó un viaje apasionante que encendió la mecha que ahora me guía. Sus páginas me inundaron de dudas, de quiero-saber-más. Los primeros lunes alternábamos el Scrabble y las preguntas. Necesito saber, comprender, descender a los detalles hasta donde sea posible. Echo en falta las conversaciones con los que ya no están: decenas de preguntas extraviadas, de respuestas calladas. Maud, que está perdiendo el atraque a puerto debido a la edad, se siente importante ante la grabadora y el cuaderno de notas. Se imagina protagonista en una entrevista. Siempre fui su favorito; ahora, en la vejez, sin mi padre, puede demostrarlo. Avanzo con mimo profesional, dejando que sea ella quien abra los recuerdos, sin forzar, sin prisa. Hay zonas antiguas a las que no llega bien; otras en las que se impone la historia oficial, lo que se dice que fue sin dejar resquicios a la duda, como si la reiteración del falseamiento de la verdad por motivos morales, y de apariencia, se hubiera erigido en una muralla. Hace años me sorprendió con una pregunta a bocajarro: «Si algún día escribes un libro sobre tu vida no quiero que hables mal de tu padre, ¿me lo prometes?» Guardé silencio, tragué las palabras como hago con frecuencia para no ofenderla. Es una promesa que no puedo ni quiero hacer, y ella lo sabe. En aquellos primeros meses de investigación apuntaba mis reflexiones en un cuaderno negro; en él recogía las ideas y los recuerdos que me mueven. Al escribir en un papel todo se duplica en mi cerebro, queda fijado. Nunca me importó la letra, tan deteriorada desde la Universidad que ni yo mismo la entiendo pasados unos días.

La vida es un gran río que se abre en decenas de afluentes, canales y ramificaciones. Cada uno es una propuesta, una posible vía de exploración, una aventura, una opción vital. Me causa malestar esta metáfora en la que siento más las pérdidas imaginadas que los logros alcanzados. Una relación que se rompe representa una ruta que dejaré de navegar, amigos comunes que se esfumarán, personas que jamás conoceré. La renuncia, conformarme con lo vivido, me provoca vértigo. Es como si vivir fuese una poda de las posibilidades de vivir, un ir reduciéndonos hasta desaparecernos en la muerte. Me atasco en los territorios desechados, temeroso de que en ellos estén las otras vidas que persigo. A veces elegimos de manera consciente y madurada, sopesando ventajas e inconvenientes; otras, lo hacemos desde la intuición.

Con los años aprendemos que las decisiones racionales no siempre aseguran el éxito. Da escalofríos pensar en el escaso control que tenemos de un destino no escrito, más cercano a la ruleta rusa que al cálculo y la reflexión. Las personas religiosas tienen suerte: disponen de un mapa predeterminado, sin carreteras secundarias, sin dudas ni sobresaltos. Solo certezas.

Escuchar a mi madre es un despertador del tiempo, de rutas vitales olvidadas que regresan cargadas de sorpresas, voces e imágenes que pugnan por llegar primero. Resulta inquietante abismarse en el ayer, mirarse desde dentro, abrir compuertas, descubrir risas y dolores. Le dejo hablar, como si estuviera en algún lugar de las Áfricas, sentado sobre la tierra roja de una choza de adobe y paja junto a una familia desconocida preparando un reportaje. Maud habla de su marido, desde una devoción aprendida, como si fuera parte esencial del discurso inamovible de su vida. «¿Le echas de menos?», le preguntó una de mis sobrinas. Ella respondió «no». Su vida con Ramón Lobo Varela fue un río que navegó negando que existían otros.

Su libro me resultó doloroso: es un desnudo psicológico, inconsciente y perturbador; es la historia de una sumisión elegida, de cómo se va despojando de su carácter rebelde, de su fiereza, de su independencia, de su propio ser, para dejarse dominar por un desconocido con quien decidió matrimoniarse tras 13 días de noviazgo y un año de misivas transatlánticas. Al casarse, Maud tenía 30 años, una edad arriesgada en aquella época, repleta de alertas biológicas y sociales; era la frontera entre lo de-

25

cente y lo indecente, lo normal y una tara inconfesable. Quedarse soltera representaba una desgracia personal y un estigma familiar. Su ansiedad por evitar el desdoro la arrojaron en brazos de mi padre, tal vez el menos adecuado.

Mi madre tuvo varios pretendientes: el aviador Paul Stein en Inglaterra, enfermo de malaria, que mi abuelo Marcel descartó porque ser judío era peligroso en aquella Europa; el pintor gallego Molezún; quién sabe si su admirado torero *El Litri;* y mi padre. Si hubo más candidatos están enterrados bajo la losa de lo que no podía ser. En una de mis visitas me rebelé contra su capitulación: ¿por qué no defendiste tu espacio? La respuesta es parte de su salvavidas: «Una mujer debe ceder ante su marido para que no se rompa el matrimonio; si quería ser española debía hacer como las españolas». Aunque él no está entre los vivos, dejó su impronta, su línea verde. Es el mástil del que pende su vida.

Un año después de morir Ramón, mi madre mantenía en el salón de Arturo Soria un retrato de Franco, su testamento político y una bandera rojigualda con el águila en el centro. Parecía un altar junto a la mesa del comedor. Le pregunté si pensaba dejarlos a la vista por mucho tiempo. Respondió que no podía retirarlos por respeto a mi padre. «Pues no volveré a tu casa mientras estén allí», dije. Bandera nacional, testamento y retrato emprendieron una discreta retirada hacia su habitación antes de desaparecer con el paso de los años. Queda el testamento colgado en una pared del pasillo, el último resistente de una época que no se resigna a desaparecer.

Este repliegue de los emblemas de la dictadura ha sido más fácil en Arturo Soria que en las calles, plazas e iglesias de España, donde aún quedan miles de símbolos franquistas como prueba de una transición incompleta, de la memoria callada, de un país tan malogrado como mi familia. Queda un franquismo cultural, sociológico y político que no hemos superado tras cuarenta años de democracia; sigue incrustado en una sociedad que ahora parece, por fin, dispuesta a mudar de piel.

Algunas tardes, Maud dispara por sorpresa, sin que lo demande la conversación: «Franco hizo muchas cosas por España». Aunque me hierve la sangre, trago la saliva del respeto y le explico que fue un dictador como Sadam Husein en Irak. Le digo que era amigo de Adolf Hitler, el Führer alemán que bombardeaba Londres, el responsable del racionamiento de los alimentos en su juventud. Aunque parece aceptar mis explicaciones, los fallos de memoria la sitúan de nuevo en el lugar exacto de sus ideas aprendidas y aceptadas, de sus pensamientos reales. «Franco hizo muchas cosas por España», vuelve a decir semanas después. En esos días me siento huérfano de padre y madre, de familia entera, me siento un navegante solitario que viaja por ríos que parecen mares.

Al final de su libro, cuando deja atrás Venezuela, la vida en los trópicos, como dice al referirse al calor tórrido de Maracaibo, y regresa a España con 35 años, un marido talibán y un hijo enfermo de asma, no queda nada de la joven idealista que trabajó en la oficina de Charles de Gaulle en Londres mientras preparaban en secreto la liberación de Francia del nazismo, el célebre *D-Day*, el desembarco de Normandía. Queda la mujer moldeada por un marido que le prohibía bañarse en la piscina de los campos petroleros porque no quería que nadie viera su cuerpo, que le impedía usar vestidos de tirantes para que no mostrara los hombros, que era capaz de confiscar la carta de un joven estudiante de Farmacia, antiguo compañero de pensión de Madrid, con la excusa de que una mujer casada no recibe correspondencia de otro hombre. Un burka invisible fue cubriendo poco a poco su voluntad, como una anestesia que se inyecta en la mano y sube hasta el cerebro paralizando cada músculo, cada respuesta. Tras el regreso a España, al hábitat ideológico de su marido, el asunto empeoró; a Maud le quedaron dos opciones: aceptar su vida o separarse. En este asunto, la Iglesia y la sociedad de la época eran el mejor candado.

Mi padre odiaba a los ingleses, como los despreciaba la España de Franco, la de mi abuela Pilar y sus hijos. El 24 de junio de 1941 tiró piedras contra la embajada británica en Madrid, poco después de que Ramón Serrano Suñer proclamara desde el balcón de la sede de la Falange Española Tradicionalista y de las JONS en la calle Alcalá: «Rusia es culpable». Estoy seguro de que estuvo en aquella algarada porque era de sangre caliente. Él, que presumía de una anglofobia duplicada, por ser aliados del comunismo de Iósif Stalin y por la afrenta de Gibraltar, se casó con una británica. Parece una contradicción, pero no lo es: desde que se desposaron en Caracas en marzo de 1954, se dedicó a destruir la *britaniedad* de mi madre, como si esta simbolizase todas las batallas perdidas, las reales y las míticas, y a erigirse en el intérprete supremo y único de lo que significaba ser española, de sus consecuencias prácticas cotidianas, de las normas que debía seguir.

La españolización acelerada de mi madre comenzó la misma tarde en que se conocieron en el restaurante Edelweiss en la calle Jovellanos, junto a las Cortes, actual sede del Congreso de los Diputados. Maud vivió en dos cárceles superpuestas: la creada por su marido y la erigida en nombre de un dios nacional-católico, implacable y fascistoide que nada tenía que ver con el de sus padres. Germaine era religiosa, de misa semanal y oraciones cotidianas que realizaba en privado, sin molestar ni pedir ayuda para desplazarse del salón al dormitorio pese a su pierna ortopédica. Mis abuelos maternos eran *tories*, conservadores, pero demócratas. Lo que les alejaba de los Lobo era lo que separaba a España de Europa: unos Pirineos físicos y mentales. No solo era una barrera rocosa la que se alzaba; existía una psicológica, la de los prejuicios y el odio, la que grita «que inventen ellos», la que clama «viva la muerte». Tuve mala suerte: me eduqué al sur de la inteligencia.

Casi todas las memorias de la niñez están inducidas. Uno rememora lo que le contaron sus padres, lo que escuchó a otros relatar sobre uno mismo, lo que vio en fotos, películas de súper ocho y vídeos. Esa historia personal se presenta alterada; es una vida contada a la medida de quienes tratan de compensar las carencias de la suya. En esta fase infante empieza el primer alejamiento de nosotros mismos, de nuestro potencial, la primera manipulación que nos impide ser lo que podríamos llegar a ser para reducirnos al personaje previsto en el guion familiar. La educación está orientada, y más bajo una dictadura, a mutilar creatividades, a producir en serie personas que no destaquen, que obedezcan. «Niño, no toques eso; niño, no hables; niño, no juegues.» Hemos construido un país sobre un doble silencio, el de los muertos y el de los vivos, que arranca en el silencio de familias como la mía. Somos un país aplastado, aún sin latido firme. Compramos fantasmas, dioses, frustraciones, miedos, falsedades, mitos, sueños y averías, introducidos sibilinamente en una educación que más parece un adiestramiento, «un, dos; un, dos», como en los desfiles. Romper con lo que se espera de nosotros, el «así debe ser», nos expulsa de la tribu, del clan, de la familia. El precio es el destierro, la soledad, un cierto señalamiento y una forma de libertad que se mantiene encadenada a ese periodo confuso en el que no se sabe qué es tuyo y qué inventado por los demás.

Una vez leí a un escritor que jugaba a ser antropólogo de sí mismo, a desandarse en busca del primer recuerdo verdadero, el primero no narrado por otros, por los adultos de su familia. Me resulta complicado descubrir el mío antes de los cinco años: Venezuela es un relato parental, no una vivencia. A veces surgen destellos, restos de una película en movimiento que en mi cabeza lleva incorporado el sonido del proyector encendido. Recuerdo Caracas, la esquina de un supermercado de una sola planta y fachada gris. En la calle estaban apostados dos soldados con casco y armas. Uno tenía la rodilla hincada en el suelo y el fusil entre las manos. El otro le guardaba la espalda. Es una película sin balas ni voces. Me veo observándoles desde la ventana de un apartamento, antes de mudarnos a un piso con terraza próximo a la avenida Sabana Grande. Mi madre me metió en el inmueble de un tirón y cerró las cortinas. Se trata de mi primer recuerdo propio porque ella nunca vio la escena. Aquellos movimientos de tropas eran parte del golpe de Estado que derribó al dictador Marcos Pérez Jiménez el 23 de enero de 1958, el día de mi tercer cumpleaños. Aún no lo sabía, pero este giro político cambiaría Venezuela, mi vida y la de mis padres. Faltaba un año y medio para el retorno a España, la tierra de otro opresor.

Regresaron de esa Venezuela que se desperezaba con un relato oficial bajo el brazo: la razón de la vuelta a la España de Franco era mi asma y la opinión médica de que mi vida corría peligro en un clima tan húmedo y caluroso como el de Maracaibo. Nací en Lagunillas, al otro lado del lago, en un hospital británico vinculado a la Shell, la compañía en la que trabajaba Ramón. El personal médico intentó un doble homicidio, el de mi madre por negligencia y el mío por dejadez. El ginecólogo tenía prisa por jugar al golf y los ayudantes eran unos incompetentes. Maud terminó con desgarros vaginales debido a su esfuerzo titánico por expulsarme del útero y evitar el uso del fórceps con el que amenazaban para acelerar el parto; y yo, con una infección en el ombligo que empezó a extenderse y que me produjo fiebre alta. Mi impetuosa salida del vientre, como el corcho de una botella de cava, me dejó la cabeza tan apepinada que mi madre lloró al verme. Parecía un extraterrestre.

Vivíamos en Cabimas, uno de los campos petroleros de la multinacional. La casa estaba en alto sobre unos postes a prueba (teórica) de terremotos e inundaciones. Era un oasis de hombres blancos con vallas de seguridad, piscina, campo de golf y tiendas colmadas, un mundo aparte en medio de la pobreza. La petrolera corría con los gastos. Un año y medio después de mi nacimiento, Maud disfrutó de cuatro meses de vacaciones, tres de ellos en Inglaterra con sus padres y hermanas, y uno en España con la familia política. Ramón tomó dos meses; uno lo pasó en Madrid, y otro, en el sur de Inglaterra. De aquel viaje recuerdo las fotografías que he visto. Al regreso, la Shell nos mudó a un campo próximo llamado Las Morochas, y unos meses después, a un tercero, en Lagunillas. Antes del golpe contra Pérez Jiménez, mis padres acordaron trasladarme a Caracas para comprobar si mi salud mejoraba en un clima más benigno; después del 23 de enero de 1958 se nos unió mi padre. Dejó atrás los pozos petroleros y su vida en la foresta; también al guardabosques Saturnino, que me tenía una devoción especial. Era negro, grande y con los dientes como estacas. Se los había afilado mediante una lima para estar más guapo. Aún conservo un diminuto anillo infantil coronado por una minúscula piedra negra. Al dárselo a mi madre, dijo que era la de la suerte. Y debe de serlo, más que las medallas religiosas heredadas que llevo en cada viaje pese a ser ateo. Nunca se sabe qué funciona, qué sostiene un avión o me mantiene con vida en una zona de conflicto.

Venezuela iniciaba un periodo democrático bajo la presidencia de uno de sus mejores políticos, Rómulo Betancourt, cuando mis padres decidieron dar por terminada su aventura americana y regresar a España. En las oficinas de la Shell en Caracas, Ramón nunca encontró una ocupación concreta. Lejos de Saturnino y del bosque se sentía infeliz, desplazado, inútil, fracasado, un sentimiento que le acompañaría hasta la muerte. Al regresar a España, mi padre tenía 39 años; parecía que la mejor parte de su vida y sus mejores oportunidades habían pasado de largo.

Aún debía de sonar en sus oídos la frase escuchada en Radio Maracaibo en los días revolucionarios de enero de 1958: «Hay que ir a por el expropiador español Ramón Lobo». Es la pieza clave de una historia paralela que difiere de la oficial y que explicaría los motivos reales de la vuelta definitiva a Madrid. La frase del expropiador, escuchada de sus labios, quedó enterrada en mi cerebro. No resucitó siquiera para lanzarla como arma defensiva al echarme en cara sus numerosas renuncias al dejar Venezuela: un excelente salario, una buena vida, amigos y los bosques de Saturnino; el paraíso a cambio de mi salud, y yo se lo pagaba con malas notas y desobediencias. La culpabilización es marca de la casa.

Hace cuatro años viajé a Grecia con María y su hija Paula. Era mi tercer paso por un país que me fascina desde que le perdoné su apoyo al presidente de Serbia, Slobodan Milošević, en las guerras balcánicas de la década de los 90. Ahora sumergidos en una crisis que los aplasta, me siento griego, como me siento judío, palestino o africano. En Grecia percibes el peso abrumador de la Historia, de la civilización y la cultura a la que pertenecemos, de la mitología que conforma nuestro imaginario colectivo. Conducía un BMW-no-sé-qué alquilado en AVIS a precio de Citroën C3. Fue mi primera y última experiencia en un coche de ese nivel en el que tuve problemas para encontrar el arranque. Parecía un patán premiado por un programa de televisión basura.

El destino era el oráculo de Delfos. María Antonia Sánchez Vallejo, experta en Grecia y amiga de *El País*, periódico en el que trabajé durante veinte años y del que salí por causas ajenas a mi voluntad, me había asegurado que Delfos era un lugar telúrico, donde notas la fuerza bajo tus pies y en el aire que respiras. No hallé en Delfos esa electricidad de la que se nutren los sentidos y las emociones. Quizá no era mi mejor día extrasensorial. En cambio sí sentí esa energía invisible y embriagadora entre las ruinas del Partenón en Atenas. Es tan intensa que, pasados unos minutos, dejas de ver y escuchar a los demás turistas y te sientes solo entre piedras y voces de otros tiempos. Me pasó la primera vez que pisé la vieja Jerusalén, una ciudad que se halla más cerca del diván del psiquiatra que de sus dioses en permanente guerra de exclusión. En mi última visita, en febrero de 2015, esa Jerusalén antes mágica me llegaba adulterada. Hubo momentos en los que parecía un parque temático del más allá.

Durante el viaje por carretera a Delfos repetí a María el mantra de una historia familiar jamás cuestionada. Le expliqué que mi padre trabajó en el departamento *Land*

& *Legal* de la Shell, algo así como Tierras y Asuntos Legales, que la petrolera permitía a los campesinos permanecer en sus posesiones mientras no las necesitara, y que cuando esto ocurría su departamento les indemnizaba para que las abandonaran. María explotó sin circunloquios, algo habitual en ella: «Tu padre expropiaba tierras. La Shell las robaba con el beneplácito del dictador y expulsaba a las personas de sus casas, de su sitio, de su medio de vida». En ese instante, la fuerza volcánica de María hizo saltar por los aires gran parte de mi infancia.

En abril de 2013 estuve en Guatemala con el objetivo de escribir un reportaje para la revista cultural *Jot Down*. El viaje lo organizó y pagó la ONG Intermon-Oxfam; buscaba dar visibilidad a los conflictos relacionados con la propiedad de la tierra. Propuso llevarme al valle del Polochic, al norte de la capital, para conocer la situación de varias comunidades indígenas. Empresas dedicadas al cultivo industrial de la caña de azúcar y de la palma africana, que se emplean para generar biodiésel, arrebataban las tierras tradicionales a los mayas, en este caso qeqchi'es, con la complicidad del Gobierno del ex general Otto Pérez Molina. Para los indígenas, la tierra es la conexión con sus antepasados y dioses. La tierra es la identidad, lo que son. Los desalojos, a menudo violentos, no eran nuevos en Guatemala; comenzaron tras la invasión española en 1492 y se brutalizaron de manera extrema durante los treinta y seis años de guerra civil en el siglo XX. En el caso del Polochic no era una petrolera, sino la multinacional nicaragüense del Grupo Pellas, apoyada por un Ejecutivo presidido por un hombre de pasado inquietante, un ex general que participó en una guerra sucia que dejó más de 40.000 desaparecidos.

Aquellos días guatemaltecos, posteriores al oráculo de María en Delfos, representaron una segunda sacudida: mi padre había trabajado en el departamento de la Shell que quitaba la tierra a los campesinos. Era parte del instrumento que les expulsaba de sus casas y labranzas. Brotó del fondo de mi cerebro la frase «hay que ir a por el expropiador español Ramón Lobo». ¿Cuántas historias familiares he comprado sin poner en duda su autenticidad? Yo mismo arrastro una historia falseada por mi discurso histórico, por mi memoria literalizada. ¿Fue acaso la escena de la plancha en María de Molina y mi invención de unos padres muertos en un accidente de aviación tal y como la recuerdo? ¿Se emocionó de verdad aquella mujer o se trata de una exageración que quedó en la memoria de lo vivido? Lo único indiscutible es que me llevé dos bofetadas y me fui a la cama sin cenar.

He viajado por las Áfricas, como le gusta decir a mi amigo el periodista Bru Rovira, ya que el singular limita, empobrece. He viajado de guerra en guerra, de tragedia en tragedia, de matanza en matanza, de saqueo en saqueo, de hambruna en hambruna. ¿Cómo no me di cuenta antes? ¿Cómo no lo pensé en Warri, la capital del delta del Níger? ¿Cómo no lo comprendí al caminar por la refinería de la Shell en Forcados junto a un grupo de jóvenes dedicados a secuestrar trabajadores extranjeros de las petroleras para protestar por el abuso y la contaminación de las aguas? ¿Cómo no lo vi en el pueblo de

Batan, en ese mismo delta, una aldea sin electricidad ni agua potable y una sola escuela de adobe repleta de ventanucos por los que se asomaron decenas de cabezas de niños ojipláticos que trataban de curiosear al blanco? ¿O al ver al otro lado de la verja el pozo de la Shell que extraía oro negro, la sangre de su tierra, de su alma, mientras gozaba de todas las comodidades? ¿Por qué no lo escribí al visitar la sede central de la Shell en Lagos y el portavoz oficial me habló de las excursiones a Forcados en helicóptero en las que se habían embarcado otros periodistas? No era una oferta de viaje, sino un reproche. Le respondí que había estado en Forcados acompañado de los guerrilleros que les secuestran, algo bastante más interesante desde el punto de vista informativo y vital, y que había nacido en un campo petrolero de la Shell en Venezuela y conocía los estándares morales de la compañía. Pronuncié el exabrupto como si fuera una frase hecha, algo ajeno a mi historia y a la de mi padre, como si la hubiese leído en un libro escrito por otro, escuchado en una vida vivida por otro. ¿Cómo no imaginé que mi infancia se desarrolló en uno de esos oasis blancos levantados por las petroleras en la carretera entre el aeropuerto de Malabo y la ciudad, o en los que menciona David Jiménez en Papúa Nueva Guinea en *El lugar más feliz del mundo*? ¿Qué mecanismo mental protege la historia de las familias, la de cada uno de nosotros? ¿Qué mecanismo impide que me formule las mismas preguntas que lanzo a los demás? María quitó el tapón de la bañera de camino al oráculo de Delfos y todo comenzó a fluir de otra manera.

Gabriel García Márquez describe la llegada de la Fruit Company en su libro de memorias *Vivir para contarla*. Un universo extraño aterriza en medio del polvo de Aracataca y levanta su carpa como si fuera un circo ambulante. De la nada brota un barrio de clase media estadounidense: casas equipadas con los últimos avances, césped con riego por aspersión, tiendas colmadas de productos desconocidos, campo de golf, pistas de tenis, piscina y seguridad. Las multinacionales replican la vida exacta y apacible de un suburbio de California, Illinois o Kansas y transportan en volandas la copia a cualquier rincón del planeta para que sus trabajadores se sientan como en casa, sin necesidad de relacionarse con la población local, sin contaminarse de sus penalidades, su pobreza o sus desdichas históricas, sin tener que sentirse culpables del saqueo en el que participan. Un día, ese espectáculo de riqueza se marcha por donde vino, con la carpa y los payasos a cuestas, y deja el esqueleto de lo que fue su existencia detrás de unas alambradas herrumbrosas que se convierten en el monumento accidental del tipo de vida que los habitantes del lugar jamás tendrán. Ese vacío me hace pensar en Spectre, el pueblo de la película *Big Fish* de Tim Burton. Es el tránsito de los sueños a las pesadillas.

En las memorias de *Gabo,* en las que es necesario detenerse, respirar y disfrutar de tanta belleza, el escritor describe la vida de una estirpe empobrecida pero mágica, la que alumbró *Cien años de soledad,* la saga de los Buendía y el personaje de Úrsula, su abuela. El escritor se nutrió de las mujeres de su familia, de su abuelo, de las domésticas indígenas portadoras de un mundo sobrenatural paralelo e invisible para el hombre blanco. Sé que es la mirada del genio y no la familia en sí, por especial que esta sea, la que transforma todo en magia, sea extraordinario o no; que es esa mirada la que eleva un material común a gran literatura, la que genera arte; es el tamiz del recuerdo lo que convierte lo recordado en algo único, hermoso.

Mi familia española no es mágica. Yo tampoco lo soy. Nos falta contacto con la tierra, raíces; nos sobra ideología y religión. Magia es la capacidad de sentir a las personas, de escuchar el llanto de una criatura en el interior del vientre materno, de saber interpretar el orden exacto de los objetos y de las ausencias; magia es tener la capacidad de habitar un texto ajeno como si fuera propio. No puede crecer donde reina el fanatismo y la muerte.

Para escribir este libro he buceado en los sótanos de la memoria de los Lobo, he conversado con primos, tíos, hermanas y amigos, he consultado hemerotecas, archivos militares y municipales, he leído alguno de los libros falangistas que rechacé heredar y que Maud regaló al Ejército. No hay rastro de magia, solo el de un naufragio colectivo. No se trata solo de la Guerra Civil, una catástrofe palpable, estamos destripados por un siglo XIX sin apenas luces. Estamos aplastados por el oscurantismo del Concilio de Trento frente al dios protestante, más pragmático y comercial, y por la saña de la Inquisición que preñó el franquismo y a la derecha recalcitrante que aún rechaza condenarlo. No incorporamos las lecciones de la Revolución Francesa, nos faltaron siglos de pensamiento y nos faltó suerte, porque valentía la hubo en los comuneros, en las Cortes de Cádiz, en las dos Repúblicas, en las mujeres que conquistaron el voto, en personas concretas, a menudo desconocidas. Somos un país que surge fallido de una Edad Media mal resuelta, de una Historia inventada que encumbró al pedestal de los héroes a los personajes equivocados y olvidó a sus heterodoxos, como Américo Castro. En el levantamiento popular contra las tropas napoleónicas en 1808 erramos de bando: el bueno era el de los franceses; al menos ellos traían la razón, los valores republicanos y el laicismo. La inteligencia y el respeto al otro, a la diferencia, son excepciones sospechosas en siglos de tortura y hoguera.

Tuve dos infancias y dos juventudes, y solo en la última fui libre y razonablemente feliz. La primera de las infancias terminó en la mañana del 23 de enero de 1960. Salí por la puerta de la cocina de la casa de María de Molina con mi biberón de cristal en la mano, recorrí marcial el pasillo que conducía a una portezuela por la que se tiraba la basura y arrojé el objeto que me unía al niño enclenque y enfermizo de Venezuela. Es posible que aquellos biberones que tomé hasta los cinco años me salvaran la vida; eran el único alimento que tragaba sin resistencia. Maud cuenta que darme de comer era un suplicio que duraba horas.

Sufría ataques de asma en los que parecía perder la capacidad de respirar. Tuve uno en Cabimas muy violento tras una tormenta tropical. Si el viento y la lluvia removían la tierra, las plantas y los árboles, mis pulmones y mi garganta se cerraban, me faltaba aire, me sobraba tos. Esa noche mi madre la pasó conmigo en brazos, sentada en una butaca. Así debí de sentirme seguro porque dormí unas horas. Cuenta en su libro que lo hizo porque tenía miedo de que muriera solo. Como me gustaron aquellos mimos, quise repetir a la noche siguiente y a la otra. No hubo una tercera; mi padre me abroncó de tal manera que Maud huyó despavorida hacia el jardín porque no podía soportar los gritos del *generalísimo* Lobo. Al leer estas cosas en el libro de mi madre siento rabia. Mi ejército, plantado en el campo de los esqueletos y olores pútridos, se agita en sus cabalgaduras, tensa los escudos y se aferra a las empuñaduras, porque mi ejército es medieval, como los males de España. ¿Cómo pudo gritar a un niño enfermo? ¿De dónde obtuvo su método educativo sin concesiones al cariño? ¿Quién fue el contaminador? ¿Su padre, mi abuelo Ramón Lobo Coya? ¿Su madre, Pilar Varela Castro? ¿El Ejército, la División Azul, Franco?

María es mágica como Úrsula, el personaje de García Márquez: ve más allá y más profundo de lo que soy capaz de ver. Me fascina esa cualidad. No me siento amenazado pese a que es el motor de mi trabajo, lo único que sé hacer: ver las palabras que otros no ven. El suyo es un don natural; el mío, entrenamiento profesional. En la escena de los gritos me fijo en quien grita y amenaza con azotes sin tener en cuenta la edad (ocho meses según el libro de Maud, aunque puede que tuviera entre uno y dos años) y la salud del afectado. María ve ausencia de madre: «Debió tomarte en brazos y llevarte con ella al jardín para protegerte; es lo que hacen las madres». Esa frase cayó como una bomba de racimo. Soy la consecuencia de una doble orfandad afectiva. Perdoné a Maud hace tiempo. Optó por no retar a mi padre, plegarse a su marido como hacían la mayoría de las mujeres de aquella época. Un hijo no puede condenar a los dos padres, debe salvar a uno para salvarse con él: alguien tiene que asumir el papel de bueno. Seguramente si Ramón hubiera vivido más tiempo también le hubiera perdonado. Es la ausencia de ese perdón lo que me retiene en el campo de batalla.

En esa primera infancia venezolana estuve más o menos protegido por el asma; la debilidad y un cansancio de plomo me obligaban a acostarme constantemente en una habitación con aire acondicionado; no me permitían jugar durante mucho tiempo, solo o con otros niños. Todo cambió en España, en el comienzo de mi segunda infancia. El asma desapareció como por ensalmo. Hubo algún ataque aislado hasta los siete años, pero después nada, solo alergias al polvo, al polen, al pelo de algunos animales, al serrín y, ya de mayor, a los jefes autoritarios. Sin la protección emocional de la enfermedad y del biberón de cristal que simbolizaba mi fragilidad, empezaron los gritos, los azotes, los castigos; pasé de niño protegido a prisionero de guerra. Todo se agravó dos años después, tras el nacimiento de mi hermana Mónica, la sensación de abandono y la necesidad de inventarme una vida mejor.

Mi padre había decidido hacer de mí «un hombre de verdad», aunque nunca supe qué significaba para él ser un hombre, más allá de una heterosexualidad anticomunista. Repitió en mí el experimento de Maud: erigiéndose en el intérprete único e incontestable de lo que significaba ser un macho español. Mi primo Álvaro Lobo, hijo de José Luis, el hermano de mi padre, me contó una tercera versión sobre nuestro regreso de Venezuela escuchada en su casa: volvimos porque quería que me educara en España, para que no dejara de ser español. Ser hombre, macho, facha y español, demasiadas responsabilidades para una sola vida.

Aterrizamos en Madrid tras veinticinco horas de viaje y tres escalas el 2 de agosto de 1959 a bordo de un Lockheed Constellation, el avión más elegante del mundo encargado por Howard Hughes para su compañía Trans World Airlines (TWA). Entre mis recuerdos originales surgen retazos de aquel viaje transatlántico: los problemas de Ramón con su brazo izquierdo dolorido por la reacción de una vacuna y que la azafata rozaba cada vez que pasaba a su lado; el aterrizaje en Santa María de Azores: la pista, el ala, la noche cerrada, unos focos, tal vez lluvia. Puede que sean destellos sobre recuerdos inducidos. No conservo imágenes de nuestra llegada a Madrid-Barajas ni de los familiares que acudieron a recibirnos. Tampoco del interior de la casa de Atocha ni de sus escaleras comunes de madera y las hendiduras en los peldaños por el paso de miles de pisadas y de las que me ha hablado mi primo Ramón Aymerich. En ella vivimos unos días en espera de habitar el piso de María de Molina que mis padres compraron casi al contado por 800.000 pesetas.

Volvieron de sus Américas con ahorros y un cambio

favorable a las pesetas franquistas debido a la paridad del bolívar con el dólar estadounidense. La Shell indemnizó a Ramón de forma generosa. No sé si se trata de otro relato edulcorado, pero Maud cuenta que el antecesor de mi padre en el departamento de Land & Legal inflaba los precios y cobraba comisiones. El sistema de expropiación de tierras consistía en el pago de unas indemnizaciones más o menos pactadas con el jefe de la aldea o de las tierras afectadas. Según esta versión, el antecesor se repartía la mordida con el líder de los desahuciados. Ramón, según parece, no entró en el juego. Determinaba un precio que estimaba justo y sin comisiones. A la Shell le extrañó que fueran tan bajos y abrió una investigación en la que descubrieron los manejos del anterior expropiador. Su honradez, de la que no tengo dudas, debió de hundir el negocio de algunos jefes de las aldeas. ¿Fue una venganza aquella alocución de Radio Maracaibo en la que le llamaban expropiador?

Me gustan los hechos comprobados, las certezas; es otra de las esencias de mi trabajo. Este libro es un intento cabal por ordenarlas, saber cuáles son auténticas y cuáles no, y encontrar un contexto que las explique. Si me preguntan qué estoy escribiendo, respondo: «Un libro contra mi padre». Si la réplica es rotunda, directa e infrecuente, descoloca al interlocutor que no repregunta. Manuel Saco, que ejerce desde hace años de hermano mayor en mi familia inventada, tenía un truco macabro para espantar el *spam* telefónico. Vivía en la casa de su suegra frente a la Casa de Campo, en la Avenida de Portugal. Aunque la madre de Alicia, su mujer, había muerto, aún figuraba como propietaria en la guía telefónica. «¿Está doña Asunción?», preguntaba la o el teleoperador de turno. «No está y no se puede poner porque está muerta», replicaba Manuel desde una voz enlutada, grave. Era infalible: al otro lado se escuchaba silencio; después, un clic.

Al meditar sobre la frase «escribo un libro contra mi padre», pienso en Franz Kafka, uno de mis escritores favoritos, y en su *Carta al padre*, que tanto me gustó de joven por lo mucho que coincidía con el mío: un ser autoritario que exigía no dejar migas sobre el mantel mientras alrededor de su silla se acumulaban decenas. Soñé con escribir una carta como aquella, un texto demoledor, definitivo; la acometida final sobre el campo de batalla que me conduciría a una victoria inapelable y sin prisioneros. Han pasado demasiados años, quizá 40. ¿De qué sirve ahora escribir un libro vengativo? ¿Me ayudará a concluir esta guerra? ¿Podré abandonar el campo de los esqueletos y el olor pútrido sin temor a que el otro ejército fantasmal me embosque en algún pliegue de mi cerebro? Vengarme no sería justo ni útil. Lo que tengo que hacer es meterme en sus zapatos, ir más allá de lo evidente, comprender y, quizás, indultar. Ese es el proceso, la única salida.

La Transición fue un logro pese a sus defectos, ahora evidentes. La mirada hacia atrás agranda los errores y olvida los matices, las limitaciones. Tras la muerte del dictador hubo renuncias forzadas por el temor a un golpe de Estado, a otra guerra, un recelo que se mantuvo como un automatismo tras el 23-F y la victoria del PSOE en 1982. Fue la gran oportunidad de dar una vuelta a la tuerca después de que una de las partes, la postfranquista, incumpliera el pacto de no agresión. Pero la otra, los socialistas, no se atrevió a liderar un verdadero cambio. España lleva diez siglos atrapada en una noria, discutiendo sobre las mismas cosas, enfangada en la misma mierda, con una incapacidad congénita de comprender y respetar al otro, al diferente, y de reírse de sí misma. Falta cultura política, educación y sentido del humor.

También fracasé en mi transición personal: hice concesiones, pacté la memoria histórica con el régimen anterior, con el recuerdo del padre. Me debatí entre la ruptura y la reforma, entre meter en prisión a los torturadores o mirar hacia delante. Escogí la peor opción, la de simular que olvidaba; compré la tesis errónea de que, una vez independizado, todo dejaría de afectarme: las bofetadas, los castigos, la humillación y el desprecio del mando. Pensé que estaba curado y nunca lo he estado. Soy un enfermo de una memoria mal gestionada. Han pasado 33 años desde su muerte, y ahora sé que fui un iluso; ser tan pragmático es una forma de derrota.

Mi segunda juventud, la que se desarrolló entre los 20 y los 28 años, fue una época feliz. Vivía con mis padres, disponía de un cuarto, no pagaba renta, comía gratis y hacía lo que me apetecía. Disfrutaba de mis posters de Ernesto Che Guevara, el de la célebre foto de Alberto Korda, y del poeta Miguel Hernández; tenía libros, discos de rock, pop y canción protesta, un plato Vieta y una televisión diminuta en blanco y negro. Era mi espacio, un refugio emocional y una atalaya. Mi padre había dejado de entrar en la habitación, se quedaba en la frontera marcada por un listón dorado que prensaba una moqueta marrón espantosamente inglesa. «No entraré mientras estén esos dos comunistas», espetó. Le respondí que ya tenía un doble motivo para mantenerlos. Eran años de victoria tras décadas de aplastamiento. Me quedé en la casa de Arturo Soria hasta el día de mi boda, a los 28 años. Formaba parte de la compensación. Había decidido no tomar decisiones que pudieran perjudicarme. ¿Para qué marcharme si lo peor parecía haber pasado? Me preocupaba no finalizar los estudios de Periodismo en la Universidad Complutense, quedar varado como varios de mis primos Aymerich. Ese saber esperar, no irme de los sitios dando un portazo me ha sido útil en la vida profesional. En mi vida personal sucede lo contrario: no sé quedarme; un día, de repente, me voy. Me mueve un miedo crónico a quedar aprisionado donde no quiero estar o donde algún día no querré estar. Ese temor ha condicionado mi vida afectiva. Soy un tarado que siente la necesidad patológica de pintar puertas y ventanas, de imaginar salidas de emergencia; necesito aferrarme a un pomo imaginario por si fuera necesario correr. Aunque me describo como un ejército medieval patético atrapado en un campo de muerte, soy un tipo en huida permanente, un fugitivo de mí mismo. Acabo de terminar el libro de Maruja Torres *Diez veces siete*, y me siento identificado en muchas cosas: a mí también me salvó el periodismo.

2

España dinamitada

El golpe del 18 de julio de 1936 debió de caer como una bomba en el segundo derecha del número 66 de la calle Atocha, la casa de mis abuelos. Era sábado, hacía un calor sofocante. Desconozco si escucharon la noticia a través de la radio o de algún vecino. Madrid vivía sumido en el nerviosismo desde el asesinato de José Calvo Sotelo, el líder de la oposición más derechista, ocurrido el 13 de julio. Sabían de la inminencia de algún tipo de pronunciamiento militar y que este no sería como los del siglo XIX, más cerca del golpe palaciego que de la guerra civil. En Madrid, como en el resto de España, se respiraba odio y miedo. Cerca de la casa de mi bisabuelo, en el 96 de la misma calle, se desarrollaba una actividad febril en el montaje de las atracciones y los puestos de la verbena del Carmen que se extendía por el Paseo del Prado. Parecía una broma macabra: la vida lúdica y programada se mezclaba con la imprevista, provocando una confusión de idas y venidas. La glorieta de Atocha estaba inundada de mecánicos y ayudantes encargados de dar forma a las piezas esparcidas. Las primeras informaciones confirmadas sobre los movimientos de tropas en el norte de África, tras un día de rumores y desmentidos, llegaron a Madrid en la tarde del 18. Aunque el Gobierno decía tener controlada la situación, miles de militantes de los partidos de izquierdas y de los sindicatos se presentaron voluntarios en sus sedes para luchar contra los insurrectos. Había emoción y fiebre revolucionaria, faltaban armas.

Mi abuelo se llamaba Ramón Lobo Coya. Era médico, compañero de promoción y amigo de Gregorio Marañón, discípulo de Federico Olóriz, pionero en España de la dactiloscopia (identificación por huellas dactilares), médico de prisiones y profesor auxiliar en la Facultad de Medicina de San Carlos, cuyo edificio alberga hoy el Colegio de Médicos, entre otras instituciones. Fue también profesor de primera en el Laboratorio de Higiene Municipal, su principal puesto de trabajo, y a veces acudía de guardia al circo Price. Era de izquierdas y republicano, simpatizante del partido de Manuel Azaña, afiliado a UGT, y más ateo que agnóstico, o quizá fuese al revés. He descubierto, gracias a Internet, que sabía francés. En 1928 tradujo al castellano el *Manual técnico de microbiología y suerología* de Albert Calmette, Léopold Nègre y Alfred Boquet, tres científicos del Instituto Pasteur. Encontré un ejemplar en una librería de viejo en Murcia, cuyo nombre parece una metáfora de la historia de este país: Solar del bruto. Resulta emocionante tenerlo entre las manos, acariciar los apellidos familiares, oler sus páginas. Es un libro-puente: me acerca al hombre que no conocí.

El padre de mi abuelo, mi bisabuelo, también era médico. Nació en Madrid en 1864 y murió a los 87, ocho años después de la victoria franquista. Fue cofundador y simpatizante de Izquierda Republicana, amigo de Azaña y anticlerical, como la mayoría de los intelectuales de la época. Se llamaba Ramón Lobo Regidor, escribía sainetes, obras de teatro, libretos y operetas junto a su hermano Manuel, otro librepensador partidario de la República. Participaba en tertulias literarias; fue amigo de Carlos Fernández Shaw y de su hijo Guillermo, con quien compartía la pasión por la zarzuela. La leyenda familiar le adjudica la paternidad del libreto de *Maruxa*, escrito junto a Luis Pascual Frutos, a quien vendió su parte de los derechos. No encontré pruebas de que así sea, pero con Frutos tuvo al menos dos colaboraciones: *La buena moza* (estrenada en 1904) y *El Ramadán* (1906). Vestía capa madrileña, calzaba botines, llevaba sombrero, y cuidaba el aseo de su barba como si de ella dependiese la elegancia universal. Era un dandi. Fue decano de la Beneficencia Provincial, el antecedente de la Seguridad Social. El principal de sus centros era el Hospital Provincial, llamado también General, situado en el actual Museo Reina Sofía. Antes había sido director del Hospicio de Madrid. En 1890 abrió esta institución a consultas médicas externas gratuitas para enfermedades infantiles. Era un lector compulsivo de periódicos progresistas y escribía en alguno de ellos. Fue médico del teatro de la Comedia, donde estrenó Jacinto Benavente.

Detestaba el fanatismo, la mala educación y a mi abuela Pilar, la esposa de su hijo. Ante una visita de Alfonso XIII al Hospital General dio orden de que no se adecentara nada, de que dejaran las camas en los pasillos, «quiero que vea cómo es este hospital cada día, cuáles son sus necesidades». Era un hombre de carácter.

Su mujer, mi bisabuela, se llamaba Encarnación Coya Álvarez. El recuerdo inducido que llega a través de algunos de mis primos la representa como una mujer desordenada y rara, incluso sucia, que jamás acompañaba a su marido a los actos sociales ni permitía que nadie les visitara en su casa como era costumbre entre las familias acomodadas. Mi prima Pilar Aymerich, que tiene una memoria precisa, la describió con una palabra liberadora: «Bohemia». Me gustó porque la redime de las maledicencias, resituándola en un lugar de honor en esta saga de averiados. Encarnación debió de ser una mujer que no se plegó a las convenciones de la época, que desafió el poder de los hombres y que no dedicó demasiado tiempo a sus hijos. De ella nacieron Magdalena, mi abuelo Ramón, Antonio, que llegó a ser un reconocido grabador, y las futuras exiliadas Salud y Pilar. A veces una sola palabra, «bohemia» en lugar de «rara», cambia una biografía, construye un relato alternativo. Mi bisabuelo fue amigo de Cipriano de Rivas Cherif, hermano de Dolores y cuñado de Azaña, autor e importante innovador de la escena española. Les unía la pasión por el teatro, el Ateneo y Margarita Xirgu, una de las mejores actrices de todos los tiempos. Esa amistad fue la causa de que su hija Salud conociera a Manuel de Rivas Cherif, hermano de Cipriano, y de que su otra hija, mi tía Pilar, tuviera amoríos con Tirso García-Escudero Sainz de Robles, un hombre de grandes bigotes e hijo del dueño del teatro de la Comedia.

Entre los documentos que se conservan sobre mi bisabuelo en el Colegio de Médicos de Madrid destaca una carpeta marrón gastada: la de su depuración. Me costaba mover los folios en su interior, como si me pesara un ayer no vivido, ver su firma, sentirla. En una de esas hojas escribe para defenderse de las acusaciones de izquierdista, miembro fundador de Acción Republicana y amigo de Azaña, que así es como se enuncian sus delitos: «Siempre obré conforme a las enseñanzas de mis padres, a mis convicciones y a la ley». La frase, escrita de su puño y letra, me hace sospechar que eran progresistas y que de ellos heredó sus ideas.

¿Qué mecanismo en la transmisión familiar de la inteligencia y los valores se averió de manera tan grave como para producir la generación de mi padre y, de alguna manera, la siguiente? ¿Qué sucedió en mi familia para que tras dos o más generaciones de profesionales brillantes, socialmente comprometidos, y republicanos, surgiera una recua de falangistas intransigentes y católicos radicales más o menos fracasados? ¿Cómo es posible que de personas tan ilustradas surgiera tanto botarate?

La proclamación de la República el 14 de abril de 1931 fue la consecuencia de un espíritu innovador que pretendía acabar con siglos de injusticia representados por la monarquía, la aristocracia y el clero. Habían brotado en España la Generación del 27, la Escuela de Libre

Enseñanza; brillaba la Poesía, el Teatro, la Filosofía y la Ciencia con personajes como Santiago Ramón y Cajal. El entusiasmo regenerador impregnaba todas las disciplinas del conocimiento, la vida y el arte. Había fe en el progreso, en la modernidad, en la capacidad revolucionaria de la política. Surgieron mujeres como Clara Campoamor, María Zambrano, Benita Asas, María Teresa León, Zenobia Camprubí, María Espinosa de los Monteros y Federica Montseny. Ese despertar que arrancó en el siglo XIX estaba también en mi familia, en mi bisabuelo. Con el golpe militar de 1936 saltó por los aires la quimera de vivir en una República democrática y laica que trajera progreso, libertad, justicia social y una enseñanza sin entelequias religiosas. El golpe y la guerra fueron una catástrofe inconmensurable, un cortocircuito intelectual que se prolongó durante cuarenta años y del que aún no nos hemos recuperado, ni España ni mi familia. Somos un país zarandeado, dividido y sin apenas símbolos comunes: dos banderas, dos himnos, dos formas de Estado, que arrastra tensiones territoriales desde la Edad Media. Incluso hoy me cuesta escribir con naturalidad la palabra «España»; es como si no me perteneciera.

El error de mi abuelo fue enamorarse de Pilar Varela Castro, incondicional de la Confederación Española de las Derechas Autónomas (CEDA) de José María Gil-Robles, la monarquía borbónica y la Iglesia retrógrada. Mis abuelos tuvieron cinco hijos: Josefina, Ramón (mi padre), José Luis, Julio Antonio y Álvaro. Su madre terminó infectándolos a todos. Era una mujer amargada, carcomida por la envidia, un sargento de metro y medio incapaz de ser feliz y hacer feliz a los demás. Pilar fue la última de dieciséis hermanos; tenía trances en los que decía hablar con su madre muerta en el parto junto a su gemela. Nació matando como viborean algunos de mis primos. Su padre se llamaba Joaquín Varela Maudek, un médico marino nacido en El Ferrol que murió dos años después de su esposa debido a un infarto. Mi abuela apenas tuvo contacto con el resto de la progenie diseminada por hospicios militares y órdenes religiosas. Era una mujer herida por la ausencia de madre y padre y la pérdida de los lazos de sangre con sus hermanos. Padeció una orfandad aplastante, una infancia insana, sin cariño, criada por una prima reaccionaria y envidiosa, Carmen Mogrovejo, que la detestaba. Fue una víctima que se transmutó en un verdugo implacable.

Mi tía Josefina tuvo doce hijos y varios abortos. Pasó su vida fértil embarazada, de mal humor y hablando mal de los demás. Era una doble de su madre: un ser roído por el resentimiento, el odio y la ignorancia. A diferencia de ella, que tenía la voz meliflua, gastaba un timbre de cazallera que imprimía al personaje un halo de crueldad al que no hacía ascos. Al ver de niño *101 dálmatas*, la primera de muchas veces, la relacioné con Cruella de Vil, y ahí se quedó, predispuesta para la ofensa. En algo debió de equivocarse «La Pepa», como la llamaban, cuando varios de sus hijos la menospreciaron en vida y la siguen desdeñando difunta. Tener niños como conejos fue un medio para encadenar a Ignacio Aymerich Fuster a un matrimonio en el que desconozco si fue feliz. Ser feliz o infeliz no era una opción legal ni moral en los matrimonios franquistas.

La Pepa, es decir mi tía Josefina, e Ignacio se casaron en secreto una vez terminada la guerra; aún no habían cumplido los 21, la mayoría de edad. Fue un capricho que tardaron en perdonar los padres de Ignacio, que presumían de posición social en el nuevo régimen. Al cura le aseguraron que carecían de permiso paterno porque sus progenitores estaban aún en lo que había sido zona roja y le amenazaron con irse a vivir en pecado si no les bendecía. El sacerdote claudicó. Mi tío Ignacio era un blando, agazapado detrás de la autoridad de su mujer, cumpliendo sus órdenes. Mi tía Josefina llevaba los pantalones, era quien dirigía los juicios sumarísimos contra sus hijos, quien emitía las sentencias sin derecho a apelación ni revisión de condena. Ignacio, su marido, era el ejecutor, quien repartía bofetadas y cinturonazos. Llegó a utilizar una pequeña fusta francesa para facilitar la labor y reducir el esfuerzo del brazo. Se la regaló su padre, que era militar y abogado. Reducir esfuerzos fue una de sus especialidades.

Mi primo Ramón Aymerich, escultor, pintor, escritor y náufrago entrañable, me dijo en Málaga, donde le visité: «Siempre pensé que ella era la mala, pero al irme de casa a los 16 años, descubrí que mi padre era igual o peor: un clasista, un fascista y un cobarde que nunca daba la cara». Su hermana, Pilar Aymerich, cinco años mayor que yo, ha aprendido a suavizar el recuerdo, a limar aristas, a perdonar a su padre pese a que no lo merecía. Cuando tocaba fusta francesa, Pilar se ponía el «jersey de recibir», así lo llamaba. Recibir fue una constante de la vida con sus padres que la llegaron a meter tres veces en un correccional sin que mediara orden del Tribunal de Menores, pagando bajo cuerda a unas monjas sin escrúpulos. Su delito: ser respondona a los 16 años y saltarse las clases en la Academia Bilbao.

No frecuenté en exceso la casa de mis primos Aymerich Lobo situada en Fernández de la Hoz 60. Eran dos pisos contiguos unidos capaces de albergar a la familia Von Trapp. Los recuerdo sombríos, atravesados por un pasillo estrecho, duplicado e interminable. Era un primero sin apenas vistas a la vida. Mi tía Josefina se trasladaba de la sala de estar del Este a la sala de estar del Oeste en busca de la luz del sol. Pasaba las tardes cerca de la calle Fernández de la Hoz, de espaldas a la iglesia La Milagrosa, su parroquia. La Pepa estaba acompañada de la tía Magdalena, hermana de mi abuelo, que se quedó en el Madrid de la guerra para cuidar de mi bisabuelo. Magdalena era fea, religiosa y callada. Sobre su físico poco agraciado en comparación con el de su padre, decía: «La belleza se salta una generación». La recuerdo vestida de negro, encorvada sobre sus manos, zurciendo ropa y con una sonrisa permanente en los labios. Parecía más una mujer de servicio que alguien de la familia. Era cariñosa, la bondad encarnada en una casa gélida, sin sentimientos. Ejerció el papel de madre. A mis primos mayores les proporcionó el cariño y la protección emocional que mi tía Josefina era incapaz de dar. En su entierro, uno de ellos, Joaquín Aymerich, disparó hacia su madre vestida de rojo y molesta porque la muerte le había interrumpido las vacaciones en Galicia: «Aquí yace mi verdadera madre; porque tú nunca lo has sido». Aunque ella encajó el golpe sin apenas inmutarse, tuvo que ser difícil escucharlo. Joaquín no fue el único que ajustó cuentas con ella.

La tía Magdalena representa en esta historia familiar a la España aplastada por sus dictaduras: la militar, la religiosa y la del qué dirán; y también por la mala suerte. Algunos domingos venía a comer a la casa de Arturo Soria, que había reemplazado a la de María de Molina, donde debía prolongar su silencio vital frente a mi abuela Pilar, su cuñada. Desconozco, porque jamás pregunté, si su ropa oscura era parte de una economía de subsistencia, una costumbre o un duelo. ¿Sería por su padre, su hermano o sus hermanas exiliadas en México? ¿O tal vez por la vida que nunca tuvo oportunidad de vivir?

Fue una suerte que años después escuchara a mis padres conversar sobre la manía de La Pepa de expulsar a sus hijos de casa, una argucia educacional que tenía como objetivo quitarse de encima molestias, obligaciones y, sobre todo, gastos. Hablaban sentados frente a frente alrededor de la mesa del comedor. La puerta que daba a la cocina estaba entreabierta. Escuché la conversación por casualidad. Quedé inmóvil atendiendo al contenido, concentrado en mis rodillas para evitar que chasquearan y denunciaran mi posición como me sucedió de niño mientras seguía en el pasillo un episodio de *Historias para no dormir* de Chicho Ibáñez Serrador. Tras criticar aquella limpieza étnica filial se comprometieron a no echarme jamás de casa, hiciera lo que hiciera. Aquella información extraordinaria, llovida de la nada, era de máxima calidad, de las que permiten ganar guerras mundiales. Fue la clave que desactivó el sistema de seguridad del campo de reeducación, un salvoconducto que me permitió desafiar la autoridad del *generalísimo* Lobo durante la última de mis juventudes. Debía de tener 19 años.

La rebelión empezó el día que les anuncié que se acababa el paripé de levantarme a las diez de la mañana los domingos para bajar a misa cuando en realidad me quedaba en la puerta junto a los amigos de la pandilla. A partir de ese día no iría más a la iglesia, ni siquiera para disimular; se terminaron los madrugones y los dioses. Ese mismo año pegué en la puerta del dormitorio dos frases confeccionadas con una DYMO, una máquina para fabricar letras en tiras azules: «Pensión Lobo. Habitación 13». Lo hice para protegerme de la acusación: «¿Crees que esto es una pensión?». Ya podía responder: «Sí, vivo en la 13».

Mi padre tenía 16 años y nueve meses el 18 de julio de 1936. Era el primogénito en una época en la que su hermana mayor, Josefina, nacida en 1918, no computaba a efectos prácticos. Se había alistado en marzo de ese año al Sindicato Español Universitario (SEU), falangista, según consta en un documento del Archivo General Militar de Ávila. A la Falange Española Tradicionalista y de las JONS se afiliaría el 27 de mayo de 1941, una vez terminada la contienda. La divulgación de su fe política tuvo que ser una preocupación constante en los cerca de mil días que duró la guerra y una suerte después del 1 de abril de 1939.

El SEU y demás organizaciones falangistas pasaron a la clandestinidad tras la victoria electoral del Frente Popular en febrero de 1936. Su alistamiento un mes después fue una temeridad. Ramón sirvió de modelo ideológico a sus hermanos menores José Luis y Julio Antonio. Finalizada la Guerra Civil los tres se alistaron como voluntarios en la División Azul para combatir al comunismo en Rusia, que era como la propaganda franquista llamaba a la Unión de Repúblicas Socialistas Soviéticas (URSS). Mi padre viajó en el primer relevo, que partió de la estación de Príncipe Pío de Madrid en agosto de 1941; su hermano José Luis, en el segundo, en septiembre de 1942, y Julio Antonio, en marzo de 1943. La vecina de enfrente, con quien mi abuela compartía noticias y esperanzas de un pronto final de la guerra, también mandó a sus tres hijos a la División Azul, pero a diferencia de los Lobo, a ella no le regresó ninguno.

Mi abuelo quedó en minoría en su propia casa, rodeado de falangistas fanáticos y una mujer exaltada que se dedicó con tenacidad a hacerle la vida imposible, algo que logró con creces. El golpe de Estado encabezado por los generales José Sanjurjo —que moriría dos días después en un accidente de avioneta en Portugal—, Emilio Mola y Francisco Franco triunfó en el Protectorado de Marruecos, Canarias, Sevilla, Córdoba, Cádiz, en varias provincias del norte, Mallorca y Atocha 66.

Fue milagroso que mi padre no se sumara el domingo 19 de julio a la asonada en el Cuartel de la Montaña (actual templo de *Debod*), donde el general Joaquín Fanjul se amotinó junto a 145 jefes y oficiales y 1.364 hombres, algunos de ellos reclutas, a la espera de refuerzos procedentes de Campamento, Cuatro Vientos, Getafe y Carabanchel. En el interior del recinto se encontraba un grupo de voluntarios falangistas, entre 167 y 186 según diversas fuentes, que vestían uniforme del Ejército. Los conjurados recibieron orden de concentrarse en aquella instalación militar junto a la calle Ferraz. Pese a su ardor juvenil y sus ideas extremistas, es posible que sus 16 años y nueve meses de edad le salvaran la vida, que su falangismo recién estrenado no le permitiera trabar contactos de alto nivel ni labrarse la confianza necesaria como para que sus jefes compartieran con él los planes de derrocar al Gobierno de la República. Lo más probable es que se encontrara entre los 1.500 falangistas y requetés que se habían acercado a los alrededores del cuartel, confundidos entre la población, y que no pudieron entrar porque las puertas estaban cerradas. Las veces que le escuché algún comentario sobre estos hechos, se refería a su desesperación de no poder ayudar a sus camaradas.

Los Guardias de Asalto, la Guardia Civil, unidades militares fieles al poder legal, y las milicias de los partidos de izquierda estaban en estado de alerta desde antes del asesinato de Calvo Sotelo en previsión de un pronunciamiento militar. Vigilaban aquellos lugares que pudieran ser favorables a los golpistas. Fanjul no aprovechó la sorpresa de las primeras horas del día 19, y al sentirse rodeado de enemigos no se atrevió a salir a la calle; quedó a la espera de unos refuerzos que nunca llegaron porque el golpe fracasó en las localidades de las que esperaba apoyo. El asedio militar y popular al Cuartel de la

Montaña comenzó a las 8.30 de la mañana del día 20 y acabó tres horas después con la derrota de los alzados. De los 145 oficiales sublevados, murieron 98. Algunos se suicidaron, otros perecieron en combate o fueron ejecutados. No existe una cifra exacta de muertos, pero se da por buena la de 200. La mayoría de las bajas republicanas se debieron al empeño de atacar desde unas escaleras situadas cerca de la plaza de España, acción que facilitaba la labor de los defensores.

Las noticias del fracaso del golpe en Madrid y Barcelona generaron un ambiente de euforia. Miles de personas se echaron a las calles para presenciar, festejar o participar en el desfile de los victoriosos asaltantes del Cuartel de la Montaña. La Puerta del Sol volvió a ser el epicentro de la historia de la ciudad y de España. Iban y venían decenas de vehículos y volquetes atestados de milicianos, engalanados con banderas partidarias y de la República, y se entonaron canciones populares e himnos, se lanzaron proclamas e ilusiones. Se pensó que era un asunto de pocos días. La fiebre revolucionaria, los primeros gritos de «No pasarán», debieron de escalar hasta el segundo piso de Atocha. La derrota inicial de mi abuelo se tornó dos días después en una esperanza de victoria. Aunque el país, el Ejército y Atocha 66 estaban divididos, no existía conciencia de que se encontraban en los albores de una guerra civil de cerca de treinta y dos meses de duración y de funestas consecuencias para todos. El primero que habló de guerra civil fue el Foreign Office. Era el 28 de julio de 1936.

¿Qué hizo mi padre después de la rendición del

Cuartel de la Montaña? ¿Se reunió con otros falangistas? ¿Adoptaron algún plan? ¿Presenció el desfile republicano en la Puerta del Sol? ¿Permitió mi abuela salir de casa a José Luis, que tenía 13 años, y a Julio Antonio, de 12, edades que poco después, en la Segunda Guerra Mundial, fueron suficientes para acabar como adulto en un campo de concentración? ¿De qué hablaron durante la comida o la cena? ¿Qué hizo mi abuelo, fue a casa de su padre 30 números más abajo en la misma calle Atocha? ¿Contactó con sus hermanas? ¿Se plantearon la posibilidad de salir de la ciudad? Mi tía Salud ya estaba casada con Manuel de Rivas Cherif, quien tendría información privilegiada a través de su hermano Cipriano, el principal consejero de Azaña, sobre la verdadera situación militar y las posibilidades de supervivencia de la República. Ninguno se movió de Madrid en el verano del 36. Al escribir «verano del 36» por mi mente pasa parte del metraje de la película *Las bicicletas son para el verano* de Jaime Chávarri sobre un texto teatral de Fernando Fernán Gómez. Cuando escribo el nombre del actor me llegan imágenes del maestro republicano de *La lengua de las mariposas*. Estamos esculpidos de cine y literatura.

Mi abuela tuvo mala suerte. Tras la muerte de sus padres fue a parar a casa de las Mogrovejo. La madre, que la quería mucho, lo que alimentó los celos, murió poco después; la educación de la niña huérfana quedó en manos de su prima Carmen, una maestra de carácter afable delante de los demás pero endemoniada con la niña Pilar. Según mi abuela, fue una madrastra cruel, sin un átomo de cariño y compasión.

Las relaciones entre mis abuelos nunca fueron buenas. Ella no estaba enamorada de un hombre diez años mayor que conoció bajándose de un coche oficial (hecho extraordinario y circunstancial), pero a quien Mogrovejo creyó pudiente, y con quien casó a los 18 años para quitársela de en medio sin preguntarle sobre gustos y sentimientos. Ella detestaba sus ideas progresistas, el rechazo a acompañarla a misa, su anticlericalismo y el empeño en no cobrar a los pacientes que carecían de recursos. Les separaba un abismo. Eran las dos Españas acostadas en el mismo lecho, sentadas alrededor de la misma mesa. Imagino los almuerzos sin palabras, envueltos en un silencio plúmbeo roto por el roce de los cubiertos sobre los platos. Pilar, una monárquica febril, recordaba como la cumbre de su vida el día en el que Alfonso XIII le acarició la mejilla.

La niña víctima se transformó, tras el matrimonio, en mujer obsesionada por la religión, el orden y la limpieza, capaz de mandar fregar el palo de las escobas y limpiar con sintol el instrumental médico que su marido tuvo que esconder bajo siete llaves. Mi padre y sus hermanos jamás pudieron jugar en Atocha 66. Los juguetes estaban en casa del bisabuelo, a quien no le importaban las ralladuras.

Pilar tuvo una desmedida influencia sobre Ramón y su hermano José Luis, que la idolatraban. Carmen Mogrovejo es la paciente cero, ella inoculó el virus de la intolerancia en la familia, y mi abuela lo expandió como una plaga. Ese virus nos ha dejado huérfanos de nosotros mismos, sin derecho a unos lazos familiares sanos. Nadamos en busca de una orilla, en un sálvese quien pueda, incapaces de ayudarnos los unos a los otros. No hay botes salvavidas, la supervivencia es un reto individual. Cuando hablo de Pilar delante de mi madre, apostillo para evitar confusiones con Germaine: «La abuela, la que está en el infierno», coletilla que escandaliza a Maud: «No digas eso, no es misericordioso». Para provocar un poco más, replico: «Madre, la abuela Pilar está en una celda de castigo junto a su hija Josefina para que no contaminen el resto del infierno».

La guerra abierta entre mis abuelos estalló el 14 de abril de 1931, con la proclamación de la República y el exilio del monarca, y se agravó tres semanas después con la quema de las primeras iglesias, conventos y colegios religiosos en Madrid, un estallido de ira popular ante los rumores de que el Círculo Monárquico participaba en una conspiración golpista impulsada por la Iglesia representada por el cardenal Pedro Segura. Las quemas se extendieron a Málaga, Sevilla, Granada, Córdoba, Cádiz, Murcia, Jerez, Sanlúcar, Algeciras, Alicante y Valencia. Sirvieron para nutrir la propaganda antirrepublicana. Fueron cerca de cien edificios religiosos dañados. Se destruyó un patrimonio artístico común, de creyentes y no creyentes, algunas pinturas de Zurbarán y Van Dyck, además de los 80.000 volúmenes de la biblioteca de la Casa Profesa de los jesuitas, en la calle Isabel esquina con Flor, junto a la Gran Vía. Hubo muertos y heridos. Fue una torpeza y una calamidad. Se produjeron nuevas quemas tras el golpe de Estado, como el de la Colegiata de San Isidro de Madrid, que ardió el 19 de julio de 1936.

Los vencedores escriben la Historia, deciden los grandes trazos, las epopeyas, quiénes son los héroes y quiénes los canallas. También tienen bula para construir la pequeña narrativa, la que se transmite cada día a través de los medios de comunicación, creando un corpus difícil de desarmar en países políticamente incultos en los que la ira se limita al exabrupto en el bar o en el estadio de fútbol, o a un tuit subido de tono. Esa rabia efectista no logra impulsar una transformación de la sociedad; es parte del juego de la apariencia democrática. La socióloga serbia Milena Dragicevic, a quien conocí en Belgrado en febrero de 2008, me dijo algo sobre Serbia que escuché como si se refiriese a nosotros: «Hemos pasado de la tradición oral, donde dominaban los mitos, a la era audiovisual donde se transmiten por televisión. No tuvimos, como el resto de Europa, siglos de Gutenberg en los que primasen el pensamiento científico y los hechos comprobados. (...) En la lengua serbia la palabra compromiso tiene unas connotaciones negativas, pues quien pacta es el débil que no merece respeto». Sucede algo parecido en España: pactar es renunciar a aplastar.

Mi madre sostiene que la Guerra Civil fue una contienda religiosa, una cruzada, como la bautizó Pío XII, el papa condescendiente con los nazis, porque la República, dice, tenía como objetivo destruir la Iglesia. Hubo excesos, se mataron a miles de religiosos a los que se consideraba desafectos y partidarios de Franco, pero no existía un plan de limpieza religiosa. Esa persecución no nace de la nada, es la respuesta a siglos de abuso y descaro.

Han transcurrido casi 80 años del inicio de la guerra, y las inquinas se mantienen a flor de piel en las tertulias radiofónicas y televisivas, en las redes sociales. Se incorporaron nuevos argumentos a los no resueltos. España no ha avanzado tanto, aún no se ha desprendido de la camisa de fuerza. Existe una memoria histórica científica y demostrable que no penetró del todo en un discurso político que sigue incrustado de una miríada de falsedades. La Iglesia ya no incita al golpe de Estado, a la rebelión armada, a la cruzada, como hizo el cardenal Segura a los quince días de proclamarse la República, pero su combate contra cualquier avance que represente la pérdida de poder y ponga en riesgo su negocio se mantiene vivo y se expresa en la calle si es preciso, como le gustaba hacer a Antonio María Rouco Varela, un resto de franquismo cardenalicio. «Cuando los enemigos del reinado de Jesucristo avanzan resueltamente, ningún católico puede permanecer inactivo», decía Segura en su pastoral contra la República, y que años más tarde se las tendría tiesas con el dictador en Sevilla. Ocho décadas después, la frase de Azaña, la de «España ha dejado de ser católica», es una realidad: las iglesias se han vaciado, las uniones de hecho y las bodas civiles han reemplazado a las eclesiásticas, el matrimonio homosexual es un derecho protegido por la ley; el tañído de las campanas dejó de ser el reloj vital del país. No es consecuencia del laicismo radical o de la acción política de los gobiernos democráticos, sino de la torpeza de los obispos y de la velocidad de un mundo nuevo.

La República quiso acabar con el poder omnímodo

de los terratenientes y de la Iglesia, un lastre de siglos para el avance educativo, social, económico, político y cultural de España. Su error no fue de fondo sino de urgencia y gradación de las reformas: trató de modernizar un país analfabeto y atrasado en poco tiempo. Creyeron en el poder emancipador de las leyes, pero las leyes, como sucede en el Afganistán supuestamente liberado de los talibanes, se topan con que la tradición es más fuerte porque nace de la ignorancia. Modificar la estructura mental de un país atrasado requiere décadas de trabajo, inversión, educación y mucha paciencia.

La Constitución de 1931 consagró la separación entre la Iglesia católica y el Estado, y albergó leyes que el Vaticano consideró una declaración de guerra: matrimonio civil, divorcio, voto femenino, desacralización de los cementerios, prohibición de la enseñanza por parte de las órdenes religiosas, el fin de la obligatoriedad de la asignatura de Religión (católica). Con la llegada de la democracia en 1977 se han conseguido varios de aquellos sueños, pero no todos. Queda por resolver el adoctrinamiento en los colegios y la laicidad del Estado que, pese a definirse aconfesional en la Constitución, sigue dando un trato de favor a una Iglesia cuyo peso político e influencia no se corresponden con la realidad social: solo el 12,5% dice ir a misa los domingos y festivos, según una encuesta del Centro de Investigaciones Sociológicas.

La búsqueda de fascistas fue una obsesión en Madrid a partir del 20 de julio de 1936: cualquiera podía ser un golpista, un quintacolumnista. Las unidades de los partidos de izquierda y de los sindicatos se situaron en la vanguardia de la lucha y de la represión ante la ausencia de un ejército profesional. El Gobierno de la República había cometido el día anterior el grave error de licenciar a una tropa y a una oficialidad que les eran favorables, muchos de los cuales se integraron en las milicias. Este vacío de poder multiplicó los abusos revolucionarios, los asesinatos, el cobro de venganzas, la cancelación brusca de deudas y el saqueo más allá de cualquier ideología, como sería el caso del jefe de la «Brigada del Amanecer», el socialista Agapito García Atadell, un vulgar ladrón. El Gobierno, desbordado por la rebelión, emitía edictos para frenar los asesinatos sin tener medios para evitarlos. La primera de esas órdenes es del 25 de julio de 1936.

Los *paseos* (ejecuciones extrajudiciales) fueron la consecuencia de esta ausencia del Estado, no del temor a la caída de Madrid. Ni las milicias ni el Gobierno se dieron cuenta del riesgo hasta que las tropas nacionales llegaron en octubre a las puertas de la capital. Fueron cinco meses, sobre todo agosto y septiembre de 1936, de *paseos* y *sacas* (matanzas) de presos; estas ejecuciones sin proceso judicial alimentaron la leyenda del terror rojo que logró desviar la atención sobre el terror azul. No fueron tiempos ejemplares en ninguno de los bandos. Las autoridades republicanas quedaron desbordadas por el odio que se profesaban las dos Españas, una animadversión alimentada durante siglos. El choque era inevitable; la catástrofe ética, política y humana, también.

Esta situación de inseguridad se mantuvo hasta noviembre, cuando el general José Miaja, jefe de la Junta de

Defensa de Madrid, mandó fusilar a algunos matones y puso vigilancia en las salidas de la capital y en los lugares habituales para las ejecuciones. Según el historiador Javier Cervera Gil, fue también clave el nombramiento de Santiago Carrillo como consejero de Orden Público, quien logró poner coto a los *paseos*, que consideraba vergonzosos y lesivos para la imagen exterior de la República. Suprimió las checas y restringió las salidas nocturnas. Estas medidas tardaron aún unos meses en ser efectivas. Según Cervera, que cita datos oficiales, el 97,6% de los *paseos* son anteriores al 31 de diciembre de 1936; el 2,4% restante pertenece a 1937, sobre todo a enero y febrero. Me preocupa este asunto porque trato de imaginar qué impacto tuvieron esos meses en mi bisabuelo y en mi abuelo, de qué forma les afectó. Pese a los errores cometidos por el Gobierno y las milicias, se mantuvieron leales a la República que soñaron. Lo que estaba en juego eran los principios y los valores, no las personas. La prueba de la fidelidad de mi bisabuelo está en la amistad de Azaña, a la que no renunció, y en su respuesta en el proceso de depuración: «Siempre obré conforme a las enseñanzas de mis padres, a mis convicciones y a la ley».

Tampoco ayudó la frase del general golpista Emilio Mola, quien presumió en octubre de 1936 de que sus mejores hombres estaban dentro de Madrid y de que en breve se tomaría un café en la Puerta del Sol. Ese fanfarroneo con la Quinta Columna costó vidas. Café era también una palabra clave: Camarada Arriba Falange Española.

La situación era peor en el bando nacional. En los seis primeros meses de guerra se multiplicaron en su territorio los asesinatos en masa y las fosas comunes. A diferencia de la República, el mando militar franquista no hizo demasiado por imponer el respeto a la vida de sus enemigos, un verdadero orden jurídico, sino que impulsó la limpieza étnica; su objetivo era la aniquilación del contrario, como prueban los partes de Mola. Las noticias de la matanza en la plaza de toros de Badajoz, ocurrida el 14 y 15 de agosto de 1936, en la que las tropas del coronel Juan Yagüe acribillaron a cerca de dos mil republicanos, provocaron el asesinato siete días después de una treintena de prominentes presos en la cárcel Modelo de Madrid, situada en el barrio de Argüelles, en el actual cuartel del Ejército del Aire. Esa acción de represalia fue organizada por Felipe Sandoval, alias *Doctor Muñiz*, uno de los pistoleros más sanguinarios de la CNT. Los fusilamientos franquistas prosiguieron después de la guerra, entre 1939 y 1946. En esos años cerca de 50.000 personas fueron ajusticiadas y enterradas en fosas comunes. La pena de muerte siguió activa hasta el 27 de septiembre de 1975, en los estertores del régimen, cuando se fusiló a dos presos de ETA político-militar —Juan Paredes Manot y Ángel Otaegui— y tres del FRAP —José Luis Sánchez Bravo, Ramón García Sanz y José Humberto Baena Alonso—, acusados de terrorismo.

La represión franquista no era solo un asunto ideológico, también medió la inquina personal y el despojo de bienes de los vencidos. La proporción de asesinatos, sin que las cifras justifiquen ningún muerto, fue de tres a uno: 150.000 asesinados por los nacionales frente a los 50.000 por los llamados rojos. A estos números hay que añadir los muertos en el frente, las bombas y el hambre. Fue una hecatombe humana y moral. La dictadura argentina, cuyos líderes tenían a Franco como referente, aplicaron la táctica del exterminio. El general Alfredo Saint Jean, uno de sus mayores represores, lo resumió con frialdad: «Primero mataremos a los subversivos, luego a sus colaboradores, después a sus simpatizantes, enseguida a los indiferentes y finalmente mataremos a los tímidos».

Manuel Chaves Nogales dibuja los excesos de los primeros meses de la guerra en Madrid en su libro *A sangre y fuego* y en el recopilatorio de crónicas *La defensa de Madrid*. Chaves Nogales está a la altura de George Orwell, pero, a diferencia del británico, tiene el español un defecto grave como reportero: no siempre escribe de primera mano. Salió de Madrid junto al Gobierno en la tarde del 6 de noviembre de 1936 y no regresó jamás. El presidente del Consejo de Ministros, Francisco Largo Caballero, animó a los intelectuales más destacados a dejar la ciudad; no quería que acabaran en manos de los nacionales como baza de propaganda. También se marchó en la misma fecha Rafael Alberti, cuyo poema dedicado a las Brigadas Internacionales nació del corazón, no de la visión directa, pese a que pasaron al lado de su casa en dirección al frente. Gran parte de las crónicas de Chaves Nogales sobre la defensa de Madrid, los momentos claves en los que los generales José Miaja y Sebastián Pozas deciden la suerte de la capital, no son relatos de un testigo directo, sino recreaciones literarias de un gran escritor. Chaves Nogales no estaba allí.

Pese a todo fue una rareza intelectual en un país cainita que terminó ganándose el odio de franquistas, comunistas, fascistas y rusos. El desprecio de los bandos suele ser una garantía de buen hacer, de independencia, algo inaceptable para quienes viven de la trinchera y la tribu. Celebro la recuperación de su figura como escritor en un país construido sobre olvidos, sin memoria ni decencia. Esta es la base de la corrupción: no saber quiénes somos, qué precio se ha pagado por cada centímetro de progreso social. En el escaparate de España están los mitos inventados, los asesinos, los impostores, los ladrones; no queda espacio para los héroes y los sabios, para los José Luis Sampedro, Emilio Lledó y José Álvarez Junco. ¿Cómo me hubiera sentido en aquella España? Como reportero tengo la experiencia de Sarajevo, en la guerra de Bosnia-Herzegovina, que, pese a sus similitudes, es un referente emocionalmente ajeno, fácil de manejar.

A pesar de estar emparentados con los De Rivas Cherif, circunstancia que más o menos los protegió durante la guerra, no había avales contra la enajenación. A mi abuelo le mortificaría la suerte de sus hijos, sobre todo la de mi padre. Su inscripción en el SEU era una espada de Damocles sobre su cabeza y sobre el resto de la familia porque era posible que se encontrara algún rastro de su militancia en el llamado Archivo de Matices Políticos o Control de Nóminas de la Dirección General de Seguridad, una fuente de la represión en retaguardia. Mi abuela Pilar agravó la situación organizando misas clandestinas en su casa. También escondieron varias monjas vestidas de seglar. Una de ellas era Teresa, prima de mi abuela. A su marido el asunto de la protección de las monjas se lo dictaba la conciencia, pero le irritaban las misas porque les ponían en riesgo, más cuando uno de los comercios de los bajos del edificio se transformó en 1937 en una fábrica de uniformes para milicianos. A mi padre le salvó en esos seis primeros meses la edad y su irrelevancia. En su situación estaban decenas de miles de personas en Madrid. Se rastreaba solo la pista de los principales, de los golpistas más notorios.

La mayoría de los Lobo pasaron la guerra en sus pisos de la calle Atocha, con sus carestías, temores, rivalidades políticas, silencios, misas y bombardeos. No hubo muertos ni heridos, pero sí un futuro familiar preso y sus tres hijos asilados en la embajada de Chile bajo la protección del diplomático Carlos Morla Lynch, quien salvó la vida a 4.000 según las cuentas del poeta Pablo Neruda. Acogió primero a los derechistas que huían de los *paseos*; después, a republicanos, entre ellos varios allegados de Azaña, al entrar las tropas franquistas en Madrid. Salvó a miles pero no pudo salvar a Miguel Hernández, quien se personó en la legación dos veces entre el 6 y el 8 de marzo de 1939. Según una de las versiones, Hernández prefirió reencontrarse con su mujer, Josefina, a la seguridad de la legación. Otra sostiene que no se hizo lo suficiente por darle cobijo porque había sido muy duro en sus críticas a Franco y podría resultar incómodo.

Tuvieron suerte los Lobo, y más mi padre, que anduvo

metido además en actividades de la Quinta Columna. Conservo una medalla suya que así lo atestigua. Según Antonio Prieto Barrios, experto en estas lides, y que me ayudó a interpretar las condecoraciones heredadas, se trata de la Medalla de la Campaña de 1936-1939, cinta de vanguardia, entregada a los combatientes de la Guerra Civil. ¿Cuáles fueron sus méritos si es que hubo alguno concreto? ¿Pertenecía a una red de espías que pasaba información a las tropas nacionales? ¿Era de los que ayudaban a mejorar el tino de los artilleros y aviadores en sus bombardeos sobre la ciudad en la que vivía junto a su familia? ¿Realizó algún sabotaje más allá de esparcir rumores y comentarios maliciosos para quebrar la moral de la ciudad?

Leo a Arturo Barea, otro olvidado por la memoria colectiva, en su trilogía *La forja de un rebelde*. En su tercer libro, *La llama*, narra algunas de las actividades de los quintacolumnistas, los *pacos*, como les llamaban debido al sonido de sus armas: pac-pac. Por las noches, subidos en coches con las luces apagadas disparaban a bulto o desde las buhardillas para que los defensores sintieran la cercanía del enemigo interior. Mi prima Pilar Aymerich recuerda haber escuchado de los labios de su madre, mi tía Josefina, un incidente en el que mi padre huía junto a otra persona de unos milicianos; el compañero se escondió en unos matorrales, él siguió corriendo. Esa decisión le salvó la vida porque al amigo lo ensartaron con bayonetas. Conservo sus medallas de guerra, incluida la de la Quinta Columna, en una caja vacía de jabones Yardley, ingleses por supuesto. Se trata de una pequeña venganza, un sarcasmo sutil.

Ignacio Aymerich, el entonces futuro marido de mi tía Josefina, se refugió en la embajada chilena al comienzo de la guerra, y en ella se quedó hasta el final. Lo que llamamos «embajada» estaba compuesta de varios edificios y pisos bajo protección diplomática. Josefina realizaba visitas furtivas a su novio, lo que debía de ser una locura pues los accesos estaban vigilados. Ignacio llegó un día a su casa y se topó con la noticia de que habían detenido al padre y a sus dos hermanos menores. La madre le envió de inmediato a la legación chilena. Horas después, tras ser puestos en libertad, llegaron sus hermanos. El padre, militar y abogado, permaneció tres años en la cárcel. También tuvo suerte: sobrevivió. Este Joaquín Aymerich Pacheco, franquista y de quien apenas guardo memoria, fue decisivo para librar a mi abuelo de males mayores una vez terminada la contienda. Ramón Lobo Coya fue depurado por pertenecer al sindicato socialista UGT: le expulsaron del laboratorio municipal, de la facultad de Medicina, y le prohibieron ejercer su profesión durante dos años, según consta en la diligencia número 1.896 del juzgado especial de la Auditoría de Guerra del Ejército de Ocupación con fecha del 30 de octubre de 1939. Tenía 53 años. Esa militancia en UGT pudo haberle costado la cárcel, tal vez el fusilamiento.

Si durante la guerra le había protegido el nombre de los De Rivas Cherif, después le socorría la otra España, la del arzobispo de Madrid, Leopoldo Eijo Garay, amigo de la beata abuela Pilar. En su favor pesó la protección de las monjas y las misas clandestinas que al final sirvieron para algo. La mediación de Joaquín Aymerich, de su primo Pepe Pardo y de otras personas le permitió regresar, tras dos años de castigo, al laboratorio municipal, aunque en una categoría inferior. Murió el 16 de enero de 1953, a los 67 años. Le tocó vivir catorce de postguerra, de derrota entre hijos victoriosos.

También tuvimos tres exiliados de los que apenas se hablaba, cuyo relato preciso se ha perdido: mis tías Pilar y Salud, hermanas de mi abuelo, y su marido Manuel de Rivas Cherif. Quedan retazos de memoria escuchada de boca de los vencedores o de sus hijos, tan náufragos como quien escribe. Existe más reconstrucción que hechos verificados, incluso en quienes como yo les otorgamos un papel ejemplar por el mero hecho de ser republicanos. No tengo constancia de cuándo abandonaron Madrid. Es seguro que se marcharon en algún momento de octubre o noviembre de 1936 y que permanecieron el resto de la guerra en Valencia hasta cruzar la frontera en dirección a Francia y emprender viaje por mar hacia México.

Ramón decía que mis tíos Salud y Manuel podían haber permanecido en España tras la entrada de las tropas de Franco porque no había nada contra ellos. En ese discurso condescendiente olvidaba algo que a menudo es más importante que el miedo: los principios, la decisión de no vivir en un país gobernado por una dictadura. Sostenía que la única que corría peligro era la tía Pilar, hermana de Salud y de mi abuelo, «porque denunciaba a personas». Aunque no hay nada que corrobore la acusación, la historia familiar la tiene sentenciada, como casi condena a mi bisabuela Encarnación por una sola palabra, «rara» en lugar de «bohemia».

Los dueños de esa memoria aseguran que Pilar Lobo Coya fue una mujer liberal, adelantada a su época, seguramente feminista, que vestía pantalón en lugar de falda y fumaba sin disimulo, y que durante la guerra cambió los favores del hijo del dueño del teatro de la Comedia por los de un miliciano. Esta tía Pilar era dada a la vida social como su padre. El relato oficial no se atreve a gritar «¡era una puta!», pero deja caer los atributos. Los relatos familiares pasados por el franquismo son machistas. Una de las ilusiones de aquella tía Pilar era ser actriz, algo que no logró por falta de talento pese a tener amoríos con el hijo del mandamás del teatro. Estaba muy unida a su hermana Magdalena, que sufría por su vida disipada.

Manuel Azaña cruzó la frontera francesa el 5 de febrero de 1939 junto a su esposa Dolores de Rivas Cherif, su cuñado Cipriano de Rivas Cherif y una veintena de colaboradores. El viaje hacia el exilio fue duro, emotivo para Azaña, traicionado por los suyos, la guerra perdida y sin respuesta de los aliados que incluso le negaron apoyo para lograr un final negociado que garantizara la vida y la dignidad de los derrotados. Llegaron a La Vajol, el último pueblo español en los Pirineos antes de cruzar a Francia. El descenso por las laderas heladas hacia Les Illes fue penoso. Tras detenerse en Montpellier y Nimes a pernoctar, llegaron al día siguiente a La Prasle, la casa alquilada el verano anterior por Cipriano en Collonges-sous-Sàleve, a trescientos metros de la frontera franco-suiza, según cuenta el historiador Santos Juliá en *Destierro y muerte de Manuel Azaña*.

Mis tías Pilar y Salud y su marido Manuel no debieron de acompañar al resto de los De Rivas Cherif en su salida de España. El único hijo de Salud y Manuel, José Manuel de Rivas Lobo, había nacido en Valencia el 12 de julio de 1937. Tenía un año y medio. Lo más probable es que dejaran el país unos días antes, entre el 28 de enero y el 5 de febrero de 1939, cuando las autoridades francesas autorizaron el paso de miles de personas, y que se reunieran después con los demás en La Prasle, en los Alpes. Cuando estalló la Segunda Guerra Mundial, el 1 de septiembre de 1939, Salud, Pilar y Manuel se encontraban en México. Una ficha del Gobierno de aquel país indica que Salud desembarcó en el puerto de Veracruz el 1 de junio de 1939. Llegó a bordo del buque *Siboney*. Tenía 45 años.

Busco imágenes del barco, leo sobre su historia. Resulta emocionante. Es el nombre de los antiguos habitantes de Cuba antes de la llegada de los españoles y de una canción compuesta por Ernesto Lecuona en 1929, un éxito de la época. Me gusta la versión de Pedro Vargas: «Siboney yo te quiero, yo me muero por tu amor». ¿Sabían Salud, Pilar y Manuel lo que significaba el nombre del barco que les cambió la vida? ¿La cantaron alguna vez? ¿Darían importancia a estas cosas?

Fueron parte de los más de 20.000 exiliados españoles que acogió México por orden del presidente Lázaro Cárdenas. Hay algo en mí que está íntimamente ligado a ese país, quizá sea agradecimiento. Me gusta sumergirme en la melancolía de la voz de Vargas. La tristeza profunda, si es pasajera, puede ser una manera de estar vivo, una forma de lucha, de rememoria. Iré al cementerio de Arganda, donde está enterrada Salud, y le pondré la canción sobre la lápida y un juego de flores con los colores republicanos. Ella reposa allí, cerca del centro de la Tercera Edad en el que pasó sus últimos años de vida. Su voluntad era estar en Madrid, en la tumba familiar donde descansan sus padres en la sacramental de San Lorenzo y San José. Al visitar este pequeño camposanto repleto de gatos me llevé un disgusto: la losa estaba caída, la fosa semiabierta y los nombres enmohecidos, casi ilegibles. Su estado de abandono y ruina es el reflejo descarnado de lo que somos, de nuestra incapacidad emocional como familia. Traté de movilizar a los vivos para su reparación con escaso éxito. Sentí rabia, soledad.

La tía Josefina fue la custodia de ese último deseo, pero prefirió no gastar dinero en un traslado de Arganda a Madrid pese a haberle robado unas joyas y el dinero de la cartilla, en la que se había incluido como firma autorizada. Tras convencerla de que volviera de México, de que los suyos estaban en España, perdió interés en Salud. No era como su hermana Magdalena, una mujer abnegada, callada, dócil, que se dejaba mangonear la pensión, siempre dispuesta a ejercer de chica de servicio. Pronto tronaron las prisas por sacarla de casa y mandarla a una residencia en un momento en el que era difícil conseguir plaza. Margarita D'Olhaberriague, viuda de José Ignacio, el mayor de mis primos Aymerich, aprovechó el clima político de recuperación de la figura de Azaña para escribir una carta al rey en la que explicaba quién era Salud Lobo Coya, viuda de Manuel de Rivas Cherif, y en la que solicitaba su intercesión. La misiva funcionó.

Salud nunca fue feliz con La Pepa. Al instalarse en el que sería su dormitorio en Fernández de la Hoz, colocó una fotografía de su marido. Al verlo, Josefina ordenó: «No quiero fotos de rojos, esta es una casa decente». Salud protestó con un hilo de voz, «pero si de pequeña le querías mucho». No hubo clemencia: «Nada de fotos de rojos en mi casa, quítala».

He descubierto una imagen en blanco y negro de mi tío Manuel de Rivas Cherif. Es la primera vez que veo su rostro, que tomo conciencia de sus rasgos, de su expresión. Pertenece al Registro de Extranjeros del Servicio de Inmigración de México. La ficha tiene el número 46.627. Su cabeza es alargada, lleva gafas, traje y corbata. Tiene un aire a su hermano Cipriano. En la ficha está escrito que medía 154 centímetros, tenía el pelo blanco, cejas rubias y ojos azules. Fundó en México junto a su amigo, el también oftalmólogo Manuel Márquez, el primer hospital especializado en prevenir la ceguera, y que actualmente sigue siendo el mejor centro oftalmológico del país.

El día que vaya a Arganda a poner música en la tumba de Salud me acercaré después al cementerio de la Almudena, donde reposan los restos de mi tía Josefina. A ella también le pondré música: La Internacional, y una pegatina de Dolores Ibárruri para que se revuelva en el infierno. Será un justo desagravio por lo que le hizo a Salud, por lo que nos hizo a todos. No sé aún si llegaré a la provocación de Francis Underwood (Kevin Spacey), el protagonista de *House of Cards*, que orinó sobre la tumba de su padre en el cementerio de Arlington tras convertirse en presidente de Estados Unidos. Lo mío no es una *boutade*, sería un gesto higiénico para reivindicar la dignidad de mi familia silenciada. Podría hacer algo similar con mi padre, ponerle flores republicanas, pero según avanza el libro siento más la necesidad de perdonar y retirar mi ejército del campo de batalla.

La presión del régimen de Franco y los movimientos alemanes, aconsejaron a Azaña un nuevo traslado el 1 de julio de 1940, esta vez a Montauban, en la llamada zona libre creada tras la firma del armisticio franco-alemán. Juan Negrín ofreció dos pasajes a Azaña y su mujer Dolores en un barco que zarpaba hacia México. Él declinó la oferta porque se encontraba muy enfermo. Murió el 3 de noviembre de 1940. Los últimos meses los pasó en la habitación número 2 del Hotel du Midi bajo la protección diplomática de México, acosado por comandos falangistas. El mariscal Philippe Petain, colaborador de los nazis, traidor de Francia, jefe de la zona libre y simpatizante de Franco, prohibió que a su muerte recibiera honores de Jefe de Estado y fuera enterrado bajo la bandera republicana. Solo permitía la enseña roja y gualda de los nacionales. El embajador de México, Luis Ignacio Rodríguez Taboada, que acompañó a Azaña y a su mujer hasta el final, lo enterró con la bandera de México: «Para nosotros será un privilegio, para los republicanos, una esperanza, y para ustedes, una dolorosa lección».

Los exiliados fueron suprimidos del relato familiar.

Primero quedaron reducidos a un asunto privado de los Ramón Lobo republicanos; después de sus muertes, esta parte de la historia fue declarada asunto tabú para no manchar la reputación franquista del resto de la familia. El bisabuelo falleció de un derrame cerebral cuando se disponía a acudir al entierro de un amigo. Murió en Fernández de la Hoz, la casa de su nieta Josefina Lobo, y no en el portal porque tuvo que regresar en busca de un pañuelo de adorno para el bolsillo de la chaqueta. Presumido hasta el último instante.

Fue el primer caso en la especialidad de mi tía Josefina de acoger a los ancianos de la familia junto a su pensión, bienes, cuentas, joyas si las hubiere, y enseres. Con mi bisabuelo llegó la tía Magdalena, su abnegada hija y cuidadora. Cuentan mis primos mayores que sus padres andaban estrechos de dinero en la postguerra debido a la carestía general, su boda precipitada, la escasez de trabajo y a la llegada en catarata de los primeros hijos. Mi abuelo Ramón les pasaba comida, mientras que el padre de Ignacio abonaba las facturas y la casa. La Pepa mandaba cada mes a uno de sus hijos a casa del abuelo Joaquín Aymerich a buscar el sobre. La decisión de mi bisabuelo de salir de Atocha 96, donde estaba alquilado, y trasladarse a Fernández de la Hoz, era parte de esta red de ayuda a los insensatos.

Después de la guerra, mi bisabuelo tuvo que presentarse a declarar ante un tribunal franquista. Le protegía su edad, 79 años, su planta y su escasa relevancia política durante la guerra. El responsable del aquel simulacro de justicia se dejó engatusar por su porte burgués, la capa española y una sonrisa en los labios: «Sin duda se trata de una equivocación, doctor, pero existe una denuncia que afirma que usted era de izquierdas». Él se enfadó y dijo: «Es una infamia, joven; corrija de inmediato: he sido, soy y seré de izquierdas». No fue castigado ni apartado de cargo alguno porque solo era un viejo jubilado y cascarrabias que disfrutaba del arte de la provocación. Este relato junto a su diálogo me llegó a través de mi padre. Pese a las diferencias ideológicas entre mi bisabuelo y la primera generación averiada, la de Ramón y sus hermanos, todos hablaban de él con veneración y cariño.

Al escribir este libro que tanto me abisma, trato de imaginar cómo eran mi abuelo y bisabuelo, trato de sentirlos, escuchar sus voces. Me gusta pensar en lo que habría hablado con ellos si un desajuste de las coordenadas espacio-temporales permitiera el encuentro. ¿Qué me contarían de mi padre, de su niñez y de sus años de exaltación fascista? La parsimonia de algunos Aymerich, como la de mi primo artista de Málaga, debe proceder del bisabuelo, al que siento pausado en el movimiento y rápido en la réplica. Mi bisabuelo debía de ser como Jacinto Benavente, a quien trató por asuntos relacionados con el teatro y las tertulias. El futuro nobel de Literatura se cruzó un día en la calle Atocha con un escritor de gran tamaño físico cuyo nombre no recuerdo, y con quien mantenía una notoria rivalidad pública. El hombre grande se interpuso entre Benavente y una construcción que obligaba al tránsito por un estrecho pasillo, y exclamó: «Yo no dejo pasar a maricones», a lo que Benavente, replicó: «Yo sí», cediendo el paso a su rival con el sombrero en la mano. Al mirar sus fotos veo a un hombre sin prisa, pero con atributos, al que le gustaba la vida y el éxito, y le apasionaba su trabajo. Si mi bisabuelo me lleva a Benavente, mi abuelo me empuja a Kafka. Me lo imagino despertándose como un insecto en su cama de la casa de Atocha entre el sonido de las misas clandestinas y los cuchicheos de sus hijos falangistas.

En los veraneos en El Escorial antes de la guerra nació el amor entre mis tíos Salud y Manuel de Rivas Cherif. Mi padre correteó de niño cerca de quien sería presidente de la República y uno de los hombres más odiados por la derecha monárquica, los fascistas y la Iglesia católica. Sirvió de poco aquel soplo de aire fresco, pues el manto de la influencia de su madre le protegía de toda contaminación democrática. Su hermano Álvaro contrajo en El Escorial la enfermedad que lo mató en 1925. Tenía seis meses. De mayor, Ramón recordaba aquellas vacaciones; también la figura de Azaña y la animadversión que aprendió a sentir por él inducido por su madre.

Pronto se dejó de hablar del golpe de Estado o asonada. Los nacionales lo llamaban «Glorioso Alzamiento», y los extranjeros, «Guerra Civil». Chaves Nogales fue preciso en un texto publicado en *La Nación* el 8 de agosto de 1936, titulado *Lo que pasa en España y lo que pasará*: «No es exactamente una guerra civil. Media España no lucha contra la otra media, sino contra una fuerza armada de la nación que ha traicionado al poder constituido». El campo de batalla afectaba a la totalidad del territorio, no solo al norte como en las guerras carlistas. Otra vez familia contra familia, hermano contra hermano, hijo contra padre, vecino contra vecino, mujer contra mujer y, en el caso de Atocha 66, todos contra mi abuelo.

No viví aquel Madrid de bombas, hambre, metralla, sirenas y humo, pero viví siete meses discontinuos en Sarajevo, entre abril de 1993 y diciembre de 1995. Desde el primero de mis siete viajes a la capital bosnia asediada por los radicales serbios, me sentí transportado al verano de 1936. Sarajevo era Madrid 57 años después. Las calles semivacías, el miedo a flor de piel, las explosiones, el sonido de los disparos, el tableteo de las ametralladoras, el olor agrio que brotaba de los contenedores metálicos en los que se quemaba una basura imposible de recoger, los coches destripados reutilizados como parapetos contra los disparos enemigos, los edificios derruidos por los impactos de la artillería, las fachadas carcomidas por la viruela del odio. Existían algunas calles tranquilas, seguras, que parecían pertenecer a otro mundo, a una vida anterior y paralela que pugnaba por sobrevivir en los detalles más allá de la memoria de los vivos, y había calles peligrosas que era necesario atravesar a la carrera para no servir de blanco a los francotiradores, como el cruce de Marsala Tita con Hamze Hume y Kranjceviceva, la calle que conducía al hotel Holiday Inn, donde se alojaban los periodistas al principio de la guerra. Ese cruce era el favorito de los artilleros que vigilaban desde las montañas que rodean la ciudad. Desde allá arriba era como tirar contra patos en una feria. El frente estaba en una ladera junto al cementerio judío; muertos que servían de linde entre vivos de un lado y vivos del otro.

En Madrid, la artillería franquista golpeaba la ciudad desde la Casa de Campo y la Ciudad Universitaria. Era otoño y empezaba a escasear el carbón, la madera y la comida. Al principio se bombardeaba de tres a cinco de la tarde, como si matar fuese un trabajo con derecho a horario estable. La Gran Vía se rebautizó en el argot popular como la Avenida del Quince y medio (por el calibre de los proyectiles). Si el ataque era a las cinco, el humor negro de la ciudad, imprescindible en toda guerra, lo llamaba «El té de las cinco». Si la aviación bombardeaba a primera hora, era «la lechera». En esa castigada Gran Vía, la cafetería Molinero tuvo el gesto burlesco de mantener una mesa para el general Mola durante toda la guerra, más allá de su muerte, para que llegado el caso se tomara su café. ¿Cómo es posible que un pueblo con esa inventiva aguantara durante la dictadura, que siga aguantando sus consecuencias entre tanta corrupción y saqueo?

El humor es un arma de resistencia, una provocación; es mejor reírse del miedo que dejarse aplastar por la angustia de lo incontrolable. Somos seres de costumbres, nos enloquece no saber qué va a suceder en el siguiente minuto, la próxima semana. La incertidumbre nos reduce a un simple número en el bombo de la suerte.

He imaginado y representado mi muerte y funeral tantas veces que cuando llegue el momento temo no estar a la altura. A Gervasio Sánchez, fotógrafo, amigo y compañero de tantos viajes, le divertía imaginar mi funeral y su papel en él. Era una de las raras excepciones en las que no le importaba ceder el rol protagonista. Gervasio se veía en lo alto del estrado fúnebre con un supuesto mensaje escrito por mí para el director de *El País*. «Le diría: levántate para que te vean bien», y era Gervasio quien se incorporaba despaciosamente para dar más empaque a la simulación. «Las últimas palabras de Ramón fueron para ti, las tengo aquí escritas para no olvidarlas», y escudriñaba en sus bolsillos en busca de un papel imaginario que desdoblaba con ceremonia y una sonrisa pilla prendida en los ojos. «Ramón dijo: Jesús, que te den por culo». Se refería a Jesús Ceberio, un tímido poco dado a la perífrasis y a las muestras de cariño más allá de su círculo de amigos. La escena arrancaba carcajadas, las nuestras y las del público que había logrado congregar. Nunca me cansé de escucharla. De mandar a tomar por el culo a alguien en el periódico, habría elegido a unos cuantos antes que a Ceberio. El día que dejó de ser director, le envié un mensaje que resumía nuestra relación de doce años: «Tengo la sensación de que nunca nos hemos entendido. No me has regalado nada, pero sé que te debo mucho, que te vaya bonito, Jesús. Muchas gracias».

El fracaso en la toma de Madrid lo pagó caro la ciudad: el cañoneo y los ataques aéreos se ampliaron a la noche. Eran indiscriminados y violentos. Se quebró el horario de tres a cinco, la muerte empezó a trabajar a destajo desde el 30 de octubre de 1936, fecha de la primera matanza. Madrid tuvo el honor de ser la primera ciudad de la historia bombardeada por la aviación. Antes, Sigüenza tuvo el privilegio de ser el primer pueblo. Después, el 26 de abril de 1937, llegó Guernika, Picasso, la desmemoria.

En la guerra, los niños juegan a ser adultos porque a menudo se olvidan de lo que son. En la Cisjordania ocupada por Israel, algunos niños palestinos simulan ser colonos y militares hijos de puta mientras que otros desempeñan el papel de sus padres, el de víctimas, un guion aprendido cada día. A veces los niños también juegan a ser niños, y se lanzan tumbados sobre cartones o tablas de madera en las cuestas heladas de los inviernos de Sarajevo, o juegan al fútbol en Liberia, Sierra Leona o Mauthausen como si un balón pudiera protegerles de la barbarie.

En la guerra hay parejas que se casan, bebés que nacen, personas que son felices porque la felicidad se vive reducida a fragmentos que antes parecían insignificantes. En la guerra se aprende a vivir con el volumen vital bajo para no llamar la atención al mal fario, a disfrutar de las pequeñas cosas aunque los líderes salvadores de la patria hayan decidido escribir la Historia con sangre ajena: una ducha de agua hervida arrojada sobre la cabeza con una lata, un cigarrillo americano tras semanas sin fumar, un vaso de whisky sin agua ni hielo, una coca-cola caliente, un rayo de sol que se filtra entre los cristales rotos de una ventana. En la guerra se aprenden cosas que se olvidan en la paz.

La capital bosnia enterraba a sus muertos en las noches de luna corta para ser invisible a los artilleros de la montaña y a los francotiradores de Grbavica. Imaginé que el cerco de Madrid fue así: un lugar de destrucción, de sorteo de muerte en el que miles de personas se esforzaban en mantener una vida normal, por salud y esperanza. En los días de grandes combates y bombardeos, como los que se libraron en Madrid entre noviembre de 1936 y febrero de 1937, escasearon hasta los ataúdes. Muchos fueron enterrados con sudario.

Ese desafío a la guerra desde las pequeñas cosas no es valentía, ni desprecio temerario a un destino que se desconoce; es que uno se acostumbra al miedo, al peligro, al silbido de las granadas de mortero y al de las balas que cuando pasan muy cerca suenan como una lata de cerveza al abrirse. Uno se acostumbra a la crueldad, a la pérdida del presente y del futuro, ese juego mental que en medio de un conflicto se reduce a los próximos treinta segundos. En Madrid, además de balas y granadas de mortero, había obuses, artillería pesada y aviones. Vivo en una casa que fue alcanzada por uno de esos proyectiles lanzados desde la Ciudad Universitaria. Veo por la ventana del salón el faro de Moncloa y los tejados que rodean la plaza de Isabel II, conocida como Ópera, hoy centro de reunión de artistas callejeros, amores juveniles y turistas. En la guerra fue un lugar repleto de sacos terreros y escombros de los edificios colindantes. Si hubiera vivido en aquellos años, sería un desplazado.

En cada regreso procedente de Sarajevo me imaginaba que la capital bosnia llegaría a ser como Madrid décadas después del final de su guerra: una ciudad sin memoria repleta de neones, escaparates, gentío, edificios espantosos producto de la especulación y el mal gusto, bajo la ilusión colectiva de que allí nunca había pasado nada. Una tarde, en casa de una familia bosnia, les confesé la frustración con mi trabajo de periodista: era un turista con billete de ida y vuelta, un mirón de tragedias ajenas; acudía junto a otros reporteros a la ciudad martirizada para compartir un mes con ellos, y luego regresaba a mi mundo en paz. El hombre me miró y dijo que mi trabajo era más peligroso que el suyo, que se limitaba a buscar agua, pan o leña de vez en cuando, mientras que en el nuestro debíamos pasar horas en la calle en busca de historias. El hombre que pretendía ser amable, añadió: «Esta guerra terminará algún día, y con el tiempo nos olvidaremos de ella. En cambio, vosotros os iréis a otra y después de esa, a otra. No os envidio».

Al principio me costaba distinguir el sonido de las granadas de mortero: no sabía si eran de entrada o salida. Aprendí durante el segundo viaje: las de salida suenan huecas; las de entrada silban, explotan, matan. También tenía dificultades en diferenciar una granada de mortero de un trueno. No era el único. Una noche de locura con Julio Fuentes, el fotógrafo de la agencia Reuters Yannis Behrakis, Emma Daly y una corresponsal del *The Sunday Times*, a quien queríamos impresionar, nos paseamos en un Land Rover blindado por la Avenida de los Francotiradores que en algunos tramos era el frente de guerra. Al fondo, rayos y truenos. Julio exclamó: «¡Joder! ¡Nos están bombardeando!» Hubo risas, incluidas las de Julio. Una tarde me sorprendió una gran tormenta en Madrid. Sentí escalofríos, parecía un bombardeo. Por instinto me pegué a la fachada de un edificio en la calle Velázquez aprovechándome de su tejadillo. Al pasar el peligro y empezar a caminar vi el rótulo que informaba de que allí había vivido Ivo Andrić, uno de mis escritores balcánicos favoritos, autor de *Un puente sobre el Drina* y *Café Titánic*, entre otros libros. Resultó inquietante. El otro es Danilo Kis.

También hubo periodistas extranjeros en el Madrid de 1936 que escogían el bando débil porque en él es más sencillo moverse, trabajar y entender. Entre las víctimas se aprende la letra pequeña de la guerra, sus consecuencias cotidianas. En ese Madrid semisitiado, como el Sarajevo de 1992-1995, estuvieron los mejores periodistas, escritores y fotógrafos de la época: Ernest Hemingway, John Dos Passos, Louis Delaprée, Robert Capa, Gerda Taro, Martha Gellhorn, Joseph Kessel, Henry Buckley y Herbert Matthews entre otros. Eran nuestros abuelos en esta profesión de locos. Su cuartel general se repartía entre el Hotel Florida, en la plaza del Callao (donde está El Corte Inglés), y el Gran Vía, enfrente de Telefónica, su lugar de transmisión. Hubo grandes crónicas, novelas y películas. España se transformó en una guerra romántica para los reporteros extranjeros, una lucha nítida entre el Bien y el Mal, un conflicto que sentían como la antesala de otro más terrible que se adivinaba en Europa. Las guerras no comienzan al llegar los periodistas, no terminan cuando se van. Las guerras empiezan en la codicia, en el robo de los minerales estratégicos y del petróleo, en el hambre, en la injusticia, en las violaciones, en la ausencia de maternidades, hospitales y escuelas.

La mayoría de los medios de comunicación apuestan por las historias simples, de buenos y malos, huyen de lo complejo. El público —y más ahora que la realidad viaja encapsulada en 140 caracteres— demanda blancos o negros, dioses o demonios, relatos cerrados que no pongan en riesgo el concepto moral que tiene sobre sí mismo. Me gusta Orwell y su *Homenaje a Catalunya*, un libro repleto de grises, un golpe en la conciencia de una izquierda cuya única ideología debería ser la honestidad.

Siempre hay un hotel, una leyenda que añorar, una barra de bar en la que acodarse rodeado de espías, periodistas y putas: el Continental de Saigón, el Commodore de Beirut, El Camino Real de San Salvador, el Holiday Inn de Sarajevo, el Mil Colinas de Kigali, el de La Paz de Mogadiscio, el Palestina de Bagdad, los Intercontinental de Kabul y Kinshasa, el Moscú de Belgrado, el Mamba Point de Monrovia, el Cap Sierra de Freetown, o el American Colony de Jerusalén, donde aún recuerdan a Juan Carlos Gumucio, el único reportero que he conocido capaz de escribir crónicas geniales completamente borracho.

Casi al final de la guerra, mi abuelo recibió una oferta para ejercer de profesor en una universidad de Estados Unidos. Era una excelente salida profesional y personal, un exilio suavizado. Tras comentárselo a su mujer, la respuesta no dejó lugar a dudas: «Tú eres quien tiene problemas; mis hijos y yo nos quedamos». Eligió permanecer con quien le aborrecía, junto a unos hijos que sentían vergüenza de él y de sus ideas; eligió lo que consideró su deber: no separarse, no romper con lo que era su vida. Mi padre, transmisor de nuevo de estas escenas, nunca le reconoció el valor de una decisión que hubiera cambiado su destino.

No habría nacido yo, es cierto, ni me hubiera pasado toda una vida queriendo ser otro porque el otro sería él.

Para mi abuelo, el trabajo en el laboratorio municipal, las clases en la Universidad de San Carlos y vagabundear antes de regresar a su casa eran necesidades psicológicas, de supervivencia emocional. Debía, casi por imperativo médico, pasar el menor tiempo posible cerca de su mujer y sus hijos. En la guerra redujo las caminatas, pero no las suprimió; resultaba menos arriesgado el nerviosismo de los milicianos y los aviones que su familia. La entrada de las tropas franquistas en Madrid, a finales de marzo de 1939, le permitió retomar sus rutinas. Pasear aunque no tuviera nada que hacer después de la depuración. No importaban los falangistas que poblaban las calles. Mi abuelo, con su vestimenta impoluta, parecía inocente; su imagen era el salvoconducto. Lo perentorio era salir a respirar al campo de concentración que se estaba construyendo fuera de la prisión de Atocha 66.

He visitado el cementerio de San Isidro donde reposan los restos de mi padre y de mis abuelos. En el trigésimo aniversario de su muerte le puse dos docenas de claveles rojos, por fastidiarle, porque los falangistas prefieren las rosas. Delante del nicho de mi abuelo le ofrecí una disculpa por sepultarle al lado de su mujer, como si no hubiera bastado el mal que le infligió en vida como para condenarle eternamente a su difunta proximidad. En mi casa, para contrarrestar tanto desatino, he colocado una bandera republicana sobre el retrato de mis abuelos: él sentado a la derecha, ella de pie, a la izquierda.

Pertenece a su boda; la novia viste el luto exigido por la madrastra Mogrovejo. Cada vez que paso delante miro a mi abuela y digo: «Ni una queja por la bandera, que también te pongo una pegatina en el nicho».

Los Varela y los Castro son originarios de Vigo y Ferrol, algunos de ellos relacionados con el mar y la Marina. Según una teoría, los Lobo procedemos del concejo asturiano de Aller, al sur de Mieres y al norte de León, desde donde emigramos a Castilla, Portugal y América a partir del año 1500. Otra, que se trata de un apellido *sospechoso* incluido en la lista elaborada por la comunidad sefardí. El lobo es, además, el símbolo de la tribu de Benjamín. Hay varios Lobo entre los asesinados por la Inquisición acusados de practicar la religión judía. También existe un Aymerich en el siglo XIV que llegó a Inquisidor General de Aragón; fue el precursor de la legalidad de la doble tortura si los delitos eran diferentes.

Mi abuela Pilar hablaba de una antepasada pianista apellidada Maudek, nacida en San Petersburgo, la ciudad que mi padre y sus hermanos ayudaron a asediar como divisionarios cuando su nombre era Leningrado. Algunos primos recuerdan haber oído que era polaca. Durante años sostuve que era de Bohemia, parte del Imperio Austrohúngaro. Solo hay una doble certeza: tocaba el piano y se apellidaba Maudek. El resto es una nebulosa. Las memorias heredadas se mezclan con la mala memoria de quienes las repiten. No sé si además de sangre normanda, sajona, gallega, rusa, asturiana y castellana corre por mis venas sangre judía. Una mañana de diciembre de 2004 me acerqué al Muro de las Lamentaciones.

Era un día frío en Jerusalén. Había ido a cubrir las vacaciones navideñas de mi compañero de periódico Ferran Sales. Un anciano barbado, encargado de franquear el acceso y del reparto de kipás de cartón a quienes no llevaran la suya, me preguntó: «¿Estás en gracia de Dios?» Respondí: «Hago lo que se puede». «¿Eres judío?» «Vengo de Sefarad y en Sefarad no podemos decir lo que somos o no somos.» El hombre me entregó una kipá de tela, la mejor de su cargamento, con la promesa de devolvérsela a la salida. Fue su manera de reconocerme. Cuando pisé Tel Aviv por primera vez, tuve una sensación extraña, de pertenencia. Fue una sacudida interior. Me gustan los escritores judíos europeos, y aún más si son laicos; sigo impactado por el Holocausto, sus consecuencias, un genocidio que siento como propio. En el viaje a Israel compartí con David Saranga, funcionario del Ministerio de Exteriores de Israel, mis emociones en Tel Aviv y Jerusalén y las que había experimentado en el cementerio judío de Praga al acariciar los nombres de los asesinados por el nazismo. Le gustó escucharlo. También le dije que sentía emoción al poner la mano en el muro que habían levantado para aislar a los palestinos, para hacerles la vida imposible. Mi emoción no entiende de apellidos o religiones.

Diez años después he regresado a Jerusalén. Necesitaba ir a Yad Vashem, al museo del Holocausto, sumergirme en sus historias, tratar de conectar desde las emociones. Este libro que escribo me había despertado dudas sobre el origen de algunos de mis apellidos, como Leyder, que mi abuelo Marcel sostenía que había que escribir con «y» para evitar que fuera alemán. En algunas páginas web que he visitado, Leider es judío. En el museo no tuve el mismo sentimiento de pertenencia que en Tel Aviv, pero salí conmocionado: ¿quién se deshumaniza más, la víctima o el verdugo? En Yad Vashem la respuesta señala a los nazis; si traslado la pregunta a Nabi Saleh, un pueblo palestino al norte de Ramala, símbolo de la resistencia y la represión, obtengo respuestas similares que apuntan a los ocupantes.

En Yad Vashem conté con la ayuda de un experto, Alexander Avram, que me había recomendado Carmen Rengel. Consultó archivos y fue honesto: no intentó convertirme en judío para hinchar el censo, como si en el número estuviera la justificación y la salvación, y no en la capacidad de construir la paz con los vecinos. «Leyder es una palabra yidish que significa leder, curtidor de cueros. Puede ser una prueba de origen judío. Pero en Luxemburgo, de donde procede tu familia, había pocos judíos». Leder, así es como la pronunciaban mis abuelos Marcel y Germaine cuando se referían a sus antepasados, pero también es la pronunciación francesa de Leyder. Salí de Yad Vashem, subí a pie la cuesta, miré el paisaje y me sentí sin cambios: mezcla, contradictorio, sincrético, frontera abierta.

No sé si los Lobo tenemos ascendencia judía o es un espejismo, una pirueta sutil del inconsciente, una más para incordiar a mi padre, al franquismo que representa. El régimen convirtió el antijudaísmo en un puntal de su oratoria de los primeros años. Tras la derrota de Hitler en mayo de 1945, la diatriba se difuminó, quedó en envoltorio, en palabrería de consumo doméstico. Los intereses eran otros, había que coquetear de manera discreta con Estados Unidos y la pérfida Albión. Ramón no vivió lo suficiente para comprender los cambios del mundo, para darse cuenta de que su lucha fue estéril, que él y los suyos fueron un instrumento de la alta política, peones de un juego para mantener una vela al diablo (nazis) y otra a dios (aliados) en espera de saber quién iba a ganar la Segunda Guerra Mundial. Murió el 28 de diciembre de 1983, el día de los inocentes, un año después de la aplastante victoria del PSOE de Felipe González. No hubo relación causal, solo fue una coincidencia. Ese último año, al sentirse derrotado por la vida que vivió y por todas las que no pudo vivir, fue el mejor en nuestra relación. La transición había comenzado.

3

La mano de Belcebú

Días después de aterrizar en Madrid, procedentes de Venezuela, a principios de agosto de 1959, y adquirir la casa de María de Molina casi al contado, gracias a los ahorros y al cambio favorable del bolívar, viajamos a Inglaterra a visitar a la familia materna. Era mi segundo viaje al sur de Inglaterra, del que apenas conservo recuerdos. Tenía cuatro años y medio y una mente en construcción. Ni siquiera quedan trazos de la arisca Pepita, que aguantó mi entusiasmo con estoicismo perruno, ni de mis juguetes favoritos: una jirafa de goma que parece un inseparable en las fotografías; un mono eléctrico que tocaba el tambor y producía pompas de jabón; y un maletín médico con instrumental de plástico, de esos que hoy se venden en los chinos y en las tiendas de todo a cien. Lo había comprado mi madre unos meses antes en un supermercado de Caracas, en la Navidad de 1958. Tenía regalos de España e Inglaterra, pero ninguno de ella. Al darse cuenta en el último instante, bajó a la calle en misión desesperada. Me gustó tanto el maletín, un regalo modesto frente a la colección de juguetes eléctricos rebosantes de luces y sonidos, que pasé meses auscultando y tomando la temperatura hasta que me gané el sobrenombre de Doctor Plomito. No sé qué sentiría mi padre al verme acarreando el instrumental de un lado a otro, preocupado por la salud de los demás. Tal vez le conectara con su padre y su abuelo, ambos médicos, y le despertara voces e imágenes de su infancia y juventud, de la vida que había dejado atrás. No recuerdo nada de aquel maletín ni de la intrepidez del Doctor Plomito. Forman parte de la memoria inducida. Hasta los cinco años mi cerebro era un sumidero por el que se me escurrían lo vivido, sentido y olido, una página en blanco; como si alguien hubiese formateado el disco de memoria que traía de fábrica. Quizás en eso consiste la primera infancia: en dejarse vivir mansamente.

Hice párvulos con las monjas de un colegio situado en la esquina de las calles María de Molina y Velázquez. Iba y venía al centro escolar, situado a doscientos metros de la casa de mis padres, acompañado por una chica de servicio. Era el otoño de 1959. Igual que fijo el transcurrir del tiempo adulto ayudándome de las relaciones amorosas —«eso fue hace tres novias, por lo tanto debió de ser el año...»—, separo mi infancia en dos universos: antes y después de nacer mi hermana Mónica. La invención literaria de la muerte de mis padres en un accidente de aviación coincide con su llegada: fue una respuesta emocional al sentirme abandonado.

De aquellos días recuerdo un gran alboroto a la salida del colegio: policías uniformados de gris con gorra de plato gris y cinta roja formaban una hilera de vigilancia en un país triste. Esa grisura ambiental me llega también desde otras imágenes, fotografías de la época y películas del No-Do que debí de incorporar después, pero aquella agitación pertenece a mi memoria personal: la escuché, nadie me la contó. Numerosas personas se agolparon en las aceras detrás de los policías. No había bullicio, solo curiosidad. Yo era uno de aquellos mirones. Mi cuidadora me sujetaba de la mano para que no escapara. Faltaban cerca de tres años para mi alumbramiento literario, por lo que no podía ser la misma que se emocionó en el cuarto de la plancha: a mi abuela Pilar, con mando en la casa desde 1960, las domésticas le duraban semanas, meses.

Dos motos de la policía municipal hicieron sonar sus sirenas para anunciarnos un acontecimiento grandioso e inminente. Después pasó una comitiva de coches negros, uno de ellos envuelto en un enjambre de motoristas con casco blanco. Logré distinguir detrás del cristal un brazo que se movía mecánicamente, como si fuera el de un autómata. Aún no sabía nada sobre su dueño, el represor en jefe que tenía a uno de sus representantes delegados en mi casa disfrazado de padre. Al escribir esta escena, el ruido de las motos me recorre el cerebro de Oeste a Este, el sentido del cortejo. Me gustó la visión de aquel brazo poderoso; de los comentarios de otras personas que también lo habían visto supuse que se trataba de una visión transcendental. Era el brazo del Generalísimo, según me explicó mi padre después. Lo busqué otro día en la misma calle María de Molina, en la acera de enfrente de nuestra casa, cuando el brazo, su dueño y los acompañantes motorizados regresaban de una corrida de toros celebrada en la plaza de Las Ventas. Como era niño, me pude situar en primera fila. Concentré mi mirada en el cristal del coche grande, pero la mano nunca me volvió a saludar.

Tras descubrir el nombre político de mi rebeldía en el internado de Izarra, no confesé a nadie aquellos coqueteos infantiles con la estética gestual del régimen, ni mi afición, ya extinta, a las paradas militares en el paseo de la Castellana. Manuel Vázquez Montalbán, cuyo currículo opositor al régimen franquista es innegable, decía que a la mayoría nos gustan los desfiles y las procesiones. El primatólogo Frans de Waal asegura que tenemos una condición biológica preparada para que nos guste la sincronización, algo que nos ha permitido sobrevivir como especie. La sincronización muestra el poder y una armonía que refuerzan la primacía del yo colectivo sobre el individual. La explotaron los nazis, los soviéticos y todas las dictaduras y religiones que viven del susto. Se exhibe en grandes espacios abiertos para que sintamos que la seguridad solo existe dentro de la masa, para reforzar la obediencia ciega y amedrentar a la disidencia. En una obra de Els Joglars —cuando Albert Boadella aún era Boadella—, llamada *Yo tengo un tío en América*, se decía de una manera rotunda: «Construyeron catedrales para acojonarnos, y nos acojonaron».

Me gustaba la suntuosidad de ver al mandamás desde el balcón de mi cuarto en el séptimo piso de María de Molina, a veces rodeado de caballos en lugar de motos:

escoltas de capa blanca y casco plateado. Tras el paso del dictador quedaban sobre el pavimento decenas de montículos de excremento como símbolo de lo que aún no sabía. Desde aquel balcón vi desfilar el 21 de diciembre de 1959 a Dwight Eisenhower, *Ike* para el régimen, en una muestra de confianza anticipada cuando siquiera había aterrizado en el aeropuerto de Madrid-Barajas. El presidente de Estados Unidos, general y héroe del Desembarco de Normandía, rompió con aquella visita el cerco diplomático al régimen, insuflándole tal vez veinte años más de vida. De ahí nace el antiamericanismo de la izquierda española, la oposición a las bases y a todo lo que huela a atlantismo. Puede que algunas imágenes deshilvanadas de la caravana de Ike sean propias. Me llegan intermitentes como si se me cortara la comunicación con el pasado: la comitiva, el gentío, el coche descubierto. Tal vez sean como la imagen de una calle de Caracas durante el golpe contra Pérez Jiménez. Allí estábamos asomados en el balcón de María de Molina padre, madre, abuela y nieto saludando al libertador de Europa que se olvidó de liberar a España tras la caída de Berlín en 1945. ¿Qué sentiría mi padre al ver en coche descubierto al hombre que asestó el golpe definitivo al Ejército de Hitler? ¿Se acordaría de los casi doce meses en los que vistió el uniforme de la Wehrmacht? ¿Qué imagen se impuso, la del vencedor de los nazis o la del presidente anticomunista abrazado a Franco? ¿Qué sentiría mi madre? ¿Pensó en la oficina de Charles de Gaulle en Londres en la que prepararon en secreto el Día y la liberación de Francia?

Ramón quiso inscribirme para el curso 1960-1961 en el colegio marianista del Pilar, en el que estudiaban, sin nosotros saberlo, José María Aznar y su afortunadísimo compañero de pupitre Juan Villalonga, ambos nacidos en 1953. Como no había plaza perdí la oportunidad de ser el Lobo ideal, el que anhelaba mi padre: un tipo de derechas, anticomunista, católico, «casado como dios manda», como le gusta decir a mi madre, vestido de traje y corbata, productor de hijos a los que después no se sabe querer. En el patio de recreo de aquel colegio del barrio de Salamanca estaba el futuro que nunca he vivido; quizá perdí la ocasión de ser un dirigente del PP o del PSOE —como Alfredo Pérez Rubalcaba, también marianista—, de ostentar cargos públicos, hacer dinero a espuertas y mantener cuentas secretas en Suiza, de ser un lince en los negocios.

Me produce vértigo pensar en todas las vidas, en la vivida y en las no vividas. Otra vez la metáfora del río, sus afluentes y remansos. Un «lo siento, no tenemos plaza» puede determinar una existencia, una manera de ver y sentir el mundo, de estar en él. No puedo afirmar que si hubiera sido un tipo de derechas, católico y conforme, no tendría traumas ni carencias afectivas, porque mis hermanas también las tienen aunque de otra manera: al menos para ellas existe la posibilidad de la salvación eterna. Es la ventaja de los pensamientos cerrados: es difícil perderse en navegaciones y melancolías personales. No habría sido periodista ni reportero de conflictos, ni viajado a más de cincuenta países. Hablaría como una parte de los Lobo, me santiguaría antes de comer, iría a la «santa misa», como dicen ellos, los domingos y las fiestas de guardar, y afirmaría, como mi madre, una Lobo reeducada, que Franco fue un gran hombre que salvó a España del comunismo. Estaría dentro del redil, no sería yo, el actual. O tal vez sí, y me hubiera rebelado de la misma manera, o peor, como hizo Javier Krahe, otro ex alumno emérito de aquel colegio. Tal vez la educación no sea tan determinante si el gen viene levantisco.

El psicoanalista Bahad, al que acudí durante ocho años en dos etapas, la primera tras la muerte de Miguel Gil en Sierra Leona, en mayo de 2000, y la segunda en 2010, me dijo: «Eres así gracias a tu padre; te construiste en contra, pero en el fondo es gracias a él». Me resulta un pensamiento agradable porque contiene la posibilidad del indulto, algo que busco de manera desesperada desde que recibí la primera bofetada.

Más que un libro contra mi padre, necesito escribir el libro del perdón. Más que una guerra contra él ha sido una guerra contra mí mismo, una prolongación del maltrato emocional recibido en la que me transformé en maltratador al prohibirme sentir y mostrar sentimientos por temor a ser traicionado. A María le enfada que cuente mi vida por novias, y más aún que lo exprese en público o lo escriba. No son solo celos, como supuse durante algún tiempo, sino el temor a ser una más, un nombre en una lista, ser parte de ese mecanismo subversivo que utilizo para provocar, reírme de mí mismo, evitar enfrentarme a mis carencias y recordar algunos hechos de mi vida. No son tantas, cinco, pero resultan esenciales: pequeños botes salvavidas que me rescataron de las tormentas. Soy un náufrago reincidente y afortunado que ha logrado sobrevivir. Ellas y algunos de mis amigos principales conforman mi otra familia, la elegida. Sobre ellos he construido un sustituto emocional que funciona. María es la primera que no ha comprado el discurso que despliego para protegerme, un muro de coral que distrae y evita las incursiones. Es la primera que ha cruzado esa muralla, que me desafía y fuerza a situarme ante un espejo incómodo y doloroso, pero real. Aunque protesto, me enfado y discutimos, me gusta; es lo que necesito: sacar a la superficie los sentimientos y contradicciones que llevo escondiendo toda la vida.

Viví en Londres gran parte de 1981, desde el fallido golpe del 23-F hasta finales de diciembre. Fui camarero en The Penn Club, un hotel-residencia para cuáqueros situada en Bedford Place, al lado del Museo Británico; era un empleo a tiempo parcial que combinaba con otros trabajos no más cualificados en la Casa de España, un restaurante griego y Faber & Faber. Cuando le conté a mi abuela Germaine que iba los martes y jueves a la editorial de T.S. Eliot, exclamó, «¡claro, con lo bien que escribes!». Fue un arrebato de ternura porque apenas puedo redactar un texto sin faltas en inglés, idioma que aprendí de oído. Respondí, «pero hasta que se den cuenta, limpio el tercer y cuarto piso». En el Penn me pagaban 26 libras esterlinas a la semana, tenía cama y comida. El *staff* estaba compuesto de estudiantes italianos y españoles, casi todos vascos. Allí conocí a Celina, la primera de mis rescatadoras. Fue una etapa feliz, alejado de España. Estuve en el servicio exterior en español de la

BBC, donde hice prácticas, una aventura segada por los recortes de Margaret Thatcher. Belén Cebrián y Tommy Schwartz me enseñaron la virtud de la paciencia, la necesidad del aprendizaje constante. No debieron de ser más de cuatro o seis semanas, pero me supo a carrera universitaria.

En aquel Londres extraordinario conocí a un hindú de unos cuarenta años, de quien no recuerdo el nombre ni apenas el rostro, solo que hablaba como el personaje de Peter Sellers en *El guateque*. Era divertido escucharle. Me regaló dos frases-guía que me han servido de brújula: «La vida hay que medirla cada cinco años, así se ven los avances» y «la felicidad es gastar cinco libras menos de lo que ganas sin importar cuánto ganes». Cada vez que veo a Sellers me acuerdo de él, de nuestros paseos por Saint James, uno de mis parques favoritos. Visto con la perspectiva de unos cuantos periodos de cinco años, mi vida ha avanzado. Le estoy agradecido al colegio El Pilar de Madrid por no haberme admitido entre sus filas y a mi padre por haberme empujado, sin buscarlo, a ser su contrario.

Tras algunos intentos y fracasos entré en el último minuto en el colegio Chamberí de los Hermanos Maristas en consideración a mi padre, antiguo alumno como sus hermanos. El alma caritativa que me evitó un año en blanco fue el director en aquella época, el hermano Ezequiel Palacios. En el Chamberí cursé toda la Primaria, Primero y Segundo de Bachillerato Elemental, como se llamaba entonces, hasta que el enfrentamiento con un psicópata que ejercía de profesor de Francés aconsejó mi traslado. Pasé de Guatemala a Guatepeor: del Chamberí a El Prado de Mirasierra, el colegio del Opus Dei en el que pusimos a gran volumen el orgasmo de Jane Birkin. Hace unos diez años me invitaron a dar una charla en su escuela de Magisterio. Al empezar dije: «Estudié aquí y gracias a este colegio tengo en alta estima al anterior, al de los Maristas de Chamberí». No me han vuelto a llamar.

No sé en qué curso fueron mis primeras notas, sé que obtuve varios suspensos, entre ellos un cero, y una queja por comportamiento que hicieron temblar de ira a mi padre, que tiró sus gafas al suelo. Nunca supe si aquella rabia era natural o impostada, parte de la representación de la autoridad o producto de su incapacidad para educar de otra manera. Me llevé dos bofetadas. Supongo que una por las notas y otra por romperle los anteojos. Dos bofetadas era su número preferido: una de ida, otra de vuelta. Esas primeras bofetadas son un recuerdo personal imperecedero: el impacto en la mejilla, la mano abierta, las estrellas en los ojos, el ardor de la piel, el dolor dentro de la cabeza, como si mi cerebro hubiera chocado contra un pilar. Fue el fin brusco de todas las infancias y mi entrada súbita en un mundo de tortas, órdenes y castigos. Aún me queda su voz al salir de la habitación y apagar la luz: «Y ahora, a dormir». Lloré sin ruido ni hipo; un hilo de agua salada fue empapando la almohada alrededor de la cara. No era el ardor que me permitía dibujar con la mente el lugar exacto en el que impactaron los dedos, era la humillación, una profunda sensación de injusticia. Le odié, deseé que se muriera, tener otros pa-

dres, otra casa. Así, más allá de los celos hacia mi hermana, me inicié en la aventura de querer ser otro.

La llegada de Mónica produjo una desbandada general de la que, de alguna forma, nadie regresó. La situación
se agravó 17 meses después con el nacimiento de Patricia,
mi segunda hermana. Mi infancia pasó en apenas dos
años de los calores caribes a la estepa siberiana. Mientras
que Mónica fue la favorita de mi padre para sus afectos,
yo lo fui para padecer su intolerancia. Tuve que aprender
a subsistir sin el cariño que me negaban. Si no lo necesito seré inmune, nadie me podrá fallar. Navego por los
sentimientos con un freno de mano invisible que se activa ante las personas cercanas, las potencialmente peligrosas. Me resulta más sencillo emocionarme con un
niño africano a quien no volveré a ver que con mis sobrinos.

Una vez en la playa de Bolonia, en Cádiz, preparé
unos parapetos con toallas y dos sombrillas junto a Pablo y José Luis, los hijos de Carmen. La madre andaba
por los chiringuitos hablando con sus amigos. Soplaba
Levante: la arena volaba en forma de alfileres. Finalizada
la obra de protección nos sentamos en paralelo al mar;
Pablo a mi izquierda, José Luis, que debería de tener seis
años, sobre mis piernas. Me sorprendió esa muestra de
confianza y cariño; me quedé como un pasmarote con
los brazos abiertos sin saber qué hacer con las manos, si
abrazarle o depositarlas sobre mis rodillas. Cuando se lo
confesé a la madre, la anécdota pasó a categoría sobre mi
incapacidad de querer. No protesté, pero la incapacidad
no está en el querer sino en demostrar que quiero.

El colegio Chamberí daba a tres calles: Rafael Calvo, Fernández de la Hoz y Eduardo Dato, que entonces se llamaba Paseo del Cisne, un nombre hermoso. El patio era inmenso. En el centro había una pista de baloncesto de canastas inalcanzables. Todas las inmensidades de la infancia requieren una revisión de escala. Hace unos años entré en el colegio por la puerta de Rafael Calvo. Del patio surgieron griteríos, imágenes, olores, un recuerdo amable. Me gustó descubrir que, pese a mis ojos de adulto, seguía siendo grande. Me agrada regresar a los sitios que fueron importantes. A veces me da miedo sentir esa necesidad; pienso en un texto de García Márquez sobre la muerte en abril de 1983 del líder del M-19, Jaime Bateman. En él cuenta cómo se fue despidiendo sin él saberlo de los amigos, de los árboles y de las cosas de su vida antes de subirse a la avioneta en la que se mató.

Sobre la cancha de baloncesto del Chamberí jugaba Víctor Escorial, que con el tiempo sería alero del Estudiantes, Juventud y Barcelona; también de la selección española. Hacia el Este estaba la zona multiusos, que servía para balonmano y *futbito*, una especialidad complicada en los recreos pues se celebraban varios partidos simultáneos, cada uno con su balón y sus jugadores, con los cursos y las edades revueltos. Los mayores solían volearnos la pelota o cortarnos un avance hacia la portería contraria para fastidiar. Meter un gol era un milagro. A continuación se encontraba el edificio nuevo que daba a Fernández de la Hoz, alzado sobre unas columnas que creaban un nuevo patio repleto de obstáculos y que también servía para el balompié. Ya no eran necesarios los abusones de los cursos superiores: las columnas de hormigón hacían de defensas sin escrúpulos para delanteros distraídos. Así aprendimos a conducir la pelota sin mirar al suelo.

Cada mañana todas las clases formábamos en fila de a dos en el patio principal mientras se izaba la bandera con el aguilucho y sonaba el himno nacional por megafonía. Volvíamos a formar después de comer mientras se arriaba la enseña nacional acompañada otra vez de la misma música. Entré en aquel colegio en septiembre de 1960, uno o varios cursos después de que se dejara de cantar el Cara al Sol. Luis Vega, psiquiatra y amigo del barrio del Pinar de Chamartín, me dijo que en su infancia se cantaba el himno falangista a todas horas, incluso en los cines. Luis debe de ser ocho años mayor.

Enfrente estaba el colegio de las Damas Negras, donde estudiaron Manuela Carmena y mi futura prima Margarita D'Olhaberriague. Las alumnas y los alumnos solíamos coincidir a la salida en el Paseo del Cisne. A los seis años me llamaban más la atención los barquillos y las manzanas caramelizadas que vendía un hombre jorobado a la puerta del colegio que las niñas de mi edad. No les sucedía lo mismo a los bachilleres que se exhibían como pavos reales. Aquel colegio de mujeres de nombre tan lúgubre había sido una cárcel del Servicio de Inteligencia Militar después de la guerra. Nosotros vivíamos en la inopia política: no había pasado, ni muertos, ni cunetas, ni exiliados, ni prisiones. Un mundo de desmemoria y sordina. En ese limbo educacional fuimos felices e ignorantes.

La primaria que me tocó en suerte se llamaba Enseñanza Elemental, y constaba de cuatro cursos: A, B, Medio e Ingreso. Empecé con cinco años y ocho meses. Teníamos de profesor al hermano Alejandro, obsesionado con el demonio al que llamaba Belcebú, supongo que para asustarnos. Asustar era una rutina en aquella España de 40 vatios. Le acompañaba un seglar, Don Ángel. Formaban una buena pareja en el manejo de una clase numerosa. Son parte de mi infancia, igual que Laurel y Hardy y Abbot y Costello.

El hermano Alejandro tuvo la idea de que me convenía repetir por cuestiones de nacimiento, para avanzar con alumnos de mi edad. Aquella decisión, acatada sin resistencia por mis padres, marcó mi vida escolar hasta el internado de Izarra. Siempre me sentí incapaz, insuficiente, un desastre. Asumí ese rol del mismo modo que uno acepta el relato impuesto de sus primeros años de vida y lo repite como si fuera propio. Fui adaptando mi personaje al del pésimo estudiante que los demás veían, de quien nada bueno se podía esperar. Si los mafiosos sicilianos y neoyorquinos tienden a imitar a los personajes de *El Padrino* de Francis Ford Coppola —la voz, las poses, los apodos como cuenta Íñigo Domínguez en sus *Crónicas de la Mafia*—, yo imitaba el cliché del malo de la clase, un papel que me ahorraba estar atento y estudiar; también me permitía cierta rebeldía.

Don Ángel me rescató de las tinieblas. No sé si fue durante mi segundo Elemental A o en el curso 1962-1963, en Elemental B, donde él daba algunas clases en solitario. El hermano Alejandro nos tenía atemorizados con sus historias sobre el Maligno. Al hablarnos del infierno, de los pecados veniales y los mortales —y otros terribles que aún no imaginábamos— entornaba las contraventanas dejando la clase en penumbra. Así, con el escenario preparado para la angustia, se encaramaba a la tarima donde estaban su mesa de madera y la pizarra. Desde lo alto, no más de medio metro sobre nuestro nivel, vestido con una sotana negra, hasta los pies repleta de abotonaduras, parecía un cuervo a punto de levitar, quizás el mismo diablo disfrazado. Recuerdo la voz, los gestos, los brazos extendidos: «Belcebuuú os vigila. Si por la noche escucháis ruidos en vuestra habitación es el Demonio que os ronda. Tened cuidado y rezad al niño Dios». No existe piso en el que no se escuchen las pisadas de los vecinos de arriba o los ajetreos de al lado. Dormía aterrorizado por Belcebú sin poder reclamar el auxilio de mis padres para liberarme del cerco demoniaco al que estaba sometido porque su pregunta sería, «¿cuál es tu pecado para que el demonio en persona te ronde de esa manera?».

Esta escena, como la de la sala de la plancha con la que arranca el libro y otras que están por llegar, llevan toda mi vida del cerebro a las tripas, de las tripas al cerebro; de los sentimientos a la razón, de la razón a los sentimientos. Soy consciente de que con tanto trajín se han ido cargando de ropajes literarios que tal vez no les corresponden. Quizás el hermano Alejandro no abriera los brazos ni cerrara las contraventanas ni pareciera un cuervo a punto de despegar.

Una mañana, Don Ángel me escogió por mi excelen-

113

te caligrafía, ahora tan deteriorada, para un trabajo en el que la buena letra servía de poco. Era una excusa para sacarme de la clase. Entramos en un aula vacía, bien iluminada. El profesor dibujaba nombres y apellidos sobre unos diplomas destinados a los alumnos que terminaban Primaria. Mi labor consistía en tomarlos entre mis manos y depositarlos con mimo sobre los pupitres para que la tinta se secase sin prisa, para que cada trazo se fuese habituando al sitio designado por Don Ángel. El profesor trabajaba en silencio, con la cabeza inclinada sobre el diploma. Empleaba tintas chinas de varios colores. Cada tintero tenía asignada una plumilla. A su lado, un trapo de tela servía para limpiar las puntas. El movimiento de la mano parecía obedecer a las reglas secretas de los últimos copistas; cada letra era una obra de arte. Me gustaba ver ese trazo, era como asistir al alumbramiento de una pintura. Esta artesanía ha sido reemplazada por programas informáticos capaces de producir palabras perfectas pero sin alma. Entrada la mañana, escuchamos en la clase de al lado al hermano Alejandro proclamar: «Porque Belcebuuú...». El seglar levantó los ojos del diploma, resopló hacia un lado y musitó sin apenas mirarme: «Hay que ver la berza que han cogido estos curas con el infierno». Fue un exorcismo. Es como si ese hombre hubiera capturado el mismo averno en su puño y soplado en el interior hasta hacerlo desaparecer. Un prodigio.

Hace unos meses comí con varios miembros de la pandilla del Pinar de Chamartín. Es la tercera vez que acudo desde que me enteré de que se reunían cada año.

Resultó emocionante. No sé si es la edad, pero disfruto rescatando memorias extraviadas. Han pasado decenas de años, mudamos de siglo, hemos envejecido y crecido en direcciones opuestas, vitales, culturales, políticas y emocionales, pero queda el vínculo inicial. En el almuerzo del año pasado supe de la muerte de Juan Rodríguez *El Copón*. Me causó una enorme pena. Le quería mucho, pero jamás se lo dije. Voy por la vida aplazando las palabras de afecto a personas que quiero, como si fueran a estar ahí eternamente en espera del instante en el que me digne a expresar ese sentimiento. Nadie permanece, tampoco nosotros.

Después de aquel encuentro, aproveché la visita de los lunes a mi madre para subir a la casa de otro amigo del barrio, Javier Ceballos, e informarle de la muerte de Juan; también para decirle que le quería. Creo que no entendió el gesto ni mi desasosiego. Ceballos y yo fuimos muy amigos, pero el tiempo nos distanció. Durante semanas me llegó la juventud compartida con El Copón. Recordé las carreras en bicicleta, la contrarreloj que acaba en la torre tercera, una curva cerrada en un suelo de gravilla. Si llegaba El Copón a gran velocidad le gritábamos «¡récord, récord!» aunque no lo había; lo hacíamos para verle estamparse contra los coches aparcados. Era un kamikaze. Recordé también el combate de boxeo que disputamos en la piscina del Pinar sobre un cuadrilátero imaginario. Nos habíamos comprado los guantes y los protectores bucales. Parecíamos una versión reducida de Alí y Frazier. Peleé en calcetines. En un momento del primer asalto traté de decirle, «me estás pisando los...»; no me dio tiempo a terminar; me llegó un crochet a la boca. Gané por agotamiento del contrario en el cuarto asalto. Fue divertido pero no repetimos.

El mes en que cumplí 60 años, Ceballos los cumplió también. Él, el 6 de enero; yo, el 23. Antes de subir a la casa de mi madre para la partida semanal de Scrabble llamé al telefonillo de su portal. No habían pasado ni seis meses de la visita anterior. Contestó su hijo. Pregunté por Javier. «Un momento», respondió. Transcurrió un minuto largo, quizá dos. El hijo regresó al interfono para informarme de que se había equivocado, de que su padre no estaba en casa. Dije: «Dile que solo quería felicitarle». Me dio rabia porque sé que estaba.

En la comida de este año con la vieja pandilla, Alfredo Mesa me recordó que era su amigo más antiguo pues estuvimos juntos en Elemental A. El entraba nuevo y yo repetía. Me dijo que el hermano Alejandro era un pedazo de pan. Protesté: «¡Si el hermano Alejandro era un cabronazo!» Alfredo corrigió: «El cabronazo lo eras tú, que no parabas de incordiar». Alfredo me recordó una bofetada del hermano que casi me tiró al suelo. No conservo esa imagen ni el dolor, solo quedó Belcebú. Pienso en mis primos ingleses Sarah y David. De niños entraban en erupción cuando su madre, mi tía Tessa, que era muy estricta, les dejaba durante unas horas en casa de mis abuelos mientras iba a Worthing de compras. Quizás yo fuera así: Jekyll y Hyde, sumiso en casa para sobrevivir y un tornado en el colegio.

Durante la redacción de este capítulo llamé a Alfredo Mesa unas cuantas veces para confirmar detalles de mis recuerdos escolares. La última, el 31 de mayo de 2015. Tenía una memoria prodigiosa. Dos semanas después, el 12 de junio, falleció de un infarto mientas dormía en la que había sido su casa de toda la vida en el Pinar de Chamartín, la de sus padres. Ante el féretro pensé en los 54 años de andadura común, desde septiembre de 1961. Pensé en los profesores, en las gamberradas de la pandilla del barrio, en El Copón, también difunto. Después de un tiempo de pie ante el cadáver de mi amigo más antiguo, le dije: «Bueno, ya no podrás regañarme si me equivoco en algo con el hermano Alejandro». Echaré de menos a Alfredo.

Los tres hermanos Lobo Varela —Ramón, José Luis y Julio Antonio— estudiaron en el Chamberí; cuando empezó mi padre se llamaba Sagrado Corazón. Era el mismo colegio, inaugurado en su ubicación actual en el curso 1926-1927 con 250 alumnos. Se accedía por el Paseo del Cisne. A la izquierda estaba el palacete blanco que sirvió para dar clases hasta que se terminó el primer pabellón con acceso desde la calle Rafael Calvo. El palacete se había transformado en 1960 en la administración del centro. Delante tenía un pequeño jardín y una fuente. Había cedros y unas escaleras para bajar a la calle en las que mi primo Jesús Aymerich, también nacido en 1955, y yo nos sentábamos a lanzar frases malsonantes a los mayores: «Manolo, tócame el bolo», y cosas parecidas. Repetía las gracias de mi primo sin anticipar las consecuencias de lo que decíamos. Fue en el curso 1960-1961, o tal vez en el siguiente. El director Ezequiel Palacios que me había permitido ingresar como alumno en el último minuto, convocó a mi padre y a mi tío Ignacio Aymerich para darles las quejas de nuestro comportamiento. Nos acusaron de decir palabrotas y frases de contenido sexual. Ramón respondió: «Las habrá aprendido aquí porque en casa no decimos tacos». Era la primera vez que me defendía en público. La salvaguardia de la dignidad de la familia no evitó el castigo, esta vez sin golpes.

Para mi padre y sus hermanos, la etapa de los maristas fue amarga, el germen de sus posiciones políticas posteriores, de su odio a la izquierda. La proclamación de la II República trajo novedades en los colegios privados regentados por órdenes religiosas. El Gobierno prohibió la enseñanza a este tipo de profesores a los que consideraba hostiles a la libertad y a los valores que impulsaba, entre ellos la escuela laica. El hasta entonces colegio Sagrado Corazón creó una asociación, como hicieron otros, para sortear la letra y el espíritu de la prohibición. En el caso de los maristas se llamó Sociedad Anónima Cultural Cervantes, y el colegió mudó su nombre religioso a uno más adecuado a los tiempos. Escogió el del barrio: Chamberí. A los tres Lobo no les fue bien en un periodo tan convulso. Ramón tenía 11 años en 1931, José Luis, ocho, y Julio Antonio, apenas siete. En el colegio estaban señalados por ser hijos y nietos de republicanos y por tener una tía emparentada con los De Rivas Cherif y de manera colateral con Azaña, el monstruo, el impulsor del laicismo, el hombre que quería que España dejara de ser católica. Nunca fuimos un país propenso a la ironía, a producirla y a entenderla; aquí funciona mejor la grosera rotundidad. Lo que dejaba de ser católico era el secuestro de la vida y la educación de millones de españoles, o al menos eso se pretendía. Han transcurrido décadas y seguimos arrastrando asignaturas pendientes como la de impulsar una educación laica y objetiva y retirar la escenografía religiosa de la vida pública en un Estado que debe ser de todos.

Para los hermanos Lobo fue traumático sentirse individualmente culpables de los males colectivos de España y de la persecución de la Iglesia. Al estallar la Guerra Civil, el Chamberí dejó de ser un colegio para transformarse en hospital de sangre. El frente decidía las prioridades. Los tres hermanos, como miles de niños y jóvenes españoles, vieron truncados sus estudios que ya acumulaban numerosos días perdidos desde la proclamación de la República en abril de 1931 y, sobre todo, desde comienzos de 1936. Si el día amanecía convulso, mandaba el miedo, y la abuela Pilar decretaba jornada de asueto. Según la historia del colegio, varios hermanos fueron asesinados, y otros, vestidos de civil, se escondieron en pensiones y casas de familiares, como hizo la prima Teresa en Atocha 66. La vergüenza de sentirse señalados y el trabajo de demolición de su madre fueron determinantes en la formación de su carácter.

El sistema de puntuación en Elemental A y B se basaba en fichas de metal: azul, diez puntos; verde, cinco; rojo, uno. Estoy seguro de los colores, pero no tanto de la cantidad que correspondía a cada uno. Supongo que el rojo sería el menos valioso, lo contrario del azul. Con estas fichas, premiaban las respuestas correctas, la higiene y el buen comportamiento. Eran fichas que se ganaban y se perdían. Al final de la semana contábamos los puntos obtenidos bajo la supervisión del hermano Alejandro y de Don Ángel, y nos situábamos de pie en medio de un gran revuelo en el lugar que nos correspondía dentro de la fila de la clase desplegada por el aula. Desde la primera formación estuve entre los últimos. Mi carrera de mal estudiante empezó así, en una escenificación en la que los escogidos se situaban cerca de la mesa del profesor y los peores junto a la puerta de salida en dirección al infierno. Más que un símbolo parecía una advertencia. Alfredo Mesa, mi amigo más antiguo, estaba entre los primeros, e incluso tuvo alguna mención de honor.

En Elemental B, en el curso 1962-1963, cometí un hurto. Mi madre me había prometido dejarme ver un capítulo de la serie *El Santo* de Roger Moore si obtenía un número determinado de puntos. Como no llegué a la cifra exigida opté por robar los que me faltaban a mi compañero de pupitre. En el fondo fui honesto: no sustraje ni uno más de los necesarios. No aproveché para limpiarle por completo y progresar de manera notoria en la fila de la clase, algo que me habría delatado. Esta precaución no fue consecuencia de un cálculo de riesgos, sino la prueba de que no veía el sentido de estar entre los primeros. La fama de mal estudiante, travieso y distraído, pasaba de un profesor a otro, de un curso a otro, de un colegio a otro, sin que pudiera hacer nada por remediarlo. Una vez, en Ingreso, el curso que daba acceso al Bachillerato Elemental, respondí bien a dos preguntas porque había estudiado la lección. El profesor exclamó en voz alta: «Parece que Lobo está en racha».

Mi vecino de pupitre era el número uno de la clase. Lo hacía todo bien menos gimnasia. Su reinado absoluto era inevitable: lograba el primer puesto semana tras semana. Era el empollón y tenía cara, andares y gafas de empollón. El interior de su pupitre estaba colmado de fichas azules, verdes y rojas. Era la isla del tesoro. Las contaba cada tarde antes de regresar a su casa. Era meticuloso, ordenado y limpio. No recuerdo que me ayudara nunca en los deberes. El viernes después de mi robo descendió cinco peldaños en la clasificación. Lloró desconsolado por su inexplicable desgracia. Yo subí cinco o seis, nada llamativo porque seguí en el furgón de cola. Fue un éxito porque quedé impune y pude ver mi serie favorita en la televisión. Nadie sospechó, ni mis padres, pese a la casualidad de los puntos exactos, ni los profesores; tampoco el empollón. No me arrepentí ni sentí pena por él. ¿Qué son cinco escalones de menos si se vive en la cima, si la vida te tiene reservado el éxito social? Quizá procedía de una familia que castigaba un quinto puesto como si fuera el último y no de otra dispuesta a festejar el aprobado raso. Pese al descubrimiento de que en la vida existen atajos que con suerte pueden quedar sin castigo, nunca repetí. Bueno, una vez años después, cuando le sustraje a mi padre cien dólares de un fajo que permaneció varios días a mi vista en su dormitorio de Arturo Soria. Empecé con un billete de 20, y como no pasaba nada y el fajo seguía tentándome, otros 20; así hasta cien. Los cambié en el banco, pero no recuerdo en qué los gasté. Tampoco fui descubierto. Pese a esta doble impunidad nunca he vuelto a robar nada a nadie, más allá de los bolígrafos que acaban misteriosamente en mi bolsillo.

En los maristas descubrí quién era Charles Darwin, como acabo de darme cuenta de que la etiqueta de Anís del Mono, bebida que aborrezco desde una borrachera juvenil, se mofaba del científico. La llegada de Darwin a nuestras vidas no fue la consecuencia del modelo educativo franquista, sino de la casualidad. Ocurrió en Primero de Bachillerato. No teníamos información de lo que era y significaba la Teoría de la Evolución. No hablábamos del autor ni del libro *El origen de las especies*; tampoco tuvimos acceso a relatos e imágenes de los viajes del científico. Fue el profesor de Religión quien nos puso sobre la pista de la existencia de una teoría evolutiva que pugnaba con el mito del creacionismo cristiano. Hasta aquel curso ningún alumno de la clase había manifestado dudas acerca de que todo lo que veíamos: plantas, insectos, animales, pájaros, edificios, curas, bofetadas, humanos y el mismísimo Franco, procedía de los seis días estajanovistas de Dios, de su dedo índice mágico, antes de descansar merecidamente en el séptimo. Tampoco dudábamos de que la pérfida Eva procedía de la costilla de Adán y era responsable de que nos castigaran a ganarnos el sustento con el sudor de la frente por comerse una manzana prohibida, aunque nunca supimos qué tenían de malo las manzanas. Los únicos descreimientos consentidos socialmente eran los Reyes Magos y el Ratoncito Pérez. Lo demás, incluidas las virtudes sobrenaturales del régimen, eran verdades inapelables. No cabía siquiera la interpretación de la Biblia. Si el libro sagrado decía que el paraíso era un vergel con ríos de leche y miel, así era. Dudarlo era pecado mortal, una cita para la eternidad con Belcebú.

El marista que nos daba clase de Religión estaba obsesionado con Darwin y sus «teorías heréticas». Un día en el que estaba enfadado nos introdujo, sin buscarlo, en el debate científico-religioso mundial con un argumento de peso: «El hombre no desciende del mono, sino de la voluntad creadora de Dios». La frase, así suelta, enunciada por cualquier otro profesor, no hubiera tenido impacto alguno. La habríamos acatado como una verdad más. Nadie habría dudado ni se habría interesado a hurtadillas por las teorías del señor Darwin. Carecíamos de herramientas literarias, científicas y cinematográficas, y de Google, para rastrear conocimientos fuera de la verdad única. Teníamos como prueba de que Darwin podía tener razón al más feroz de sus enemigos: el propio profesor de Religión, un hombre menudo, alojado en una sotana negra que le llegaba a los pies, pelo moreno, barba cerrada, escasa frente, boca redonda y protuberante... Sus rasgos simiescos contradecían el discurso. Para reírnos de él bastaba que alguien sacara el asunto de Darwin y el mono. Oírle bramar negaciones, gesticular, soltar balines de baba en su diatriba contra la ciencia evolutiva era un espectáculo circense: un mono vestido de cura negando la evidencia de su propio ser.

Al ver años después la interpretación de José Luis Gómez del *Informe para una academia* de Kafka en TVE, me acordé de aquel hermano antidarwiniano. Fue en 1976. El *Informe* adaptado por Gómez era una metáfora de la España urbana y postfranquista que salía de la clandestinidad, de los exilios exteriores e interiores, del silencio, que aprendía a hablar como el mono de Kafka.

En Segundo de Bachillerato tuve un profesor de Francés que era un torturador. Un seglar de mano larga. Fue el responsable de que acabara saliendo del Chamberí después de la invasión soviética de la Primavera de Praga. Aquel profesor de Francés hubiese sido un eficaz jefe en cualquier campo de exterminio de las SS; tenía la impronta del mal en los ojos, en las palabras, en su forma de mover las manos. Era un hijo de puta. Le encantaba pegar y regodearse en el maltrato y el abuso. Antes de hacerlo deslizaba su alianza hasta el nudillo del dedo corazón, miraba sonriente a la clase, henchido de poder, y tras agitar la mano sobre su mesa hacía caer el anillo produciendo un ruido metálico. Era el sonido de la violencia que se avecinaba. No éramos el perro de Pavlov pero sabíamos que anticipaba una incursión de castigo.

Un día se quedó mirando al techo, y tras acusarnos de ser malas personas, delincuentes en potencia, exigió que se entregaran los responsables de haberlo llenado de pegotes. Aquellos proyectiles se obtenían tras meter un trozo de papel en la boca, formar una bola con la saliva e introducir el balín en un Bic vacío convertido en un mini RPG-7. La techumbre estaba atestada de proyectiles adheridos como murciélagos justo encima de la fila de los abrigos y la de las ventanas, que eran, por lo general, los bandos en litigio. Como no salieron voluntarios a recoger las bofetadas, el psicópata hizo sonar su anillo sobre la mesa y partió de expedición para golpear uno por uno a los nativos de las hileras sospechosas. Luego nos condenó a copiar una lección del libro de Francés. En la siguiente clase la mayoría entregó el fruto del castigo. Hubo cinco excepciones y yo era una de ellas. Nos puso de pie cerca de la pizarra y exigió saber los motivos de nuestro incumplimiento. El primero se excusó en una enfermedad de su abuela que requirió atenciones, otro con unas fiebres que le dieron una mala tarde y peor noche. Ambos presentaron justificantes paternos. Cuando me llegó el turno, dije: «No he escrito la lección porque no he lanzado ninguna bola al techo». Me duplicó el castigo por insolente. Una semana después quedé señalado como el único insubordinado que se negaba a acatar las órdenes de la Gestapo. No me pegó, algo extraordinario en él, pero cuando acumulaba el castigo de escribir treinta veces la lección opté por simular en casa un ataque de apendicitis. Mi actuación fue deplorable pero logré un retraso de unas horas y evitar la clase de francés del lunes. Para la siguiente dejé de ir al colegio, sin más. Estuve de pellas un par de semanas. Salía de la casa del Pinar de Chamartín (ya nos habíamos mudado) como si fuera a la escuela, y me escondía en una estación semiabandonada en el barrio de Hortaleza; pasaba el día en una vía muerta subido a un vagón de madera. Hablaba solo de los asuntos más variados y ponía algunos céntimos en la vía de los trenes de Barcelona para ver cómo se aplastaban.

El Copón me llevaba bocadillos de chorizo a mediodía. Él estudiaba en el instituto Ramiro de Maeztu y no tenía clases por la tarde. Era mayo, el mes de las flores de la virgen, acontecimiento muy celebrado en los maristas. La madre de Juan le sorprendió una tarde preparando uno de esos bocadillos de media barra. En vez de atosigarle con interrogatorios, le habló con cariño: «Es posible que estés protegiendo a un amigo que tiene un secreto, y eso está bien, pero debes pensar que tu amigo puede tener problemas y necesita ayuda para salir de ellos. Debes confiar y contarme lo que pasa. Le ayudaremos entre los dos». Juan, que era una bellísima persona, me delató. La madre transmitió la información a mi padre y este me invitó a dar una vuelta en su coche, un Morris 1100 verde manzana, una tarde que simulaba regresar del colegio.

Fue la primera vez en nuestra compleja relación que me preguntó antes de castigarme o pegarme. No hubo divagaciones: quería saber cuál era el motivo de mi ausencia del colegio y cuánto tiempo llevaba sin ir. Miré de reojo sus manos aferradas al volante mientras viajábamos por la carretera de Burgos en dirección a San Agustín de Guadalix. Le expliqué el motivo del castigo y mis razones para negarme a cumplirlo. No dijo nada. Al día siguiente fuimos juntos al Chamberí. Habló con el director Sabino Pérez Arellano. Se quejó del grave error del colegio: ¿cómo era posible que nadie detectara mi ausencia injustificada? Después me hicieron salir del despacho. Supongo que en el resto de la conversación acordaron examinarme de Inglés y no de Francés para evitar represalias y abandonar el colegio tras concluir el curso. Yo esperaba fuera, sentado en una silla. Los pasillos estaban en silencio. Cuando emergieron, Sabino se mostró cariñoso, comprensivo, incluso me acarició la nuca. Era el papel que le tocaba. En clase me esperaba el psicópata. Me recibió de la mano del director, peloteó un poco y esperó a que se fuera su jefe. Después afeó mi conducta delante de los alumnos: «Estábamos preocupados por tu salud mientras andabas por ahí, vete a saber haciendo qué». Cuando terminó su reproche, me lanzó una pregunta banal que aproveché para afirmar: «Sí, pero yo no he escrito la lección». La clase aplaudió. El hombre enrojeció, apretó los puños como si preparara una descarga o para evitarla. Tras mirarme desde el odio me expulsó de clase. Al cabo de unos minutos pasó el director y me preguntó qué hacía allí en cuclillas. Le dije que el profesor de Francés me acababa de echar. Abrió la puerta y ordenó mi reingreso, «que bastantes clases se ha perdido ya».

Mi último curso en el Chamberí, ese Segundo de Bachillerato, fue excelente, uno de los mejores de mi carrera de pésimo estudiante: solo suspendí Matemáticas, eso sí, con un 2. Es posible que aquellas notazas no fueran el resultado de mi esfuerzo ni de mi talento, sino de un aprobado político como los que se otorgaron tras la guerra, un puente de plata al enemigo que cambia de colegio. Ese 2 en Matemáticas lo purgué en unas clases de recuperación durante el verano del 68 que me dejaron sin vacaciones en el sur de Inglaterra. Gracias al estudio vigilado en julio y agosto saqué un 5 en septiembre. ¿Merecí aquel aprobado? ¿Fue parte del pacto de mi salida del colegio? ¿Un acto de caridad?

No recuerdo nada de lo aprendido, pero sí al profesor. No porque fuera seglar, que lo era, ni por su aspecto físico del que me llega una chaqueta gris, vieja y con coderas, sino por una frase: «Hoy es un mal día para la humanidad: los rusos han invadido Checoslovaquia». Era la mañana del 21 de agosto de 1968. En ese instante no pensé en lo que no entendía, almacené, un acto reflejo que se eleva a técnica en el oficio de periodista: guardar, procesar, comprender y, después, contar. ¿Rusos, Checoslovaquia, carros de combate? Demasiada información para un adolescente invertebrado de 13 años y medio. Las frases que uno retiene, junto a las situaciones en las que fueron pronunciadas, quedan durmientes hasta que algo las despierta y regresan de golpe, como si fueran pronunciadas de nuevo. Sucede con los libros, los olores, los sabores, las imágenes, las ciudades, las personas y las pesadillas.

«Hoy es un mal día para la humanidad, los rusos han invadido Checoslovaquia.» No sé en qué año se despertó aquella frase pronunciada en 1968, pero cuando la escuché de nuevo en mi cerebro brotaron las preguntas que jamás formulé a aquel profesor: ¿es usted un falangista que odia a los soviéticos? ¿Un demócrata emocionado con la Primavera de Praga de Alexander Dubček? ¿Un eurocomunista defraudado con Moscú? Nunca lo sabré, pero el tono de aquella voz, su dolor, no pertenecían a un franquista. Lo sé porque mi padre no dijo nada de aquella invasión. No se quejó de la suerte de aquel socialismo fresco y alegre, con rostro humano, ni se preocupó por aquellas personas que creyeron en la libertad e hicieron frente a los invasores del Pacto de Varsovia, sus teóricos camaradas en la propaganda y en la fe. Años más tarde averigüé que libertad y franquismo eran conceptos antitéticos, tanto como lo eran para Leonid Brezhnev y sus amigos presuntamente comunistas.

Cuando llegué a casa, vi en el aparato de televisión los carros de combate en las calles de Praga. Esas imágenes, como la frase del profesor, aún carecían de sentido. Solo eran vehículos militares, no el aplastamiento de unos valores, de una utopía. El contexto me llegó en Primero de Periodismo, cuando nos manifestábamos por una verdadera democracia en los primeros meses de 1976. Allí, en la calle, corriendo delante de los grises, recordé las voces de los jóvenes checos que rodeaban los blindados e insultaban a sus invasores. Aquellos hechos de agosto de 1968 debieron de ser una conmoción ideológica para millones de socialistas y comunistas occidentales. Conocí a un tipo en la Facultad que había dejado de ser militante del PCE tras un viaje a Moscú y a la Yugoslavia de Tito. A su regreso a España fue directo a la sede, maleta en mano, entregó el carné y se marchó a casa.

Al poner nombre político a mi rebeldía y tomar conciencia de la familia silenciada, de los exiliados en México y de la España derrotada de mi abuelo y mi bisabuelo, me enfrenté a la España de mi padre y a él mismo en lo que sería el arranque de la segunda y última de mis juventudes. En esa rebeldía política él sintió pánico de que me afiliara al PCE. Cuando me gritaba los horrores del Muro de Berlín para convencerme de las maldades del comunismo y del Telón de Acero, los nuevos Belcebú, le respondía desde la provocación que el muro lo levantaron para que los alemanes occidentales no escaparan a Alemania Oriental.

Hoy siento vergüenza de aquella ironía. Le hubiera sido más sencillo pagarme un viaje a Moscú, o a cualquier país de Europa del Este, para obtener la sacudida que buscaba. De haber ido ¿habría sido capaz de ver la realidad más allá del decorado y los prejuicios? Pienso en los que negaron, y aún siguen negando la evidencia de que aquello era una duplicación del mismo mal que padecíamos en España: una dictadura. Al recordar mi frase sobre el Muro se agolpan en mi cerebro imágenes, palabras que pugnan por salir y ocupar un espacio en este texto. Son imágenes de personas que tratan de saltar la valla, que se enganchan en el alambre de espino, que mueren. Ahora sé que mi rebeldía, mi disidencia permanente, me hubiera convertido en uno de ellos.

Una dictadura es lo contrario a la libertad sin importar sus formas y disimulos. Sirven de poco los apellidos de los regímenes y las ideologías con las que se disfrazan y justifican. Es imprescindible medirlas por los principios y los hechos, y denunciar el abuso aunque nos resulte próximo el sonido de la música que emiten. En aquellos años de lucha con mi padre, de frases lacerantes, no sabía demasiado de lo que pasaba al otro lado del telón, en el paraíso estalinista, como decía él; sabía que en la casa de Arturo Soria mantenía una guerra de guerrillas contra la España de Franco encarnada en mi padre. Ahora sé más, sé que me gusta la imagen de la estatua de Lenin desmontada de su pedestal navegando por el Danubio en la película *La mirada de Ulises* de Theo Angelopoulos y la del

Lenin volador en *Goodbye Lenin*. Me gusta la provocación, cuando somos capaces de escupir a los intocables, desmontar los iconos. Unos tienen santos; otros mitos revolucionarios como el Che eternamente joven que colgaba desafiante de mi habitación y que sigue colgado en algún lugar de mi mente. Tuvo suerte de morirse joven y lejos del poder que todo lo corrompe.

Nací y crecí en un mundo dual, de buenos y malos, de azules y rojos, de cielos e infiernos, un mundo falso sin matices en el que la izquierda española ha estado de alguna manera tan atrapada como la derecha. Somos víctimas del mismo catolicismo castrador. Afirmar que el comunismo fue un fracaso en Europa del Este o que el régimen cubano es una dictadura, con todas las justificaciones que se quieran esgrimir, que las hay y muchas, es la mejor forma de que te expulsen del grupo y acusen de mercenario atlantista. Cuba ha sido un grano permanente en el culo de Washington, y eso me gusta, pero no justifica ni disimula sus errores. Estados Unidos es un país que ha mantenido durante la mayor parte del siglo XX una política criminal en Latinoamérica, en la que ha primado el anticomunismo primitivo, además de los intereses espurios, sobre los valores y las leyes internacionales. Cada muerto, cada fosa común, cada desaparecido forzado es una derrota moral. Y hay miles de derrotas en espera de un lo siento. Frente a los miles de muertos de Guatemala, El Salvador, Nicaragua, Chile, Argentina, Brasil, Uruguay y Perú, frente a la violencia callejera desmedida de las maras y la pobreza, Cuba parece un oasis de paz, ¿como lo era la España de Franco?

En las guerras personales y en las ideológicas nos situamos en una zona oscura e impenetrable en la que solo cabe esa dualidad católica. Viajamos seguros de nosotros mismos sin mirar los puntos ciegos del espejo retrovisor, poseídos por la razón absoluta de un mundo cerrado en el que cambiamos cardenales por comandantes. Al final caemos en los defectos que denunciamos, nos subimos a los mismos zapatos como Barack Obama se ha subido a los de George W. Bush en Afganistán y en la infame base de Guantánamo. El «prietas las filas», «el que se mueva no sale en la foto» —aquella frase terrible pronunciada por Alfonso Guerra en 1982— y el «muera la inteligencia» de Millán Astray, son muestras de una misma anomalía intelectual e histórica: somos un país que teme a la libertad.

Desde la caída del Muro, algo emocionante, la izquierda democrática vive a la defensiva, dando explicaciones por errores ajenos, justificando sus silencios ante los gulag que denunciaba Aleksandr Solzhenitsyn, sin terminar de descubrir un espacio propio, una narrativa que explique este mundo globalizado en el que mandan más los mercados que las urnas. Siento que no me he movido de mis posiciones de 1976 cuando me afilié al Partido Socialista Popular de Enrique Tierno Galván porque no me atreví a llevar el desafío hasta las últimas consecuencias. Hoy la izquierda, si es que se puede seguir pensando en estos términos, está en los movimientos sociales que emergieron del 15-M, y que tienen aún la tarea de construir un relato que diferencie los sueños de las promesas electorales.

En las primeras elecciones democráticas voté al PCE, pese a mi militancia en el partido de Tierno Galván. Me temblaba la mano: votaba contra mi padre, contra parte de la familia y contra la insoportable arrogancia del franquismo subterráneo. Antes de entregar la papeleta miré alrededor como si fuera un delincuente en espera de una inevitable detención, como si toda la mesa electoral supiera que era un traidor. Fue una liberación, la ruptura definitiva. Empezaba a ser yo, o al menos lo que quería ser. En aquella mesa del Pinar de Chamartín se recogieron diez votos para el PCE, según me informó Pepe, interventor del partido. Nos habíamos hecho amigos unos días antes durante una noche de insolencia en la que coincidimos en la tarea de arrancar los carteles que pegaban unos militantes de Alianza Popular. Un coche nos vigilaba de vez en cuando. Sabíamos que era peligroso porque el pegamento estaba tan fresco que debíamos estar pisándoles los talones. Éramos cuatro: Pepe, Jesús, un vecino de mi casa, que también era del PSP, y yo. Nos daba risa pensar en la expresión de los fraguistas cuando descubrieran el desaguisado. En la calle Jazmín escuchamos el ulular de una sirena de policía. Un vecino nos había denunciado acusándonos de intentar atracar en una tienda. Cuando los agentes comprobaron que solo boicoteábamos una pegada de carteles, se fueron con las luces de emergencia apagadas. Poco después aparecieron varios automóviles con gente de Alianza Popular. Parecían muy enfadados. Otro vecino nos abrió el portal de urgencia mientras nos dirigía desde el balcón. Nos salvamos por segundos. Era la una de la madrugada. Un hombre mayor vestido con un loden verde nos insultaba desde la calle: «Rojos, hijos de puta, bajad si tenéis huevos». Obviamente no los tuvimos. Pasamos la madrugada comiendo y bebiendo hasta que a las seis de la mañana, cuando estuvimos seguros de que se habían ido, volvimos a nuestras casas. La mujer del hombre que nos asiló era Anuchi Bremon, documentalista de *El País* a quien reencontré en 1992 cuando fiché por el periódico. Se acordaba de la aventura.

Aunque no me he mudado del sitio ideológico que descubrí en Izarra, he aprendido a ser tolerante, a buscar razones fuera de mí, a reconocer al Otro el derecho a tener parte de razón, la posibilidad de enseñarme. Es una manera de estar, de crecer y aprender que a veces cuesta sostener cuando los exaltados de la Brunete Tuitera insultan en las redes sociales. En este camino hacia la paciencia debo todo al periodismo que me ha exigido una mirada amplia, por encima de las ideologías, para intentar entender problemas complejos. Me siento incómodo ante las personas rotundas, las que están en posesión de la verdad única. Debe de ser una rémora del franquismo y de la educación religiosa, la incapacidad para el pacto. La falta del talento para escuchar e incorporar propuestas, ideas y palabras de la parte contraria. Somos un país sectario, partido en dos bandos, dos memorias históricas, dos relatos, dos familias. Apenas existen puentes, símbolos comunes en esta pelea eterna entre el centro y la periferia, quizá la selección de fútbol mientras ganó dos Eurocopas y un Mundial. Ahora, ni eso: de vuelta al club, a la tribu.

Meses antes de la adhesión de diez países de Europa

del Este a la UE que se produjo el 1 de mayo de 2004, viajé a tres de ellos: Hungría, Eslovaquia y República Checa. Fueron 22 días, decenas de entrevistas, desplazamientos interiores. Me moví en tren dentro de cada uno y entre los tres. Pisé mucha calle, que es donde están las historias. El resultado fueron tres reportajes a doble página publicados en *El País*. Aquel periodismo paciente que te permitía trabajar a tu aire ha desaparecido. Quien era mi jefe en aquel tiempo me telefoneó casi al final del viaje: «¿Lo has escrito ya?» Cuando le informé de que aún estaba en Praga, la tercera etapa, puso el grito en el cielo. A algunos jefes les encanta poner el grito en el cielo. Son como mi padre: prisioneros de la necesidad de mostrar una *auctóritas* de la que carecen.

En Praga visité en su casa al escritor Ivan Klíma, que tiene obra traducida al castellano. Me gusta hablar con intelectuales, no con políticos. Necesito dibujar el marco en el que colgar las perchas y ubicar las historias pequeñas. El marco te protege de la propaganda y la mentira. Somos buscadores de contextos, decía Ryszard Kapuściński. Ese es el trabajo. Toda historia pequeña debe tener un hilo que la conecte con otra más importante, que de alguna manera explique lo que está pasando. Me gustan los reportajes capaces de incluir un *play*, una palabra o una imagen, que lleve al lector a su propia memoria relacionada con el texto y active sus imágenes, voces e historias. Si el lector participa, gana el relato. Del encuentro con Klíma recuerdo una frase: «Cuando un pueblo ha vivido 40 años bajo una dictadura, ha perdido el sentido colectivo de la honestidad». Me gustó porque nos afectaba. Así nos dejó el franquismo: secos de moralidad.

Esa tarde en casa de Klíma recobré varias dictaduras simultáneas: la franquista, que padecí fuera y dentro de mi casa, la de Marcos Pérez Jiménez en la que nací, y la soviética que aplastó la Primavera de Praga de Dubček. Recordé los carros de combate en Praga. Eran los mismos escenarios. Las imágenes de mi memoria estaban en blanco y negro; las actuales, preñadas de color. Sonó Pablo Milanés en mi cerebro, «Yo pisaré las calles nuevamente». Pensé en el profesor de la chaqueta gris y en Hungría, en su brutal aplastamiento de 1956. Anhelaban lo mismo que nosotros: libertad, decidir su vida, el presente y el futuro. La frase sobre la honestidad colectiva me ha acompañado desde entonces. Es lo que nos falta en España y lo que le faltaba a Irak tras el derrocamiento de Sadam Husein. No entenderlo llevó a Estados Unidos y sus aliados a la derrota. En julio de 2003, tras la invasión, en la calle Al Rasheed, que es donde se escribe la historia de Irak, miles de bagdadíes se arremolinaban en torno a los aparatos de televisión para ver los vídeos de la represión de Sadam Husein en 1991 contra la población chií del sur. En septiembre de 2004, el vídeo más popular en el mercado de los ladrones era el de un camionero egipcio degollado por uno de los grupos de la insurgencia. Uní ambos vídeos y comprendí que la victoria era imposible: habían pasado en unos meses de liberadores a ocupantes. Para reconstruir Irak es necesario construir antes una conciencia de honestidad colectiva.

Si bajo una dictadura política hay una pérdida colectiva del sentido de la honestidad, ¿sucede lo mismo en las dictaduras familiares? ¿Existe una pérdida individual de la honestidad? He tenido miedo de convertirme en un maltratador, en repetir el círculo de violencia sobre un hijo, no saber educar de otra forma. También tengo miedo a llegar a ser un asesino si tuviera la mala suerte de vivir en unas circunstancias ambientales que me ayudasen a sacar la bestia que llevamos dentro. He conocido gente normal que empuñó un arma y se transformó en una máquina de matar. Los sumarios judiciales de cualquier guerra están repletos de personas corrientes que violaron y asesinaron. La educación y la cultura son a veces capas demasiado frágiles que apenas nos protegen. Cuando brota el odio y campa la impunidad, muchos escogen el lado oscuro. La croata Slavenka Drakulić escribió *No matarían ni una mosca*, que entronca con el célebre texto de Hannah Arendt sobre la banalidad del mal, que emana del juicio contra Adolph Eichmann en Jerusalén. Resulta más cómodo pensar que el mal es una anormalidad, una avería en el otro de la que los demás estamos a salvo. Eichmann fue un oficial de la SS consagrado a la Solución Final que mató a seis millones de judíos. Arendt defendió que Eichmann era un burócrata metódico y eficiente que se limitó a cumplir órdenes de una manera metódica y eficiente como podría haber cumplido órdenes sobre la mejora del servicio ferroviario en tiempos de paz. Nunca cuestionó su moralidad, solo obedeció. Es la banalidad de la obediencia ciega, sin matices ni letra pequeña. Criticamos a los nazis, pero en el fondo nos gustan los obedientes; son los que prosperan en las empresas, que prefieren el disciplinado al crítico. He cumplido 60 años, superado una educación militarizada y decenas de guerras, y me sigue obsesionando el mismo temor: ¿sería capaz de dominar la bestia, de escapar a la presión del grupo? Responder «sí» sería una temeridad, un acto de prepotencia.

4

Los cuervos roba almas

Mi abuelo Ramón vivía en una casa invadida por los bárbaros. Tenía 10 habitaciones, un pasillo largo y techos altos. Las dos estancias próximas a la salida le servían de despacho: en ellas pasaba consulta privada. También eran su refugio, el lugar donde se aislaba de su mujer e hijos, donde podía leer, pensar, escribir, escuchar la radio, echarse la siesta, respirar libertad. Cuando salía del fuerte y se adentraba en territorio comanche, debía deslizarse encaramado en dos bayetas para no manchar el suelo. Órdenes de mi abuela. Los paños eran obligatorios para todos: marido, hijos, familiares, amigos, muchachas de servicio y pacientes. Disponer de un espacio infranqueable, un santuario personal, es una de las herencias reconocibles. Él lo llamaba despacho; yo, habitación Número 13 de la Pensión Lobo, y ahora, «mi casa». Esa necesidad, más psicológica que física, de un cierto perímetro que me aísle y proteja del contacto, se ha mantenido toda mi vida, haya o no enemigos en el horizonte. Soy un caracol que arrastra una concha en la que me siento seguro.

Necesito creer que manejo el mapa de mi vida, incluso en los detalles más nimios: salir de la guarida y decidir si toca ruta de silencio o de conversación. La primera me lleva por calles en las que no conozco a nadie, en las que no tendré que hablar ni escuchar, en las que podré moverme ensimismado en mis cosas, construyendo novelas, reportajes, artículos, naderías. La segunda me conduce a la librería Méndez en el 18 de la calle Mayor, donde converso de fútbol, escritores, Fórmula Uno y política con los libreros y amigos Inma, Antonio y Alberto. Es un lugar mágico en el que se escuchan las voces de los libros, que me recarga de energía. Hablar de Fórmula Uno es una de las sorprendentes pasiones de John Berger, pintor, escritor, crítico de arte, marxista, buscador de izquierdas inteligentes y una de las miradas más lúcidas en Europa.

Apenas recuerdo nada de aquel piso de mis abuelos pese a haber dormido unos días en él tras regresar de Venezuela en el verano de 1959; quizá, la cocina de carbón, tan limpia que no parecía en uso. Es una memoria confusa, tal vez robada de alguna película de la época. Tras el cierre del diario *El Sol* en 1992 y el cobro de una indemnización, estuve cerca de comprar un cuarto piso en Atocha 68, sin imaginar que era el mismo portal de mis abuelos tras un baile de números. Me hacía ilusión estar tan cerca, pero su precio era elevado. Se trataba de un dúplex a medio terminar con una hermosa escalera de caracol; tenía luz y parecía silencioso, con vistas a los tejados. Estaba marcado por el consejo de un economista que conocí en Washington en 1986, cuando trabajé en La Voz de América: «No dediques más de un tercio del salario a pagar la hipoteca». Si hubiera sabido que era el mismo edificio y no el de al lado como suponía, me habría lanzado a la compra. Soy un sentimental sin dinero. De haberlo tenido sería propietario de la Sapinière, la casa de mis abuelos en el sur de Inglaterra y de la de María de Molina 60, en Madrid. Me cuesta dejar atrás lo vivido: los objetos y las personas. A falta de casas físicas, me quedan la memoria y los sentimientos.

Al comienzo de la guerra en el verano de 1936, si la seguridad lo permitía, mi abuelo acudía al Laboratorio Municipal de Higiene, situado en la calle Bailén desde 1905. Disponía de personal especializado y del material más moderno. Sirvió de modelo para laboratorios similares en el resto de España. En él se analizaban las aguas y los alimentos, y se impulsaban programas de vacunación. Después, durante la contienda, estudiaron además las consecuencias científicas de la guerra, según las directrices del Ministerio de Sanidad de Federica Montseny. A partir de noviembre, cuando las tropas franquistas fracasaron en la toma de la capital, Bailén se convirtió en un lugar peligroso, próximo al frente y expuesto a los bombardeos desde el otro lado del río. Existen diversas menciones al laboratorio en septiembre de 1936, que se mantenía en su sede. Un año después, un artículo de La Voz daba cuenta de que se había trasladado a una casa, sin especificar el lugar, tras al impacto de nueve obuses en el edificio; uno de ellos quedó sin explotar a los pies de la estatua de Louis Pasteur. La plantilla médica rescató con sus manos el instrumental y de los libros que habían sobrevivido al ataque.

Mi abuelo empezó a trabajar en el laboratorio en diciembre de 1915 como auxiliar técnico, tres años después de obtener el título de doctor en Medicina. Estuvo a las órdenes del insigne farmacéutico César Chicote del Riego, quien ayudó a mejorar la salud de Madrid y salvar muchas vidas, como reza la placa colocada en la entrada del edificio. Tenía una visión social de la Medicina, combatió la insalubridad de los barrios pobres exigiendo mejoras urbanísticas para prevenir epidemias y reducir la mortalidad. Chicote, que era amigo de mi bisabuelo, fue responsable del laboratorio desde 1898 hasta su jubilación, en mayo de 1932. Tuvo suerte mi abuelo de trabajar en un lugar de vanguardia y pertenecer a un equipo que soñaba con cambiar el mundo en el que vivía. Aquel impulso, aquel talento e ilusión se evaporaron durante la guerra, y con ellos la carrera médica de mi abuelo.

A Chicote lo reemplazó Juan García Revenga, quien el 8 de enero de 1935 pidió el retiro de manera inesperada. Ignoro si este García Revenga es familiar del polémico ex secretario de las infantas Cristina y Elena, ni cuáles fueron las causas de su marcha. En febrero de 1935 nombraron director a Lucas Torres-Canal, destituido por las autoridades republicanas en febrero de 1936 y depurado como funcionario público en agosto. *ABC* lo contó a su manera veintidós años después, en la necrológica de Torres-Canal publicada en octubre de 1958: «Durante la

Cruzada, los marxistas le persiguieron sañudamente por sus sentimientos de acendrado patriotismo. Liberada la capital, se reintegró a sus funciones». En el tiempo que duró la guerra hubo, al menos, dos directores: Pedro Mayoral —que reemplazó a Torres-Canal— y Juan Ramón Remis de Prado; ambos eran profesores jefes de sección cuando mi abuelo entró a trabajar.

Supongo que no conservó durante la guerra sus otros empleos: médico ocasional del circo Price, sito en la calle Barquillo y destruido en un bombardeo; y profesor auxiliar en la Universidad de Medicina de San Carlos, que debió cerrarse durante la contienda porque los alumnos escaparon o entraron en combate. Tal vez mantuvo el de prisiones, aunque no eran buenos tiempos para entrar y salir de las cárceles. Barea cuenta en su libro que llevó una tarde al periodista británico Sefron Delmer al teatro Calderón para asistir a una actuación de los payasos Pompoff y Teddy, precursores de una saga extraordinaria de cómicos que llega hasta Emilio Aragón. Esto demuestra que algunos espectáculos se mantenían abiertos al público, pero no el Price. Delmer era célebre entre los reporteros extranjeros porque tenía decenas de botellas de alcohol escondidas en su cuarto de baño del hotel Florida; se las había comprado a un anarquista que saqueó las bodegas del Palacio Real.

Mi abuelo carecía del don de gentes de su padre, no era proclive a la vida social, ni escribía divertidos sainetes, ni tenía, que yo sepa, éxito entre las mujeres; tan siquiera lo tuvo con la suya, que puso a sus hijos en contra. Era un hombre solo, sin más familia que su padre y sus hermanas Magdalena, Salud y Pilar porque en aquellos años ya había muerto su hermano Antonio, el grabador, que sufría una deformidad física de nacimiento. Mi abuelo se fue apagando poco a poco, como se diluyeron las esperanzas de conseguir un país en el que la inteligencia pudiera reinar sobre el superstición. No sé cuándo comprendió que España, su familia y él mismo se encaminaban hacia el desastre. Tal vez con el aplastamiento de la revolución de Asturias, en octubre de 1934, por las tropas comandadas por el ambicioso general Francisco Franco: cerca de 1.500 mineros muertos y entre 30.000 y 40.000 detenidos. Fueron los prolegómenos de lo que vendría después.

Cuando entraba en casa, su mayor aspiración era que lo dejaran en paz, colgar la chaqueta en el perchero, depositar el sombrero sobre una silla y encerrarse en el despacho a descansar. Hoy he caminado desde la antigua sede del laboratorio municipal en Bailén hasta Atocha. Caía el calor a plomo, como en el 18 de julio de 1936. He enfilado la calle Don Pedro hasta la plaza de los Carros; de ahí, a la del Humilladero, La Latina y la del duque de Alba, antes de entrar en Tirso de Molina y recorrer la calle de la Magdalena hasta Atocha. Un paseo de media hora. Supongo que mi abuelo lo haría a pie cuando lo permitieran el frío y la lluvia. Era una forma de relajarse, de posponer el reencuentro familiar.

Mi abuelo guardaba en el despacho una colección de postales picantes, su principal distracción después de que Pilar le acusara de ser un pervertido, de pretender violarla. Es un milagro que lograran engendrar cinco hijos. Recuerdo el libro *Afrodita* de Isabel Allende; en él escribe sobre las parejas virtuosas que tenían relaciones vestidas a través de una apertura en forma de cruz a la altura de la vulva de la mujer. Dice la escritora que solo al Vaticano se le podía ocurrir algo tan excitante. Me imagino a Pilar Varela, cubierta por un camisón negro debido al luto que la acompañó desde la boda hasta la tumba, dejándose malhacer, inerte como una losa, sintiéndose profanada, bisbiseando oraciones, «santa madre de dios, ruega por mí, santa madre de dios», sin abrirse al placer prohibido, convencida de que el hombre que la penetraba, su marido, era la reencarnación del mal. Pienso en la película *El festín de Babette* de Gabriel Axiel, en el poder de los sentidos, del gusto, del paladar frente a la intransigencia religiosa. Nada de eso funcionó con ella.

Quiso ser abogado, pero optó por estudiar Medicina, no sé si para dar gusto a su padre o por imposición. Era aficionado a la ironía, como mi bisabuelo, una marca de los Lobo que he heredado. Tenía accesos de ira y arrojaba objetos al suelo, algo que quedó en los genes y que me afecta, y llega hasta mi primo cordobés Álvaro, hijo de mi tío José Luis, hermano de mi padre. Cuando me lo contó, recordé las gafas que el *generalísimo* Lobo estrelló contra el suelo al ver mis calificaciones escolares y las ganas que a menudo me asaltan de tirar cosas; creo que nunca he pasado de un teléfono fijo y un mando a distancia.

No sé demasiado de la vida de mi abuelo, de sus aficiones y amigos, más allá de que era asiduo a las tertulias, como su padre. Conservo fotografías que no me permiten construir una película sonora. La más significativa me la regaló mi prima Margarita D'Olhaberriague. En esa imagen, tomada al lado de la Casa de las Fieras del Parque del Retiro de Madrid, mi abuelo está en un extremo y su mujer en el opuesto. Les separan un mundo, dos niñas (una de ellas es Josefina, la futura Pepa) y una mujer que debe de ser Alejandra, la doméstica que mi abuela heredó de su infancia y a quien maltrataba con frecuencia. Alejandra tiene un bebé en sus brazos: es Álvaro, muerto a los seis meses en 1925. La foto tiene que ser de ese año. Mi padre está situado detrás de su madre. Pilar viste de negro, incluido el sombrero y los guantes. Mi abuelo tiene un periódico doblado entre las manos, lleva chaqueta, camisa blanca de cuello duro y corbata de tira. La cabeza está cubierta con un sombrero de paja Canotier, de moda en los años 20. Sus gafas redondas le dan un aire a Azaña. Tenía cerca de 40 años.

A finales de julio de 1936 desapareció en la capital toda autoridad: hasta los Guardias de Asalto se hicieron manifestantes. Se distribuyeron armas viejas y algunas municiones. Los milicianos de los sindicatos y los partidos de izquierdas las paseaban con orgullo y sin apenas instrucción. Partían camiones y autobuses decorados con todo tipo de proclamas hacia la sierra de Madrid para hacer frente a los fascistas. Había confianza en una rápida victoria de la República pese a los primeros reveses en el Sur y en el Norte. Las calles se poblaron de mujeres dispuestas a la lucha, de puños en alto y banderas rojas y rojinegras. Se cantaban *El himno de Riego*, *La internacional* y *La marsellesa*, y se daban vivas a la libertad al paso de los vehículos repletos. Había más exhibición que capacidad militar.

Me emociona *La marsellesa*. Sabe a guillotina, un separador categórico. Mi versión favorita es la del Café de Rick, en el filme *Casablanca*: el duelo musical entre soldados alemanes y gendarmes franceses ocupados bajo la mirada cínica y tierna a la vez de Humphrey Bogart. Mi padre iba con los alemanes y el mariscal traidor Petain; yo, con la resistencia encarnada en Viktor Laszlo, el personaje de Paul Henreid. Pero sobre todo iba con Ingrid Bergman, uno de mis primeros iconos sexuales, superada después por Marilyn Monroe y Ava Gardner; y por no parecer antiguo, por Rachel Weisz y Kate Winslet.

Me gustan las películas de guerra aunque deteste la guerra. Debajo de la plasticidad que genera hermosas imágenes hay personas que matan, mueren y sufren alejadas de los cánones de la estética y del espectáculo televisivo. Sucede también en la pobreza. Algunos critican la perfección de las fotos de Sebastião Salgado, su extraordinaria belleza, porque a su entender desvían la atención de la tragedia que fotografían: conducen el ojo, la razón y los sentimientos del espectador hacia lo visual en lugar de centrarlos en la inmoralidad del padecimiento extremo. Pero la pobreza y la injusticia tienen derecho a buenos textos e imágenes que ayuden a transmitir la existencia de un mundo invisible sobre el que descansa nuestro progreso y bienestar. Es más fácil criticar al fotógrafo y al periodista que asumir nuestra pasividad como sociedad civil. Hay otro tipo de fotos, las de las agencias de prensa, de las que uno apenas puede escapar. Son puñetazos sobre la mesa. La muerte, la miseria y el dolor nos llegan sin disfraz, directos al mentón. Se llama realidad.

La Guerra Civil fue para muchos la última guerra romántica, en la que el bien y el mal parecían definidos: a un lado la República, al otro, el fascismo. Los reporteros que viajan a guerras morales —las de Centroamérica en los años 80, las de los Balcanes en los 90 o a las primaveras árabes, más recientemente— aprenden que las categorías y los bandos no son tan sencillos de definir: blancos frente a rojos, guerrilleros frente a opresores, bosnianos frente a radicales serbios, islamistas frente al carnicero Bashar el Asad o los déspotas Hosni Mubarak y Muamar el Gadafi. ¿Quiénes son los buenos, quiénes los malos? Los periodistas que se aferran a una ideología, a sus prejuicios primermundistas o a las órdenes a menudo disparatadas de sus jefes, generan una distancia que les impide comprender e informar. Hay otros que viajan en busca de «la verdad» sin sospechar que se trata de una categoría cambiante, incluso la científica. La verdad la deciden los poderosos.

Nuestro trabajo es más modesto: contar qué sucede, dónde y cuándo; a quién le sucede y por qué. También se nos llena la boca de palabras pomposas como «objetividad», otra categoría moral. ¿Cómo pueden ser objetivos los seres subjetivos? No me refiero a las ideologías ni a la propiedad de los medios de comunicación, sino a la vida vivida y sufrida, a las lecturas, a las músicas que nos han ido conformando como personas que observan y escuchan. Es esa singularidad la que construye la mirada subjetiva, a menudo única. Prefiero hablar de honestidad, admitir nuestras limitaciones, respetar al lector, permitirle sacar conclusiones diferentes. Somos testigos incómodos cuyo trabajo consiste en tocar las pelotas al poder, no en servirlo ni en lanzarse contra él en las barricadas. En eso consiste el periodismo; lo otro es sumisión o militancia, dos defectos similares y extendidos.

Los únicos bandos reales son las víctimas y los verdugos, lo demás es artificio. Es necesario aceptar que entre los buenos anidan los malos y entre los malos hay buenos, y que nuestro mandato social consiste en cruzar las líneas, no solo las del frente, sino también las éticas, las trazadas por la construcción interesada del relato. Nuestro trabajo es quebrar «la Gran Película», que decía Ernie Pyle, uno de los mejores corresponsales de guerra del siglo XX. La única manera de no equivocarse jamás de bando es narrar la guerra desde el punto de vista de todas las víctimas, las de los buenos y las de los malos.

Madrid, España entera, fue un banco de pruebas de lo que vendría después, un juego para preparar otro mayor. Por eso me estremece el *Guernica* de Pablo Picasso: en él están todas las guerras, todas las ciudades destruidas, todas las madres muertas. Es un lienzo colosal que se desborda en cada persona que lo mira; como se desborda el museo del Holocausto de Jerusalén en la Cisjordania ocupada; como se desbordaban los cementerios en Sarajevo excavados en jardines y parques; como se desbordan los desaparecidos de América Latina, las fosas comunes de Camboya y Ruanda y los ahogados en el Mediterráneo. Como se desborda España en su historia. Todo se desborda y nos afecta.

La guerra española fue también un territorio de aprendizaje humano y profesional para los mejores reporteros de la época. Ir a guerras con un billete físico de salida y una amnesia más o menos garantizada no es un trabajo administrativo que se pueda resolver en un par de reportajes burocráticos: palabras inertes, distantes, gélidas, huecas, sin dolor ni calor. La guerra, las catástrofes, son territorios para el desasosiego. Sin emoción no hay periodismo. Robert Capa, uno de los fotoperiodistas más importantes de la Guerra Civil, dijo «si tu foto no es suficientemente buena es que no estás lo suficientemente cerca». No se trata solo de cercanía física, también es necesaria la emocional, la empatía con el dolor ajeno para conseguir fotografiarlo y transmitirlo. No basta con estar ahí, es preciso estar dentro, sentir, dañarse de alguna manera.

Mi trabajo como enviado especial a zonas de conflicto, como reportero del dolor ajeno, consiste en emocionarme; así soy capaz de conectar con la persona que padece las bombas y los disparos, la injusticia, la violencia sexual, la miseria. Mi emoción me ayuda a escuchar la suya, a comprenderla y vivirla de alguna manera. Cuando llega el momento de escribir, esa desazón personal desaparece, no tiene cabida en el texto porque solo era el camino para estar «más cerca». El texto debe quedar libre de egocentrismo. Solo caben los sentimientos de las personas con las que he compartido al menos un minuto de sus vidas, como recomendaba Kapuściński.

En febrero de 2015 viajé con MSF y el fotógrafo y amigo Juan Carlos Tomasi a Ayotzinapa, en el Estado de

Guerrero, de México. El objetivo era preparar un reportaje sobre las madres de los 43 estudiantes de la Escuela Rural Normal Raúl Isidoro Burgos, desaparecidos en septiembre de 2014, y que se publicó después en *El Periódico de Catalunya*. Las madres no confiaban en nadie, les había fallado el Estado, incapaz de proteger a sus hijos vivos y de buscarlos muertos, de ofrecer respuestas sobre lo sucedido y hacer justicia. Las madres incluso veían sospechosa la presencia en la escuela de MSF, que algunos vinculaban a la CIA o al presidente Enrique Peña Nieto. Cuando conversé con Margarita Zacarías Rodríguez, sentados frente a frente en dos sillas de plástico, su desconfianza era un muro impenetrable. Entre nosotros crecía un abismo. La plática se movía con dificultad. En un momento, ella se emocionó y se le humedecieron los ojos. Cuando levantó la vista y vio los míos, tan húmedos como los suyos, se creó un silencio cómplice. No fue una sonrisa ni un gesto concreto, pero algo se movió dentro de ella y en su mirada aprecié una frase no pronunciada: «Ahora, confío en ti».

Existen las guerras justas como la que se libró contra el nazismo, como las que se libran contra las dictaduras, contra la brutalidad de los apartheid y el machismo. Se trata de excepciones. La mayoría son un negocio turbio en manos de unos pocos: los nadies ponemos los muertos y heridos, los amputados, los desplazados y refugiados, los migrantes y los huérfanos, y ellos recogen el beneficio, el petróleo, el oro, el coltan y los diamantes de sangre. Me encantan las películas antinazis de la Segunda Guerra Mundial: *El día más largo*, *Un puente demasiado lejano, To be or not To be, El gran dictador, La batalla de Inglaterra, La gran evasión...*

A mi padre también le gustaban en secreto aunque perdieran los suyos. Se escuchaba su lucha interior, la pugna entre la ideología de sus tiempos de voluntario contra Stalin, cuando vistió el uniforme de la Wehrmacht de Hitler, y la escenificación del mundo militar en su esplendor: el mando, el orden y la disciplina por encima de cualquier bandera. Disfrutaba del autoritarismo homófono del general Patton, y detestaba la supuesta blandura del general Bradley que lo reemplazó. En nuestra contienda personal no había territorios desmilitarizados, países neutrales, áreas protegidas, inmunidad diplomática o leyes internacionales que cumplir; todo era susceptible de ser empleado para un ataque frontal o para una guerra de desgaste, desde el hostigamiento artillero con los adjetivos, al sarcasmo y la mofa.

La República, es decir, las milicias que la escenificaban en los primeros meses de guerra a falta de una autoridad visible, se incautó de cientos de edificios para reconvertirlos en cuarteles, centros de mando y hospitales de sangre. Hoteles de lujo como el Palace y el Ritz pasaron a albergar heridos; en este último murió el líder anarquista Buenaventura Durruti. Lejos de los entusiasmos de los primeros días, Madrid sentía a primeros de noviembre que su caída era inminente ante el avance de las tropas nacionales. De noche se caminaba como en Sarajevo, pegado a la pared para orientarse en las calles sin luz, y el miedo baileteando dentro del cuerpo. Las luces son peligrosas: guían a los aviones cargados de bombas y a los francotiradores que disparan emboscados, como sucedía en la capital bosnia. En Madrid pintaron de azul las farolas para dejarlas en duermevela tras el primer bombardeo el 8 de agosto. También se pintaron de negro, y así siguen, las dos cuadrigas que adornan los altos del edificio que alberga el BBVA, en la calle Alcalá esquina Sevilla. Eran blancas, una señal perfecta para los aviones. En el Londres de los años 40 llamaron *blackout* al apagón total. Solo estaban permitidas las linternas individuales orientadas al suelo, nada de faros de automóviles, nada de ventanas sin cortinas. Al caer la noche, miles de voluntarios londinenses, entre ellos mi madre, recorrían las calles de sus barrios para asegurarse de que estaban en orden y apagados.

La sierra norte se había convertido en el campo de batalla, mientras las tropas rebeldes avanzaban por Extremadura y Toledo dejando un reguero de sangre y represión. La capital parecía tan condenada que hasta el mismo Gobierno se trasladó el 6 de noviembre a Valencia, dejando su suerte en manos de la Junta de Defensa presidida por el general José Miaja. El diplomático chileno Carlos Morla Lynch describe en su diario *España sufre* el clima de desconcierto y temor de esos meses, en los que los aristócratas que habían logrado sobrevivir a las primeras semanas de furia vestían mono y alpargatas, en espera de poder escapar de la ciudad. El que fuera embajador *de facto* de Chile en Madrid afirma que muchos de los excesos iniciales tenían las firmas de la FAI y de la CNT, aunque ningún partido fue inmune a la aberración. La guerra es la suspensión de la racionalidad, del sentido común. La impunidad despierta a la bestia interior que escondemos. Me afligen aquellos meses porque me inquietan las preguntas inevitables: ¿me habría alistado a la FAI, al PCE, al POUM? ¿Habría participado en las *sacas* y en los fusilamientos? Puedo afirmar «también hubiera escondido monjas como hizo mi abuelo» o «jamás habría fusilado a nadie en el verano del 36». Es fácil fanfarronear, ponerse medallas, engalanarse de una cierta superioridad moral. La verdadera respuesta nos espera en medio de una locura como la de los Balcanes o en una discusión pueril de tráfico. En ese instante sabremos cuál es nuestro bando, si somos víctimas o verdugos.

Ramón debió de trastornarse con tanta noticia contradictoria. Desde los primeros días tras el golpe de Estado, los aparatos de radio escupían más rumores que certezas. Ya lo dijo Esquilo: «La primera víctima en la guerra es la verdad». Una guerra es también la suspensión de la lógica: los idiotas se creen generales y los generales parecen idiotas.

El padrino de mi padre, Pepe Pardo, vivía en la calle Atocha, en el actual 47: un edificio blanco con unas cristaleras abombadas que más parecen la trasera de un barco pirata que una fachada, y que era propiedad de su familia. Cada vez que paso delante me llega el olor de las meriendas del día de su cumpleaños. El piso era grande y oscuro, repleto de cuadros, jarrones y objetos. Cada aniversario se poblaba de familiares y solteronas que en el maldecir de mi padre buscaban boda con aquel hombre viejo, enjuto y presuntamente rico que se sentaba con ellas a hacer punto. Tenía unos andares tan amanerados que incluso de niño me di cuenta de que aquellas mujeres tenían poco que hacer. Era un reputado dermatólogo con conocimientos de química y farmacia que preparaba sus propios ungüentos y recetas. Debió de morir a finales de los años 60.

Durante la guerra, a la menor señal de peligro, salía a la calle para recoger a los tres niños Lobo, que andarían zascandileando por la calle León, en la que nacieron Josefina y mi padre, para cobijarlos hasta que pasara el peligro y pudieran regresar seguros a la suya. En el segundo semestre de 1936 y en los primeros meses de 1937, la amenaza procedía de los aviones alemanes e italianos que bombardeaban Madrid buscando plazas y lugares abiertos sin aparente criterio militar, solo para hacer daño y quebrar la resistencia de la ciudad. Más adelante, en 1938, el riesgo se ampliaba a tierra, al reclutamiento forzoso. Pardo fue capturado en las primeras semanas del golpe y enviado a la checa de Fomento, aún en el edificio de Bellas Artes, donde sufrió malos tratos. Le dejaron en libertad y sin cargos. Tal vez medió mi bisabuelo, mi abuelo o algún De Rivas Cherif. Tras la victoria franquista en 1939 fue uno de los testigos que declaró en favor de mi abuelo.

Pepe Pardo hablaba inglés y alemán a pesar de que jamás había viajado al Reino Unido ni a Alemania. Mi tía Josefina decía a sus hijos «veis como no es necesario salir de España para aprender idiomas». Ella, desde luego, no los aprendió, y la mayoría de mis primos, tampoco. No sé qué fue de su presunta herencia, ni de los jarrones chinos por los que suspiraban mi tía y mi padre. Ella, por su querencia a arramplar bienes ajenos; él, porque esgrimía con ilusión su título de ahijado. Solteronas, La Pepa y el apadrinado se llevaron una decepción pues no hubo premio tras tantos cumpleaños de espera. La memoria familiar no es precisa sobre su parentesco. Sabemos que era hijo único y que murió sin descendencia. Pepe Pardo debía de ser de la edad de mi abuelo. He encontrado referencias sobre Antonio Pardo Regidor, primo de mi bisabuelo, dermatólogo como Pepe Pardo, médico por oposición de la Beneficencia provincial, director en 1916 del Instituto Dermatológico sito en la calle Don Pedro, al lado del Laboratorio de Higiene municipal. Podría ser el padre de Pepe Pardo. Vivía en la calle Atocha, y su funeral se celebró en enero de 1937 en la iglesia de San Salvador y San Nicolás, la parroquia de los Lobo católicos. Demasiadas coincidencias.

En Sarajevo, los niños también trasteaban en las calles mejor protegidas y jugaban a lo que suelen jugar los niños occidentales durante la paz: al escondite, a policías y ladrones, variantes de tula, a la rayuela en cualquiera de sus nombres, y al fútbol. En los primeros días de la guerra, las madres no les dejaban salir. Al principio, los adultos creen que se trata de un accidente, una pesadilla, y que un día se despertarán como si nada hubiese sucedido. Si para un periodista extranjero que acude a las guerras el riesgo mayor empieza a partir de la tercera semana, cuando lo extraordinario se transforma en cotidiano, algo similar les ocurre a los habitantes de las ciudades sitiadas y bombardeadas. Los niños sin colegio necesitan respirar. El primer día que las madres ceden, dicen «solo media hora»; después, se habitúan al riesgo y permiten a sus hijos jugar más tiempo sin que pase nada. Pero a veces suceden las tragedias: una granada de mortero cae junto a la catedral católica de Sarajevo y mata a varios niños, y entonces todas las madres de Bosnia regresan al casillero de partida del miedo, y con él a las prohibiciones. Después se olvidan de nuevo, se relajan y arranca otro ciclo hasta la siguiente tragedia. Así debió de ser el Madrid de mi padre y sus hermanos. Para sobrevivir era necesario tener suerte, la que Napoleón exigía a sus generales, la que le pedimos a la vida.

De los edificios incautados en Madrid se sacaban a las aceras sillas, butacas y sofás para celebrar tertulias improvisadas al fresco de la mañana o de la tarde, pues dentro, sin electricidad ni ventilación, el calor era insoportable. En las paredes se podían leer carteles con instrucciones precisas de qué hacer en caso de bombardeo. Ese era el paisaje de Madrid en el verano y el otoño del 36. Del sur llegaban noticias del asesinato de García Lorca y otras matanzas. Pese a que mi padre no había leído sus poemas ni visto sus obras de teatro, defendía en nuestras discusiones adultas que era un mal poeta, que la muerte le había transformado en un símbolo promovido por la propaganda comunista. Él era más de Manuel Machado que de Antonio, más de Agustín de Foxá, Rafael García Serrano, y otros escritores falangistas, que de los miembros de la Generación del 27, los Luis Cernuda, Vicente Aleixandre, Rafael Alberti, León Felipe. Cada uno de sus favoritos pasó de forma automática a engrosar mi lista negra. Así era la lucha: sin concesiones. Recuerdo con emoción el poema de César Vallejo *España, aparta de mí ese cáliz* en la voz del actor Juan Diego. Lo escuché en un chalé del PCE cerca de la calle Pío XII en la proyección privada del documental *Dolores* dedicado a Dolores Ibárruri. Era 1981, mi padre aún vivía. Fue un terremoto, no solo por el poema y la cinta, sino porque estaba sentado al lado de La Pasionaria. La miraba de reojo, a hurtadillas. Ella sonreía, se emocionaba, juntaba las manos. Parecía una abuela venerable.

En Sarajevo no había aviación, pero el frío era siberiano. Muchas ventanas habían perdido sus cristales. Se sustituían con plásticos clavados en los marcos para resguardecerse de la lluvia, la nieve y las bajas temperaturas. En el hotel Holiday Inn, en el que me hospedé tres veces en 1993 antes de mudarme a casas particulares, había cristales en las ventanas que no daban al barrio serbio de Grbavica, convertido en primera línea de frente en el interior de la ciudad, como la Ciudad Universitaria en Madrid. Los protegíamos con cinta americana cruzando las tiras en aspa para que una eventual rotura no formara cientos de fragmentos mortíferos. La Navidad de 1993 fue gélida en Sarajevo. Siempre hace un frío que se mete hasta la médula donde no funciona la calefacción. En Grozni, la capital chechena arrasada por las bombas, se combatía el frío con vodka, la mejor vacuna contra el pánico, la congelación y la melancolía. A Andrei Fadine, mi intérprete, no le servía contra la tristeza que llevaba sobre los hombros como un carroñero. El pesimismo ruso se entiende leyendo a Gógol y Dostoievski. Hay algo de ruso en el alma española.

Noviembre de 1936 trajo el sonido constante de las bombas lanzadas desde los aviones y el zumbido de los obuses. Los nacionales habían encontrado más resistencia de la prevista, sobre todo tras la llegada de las Brigadas Internacionales, que hicieron su entrada en formación por la calle Atocha; pasaron delante de las casas de mi bisabuelo y de mi abuelo, y en medio de un entusiasmo que fue reduciéndose según se aproximaban al frente en la Universitaria. Entre la huida del Gobierno, el 6 de noviembre, y la llegada de las brigadas, el 8, Madrid vivió un gran peligro; su vulnerabilidad era máxima.

Morla Lynch describe una ciudad repleta de barricadas pobladas de hombres y mujeres armados con fusiles del siglo XIX. Morían personas destrozadas en las colas del pan y del agua, como sucedía en Sarajevo en la calle peatonal Vase Meskina. Cualquier aglomeración, sin importar el motivo, la edad o el sexo de sus componentes, era objetivo militar. En Madrid, al menos abundaban las bocas de metro, un refugio seguro. En Sarajevo, los artilleros de las montañas circundantes podían vernos ayudados de sus prismáticos, seguir nuestros movimientos y matar a placer. En Madrid no existía visión directa, el disparo artillero se hacía al bulto, en las zonas concurridas. El fin era lograr la capitulación.

Cada vez que subo por la calle Toledo hasta la plaza Mayor veo el viejo cartel de «No pasarán» colgado de fachada a fachada. Compré en Tirso de Molina una camiseta con ese lema y una frase debajo: «Hoy igual que ayer». No dije nada a la vendedora, pero pensé «es mejor que no sea como ayer». Pienso en el grupo chileno Quilapayún y en su canción de *El pueblo unido jamás será vencido* y en los hermosos lemas aplastados, uno tras otro, porque la hermosura no sirve para ganar las guerras. La justicia poética es una estafa más de los vencedores. Los que eran estraperlistas y mafiosos pasaron en una generación a ser empresarios sin pasado, y en dos, a impartir lecciones éticas desde la tribuna del Ibex-35. Sucede en los Balcanes, en Ucrania y en Rusia. Es más fácil denunciar lo evidente en los demás.

Era frecuente en esos primeros meses que un grupo de milicianos se presentara en una dirección para dar cuenta de una denuncia. Llamaban a la puerta armados y se llevaban al incauto, que pasaba a ser una estadística más entre los fusilados. Dentro de la ciudad, algunos quintacolumnistas se transmitían mensajes en morse mediante linternas que servían después para afinar los bombardeos. Madrid era una ciudad de alertas: las sirenas y los pitidos de los bomberos y de los guardias advertían de un ataque aéreo; por la noche, sin luces, solo con las farolas azules, el miedo se transformaba en un rugido interior. Un día llegaron a Atocha 66 unos milicianos con mucha urgencia y excitación, y se llevaron a mi abuelo. Decían que le necesitaban para atender el parto de una compañera. Estuvo desaparecido tres días. Su mujer y sus hijos temieron por su vida. Ocurrió en los meses negros de 1936. Cuando reapareció, dijo que tuvo que quedarse para comprobar que todo iba bien porque el alumbramiento había sido complicado. Los milicianos le llevaban en agradecimiento de vez en cuando comida de regalo. De los labios de mi tía Magdalena colgaba una palabra que repetía con frecuencia: hambre; decía «pasé tanta hambre que se me cayeron los dientes».

Mi abuela Pilar fue una mujer lastrada por una infancia sin padres ni hermanos, educada sin un átomo de cariño y respeto por su prima Carmen Mogrovejo. Era una fanática de la religión, una mujer de escasas lecturas y una analfabeta política, combinación que se repite con frecuencia en la familia Lobo y aledaños. Tenía más eximentes que su hija Josefina, un talento para el mal, que disfrutaba causando daño a los demás. Para ella, la religión era una fachada social, una pose para reforzar su papel de víctima. Era una manipuladora. Ambas, madre e hija, son corresponsables de que el árbol genealógico de los Lobo sea una cadena de tragedias shakesperianas. El día que murió mi tía Josefina, el 19 de junio de 1992, se presentaron en el tanatorio tres de sus hijos bebidos y con las copas en la mano. Llegaban para celebrar su fallecimiento. Durante el entierro, Ramón Aymerich preguntó a sus hermanos: «¿También habéis venido a aseguraros?»

Mónica me recuerda un suceso con el que trata de matizar mi idea de que tuvo una infancia menos dura. Una mañana en la que la niña Josefina amaneció orinada en la cama, su madre, es decir mi abuela, tomó posesión de su osito de peluche favorito y lo arrojó delante de ella a los fogones de la cocina de carbón. Tras las bofetadas correspondientes, dijo: «Si te vuelves a orinar encima, serás la siguiente en ir al horno».

Sostiene la jueza guatemalteca Jazmín Barrios que tras una guerra civil queda dañada la generación que la padeció y la siguiente, la primera que no vivió el desastre. Los guatemaltecos saben de estas cosas: tuvieron una con 200.000 muertos, de ellos 40.000 desaparecidos. Soy parte de esa segunda generación dañada: no viví la Guerra Civil ni la posguerra de los fusilamientos, las venganzas y el hambre, pero tengo sus males metidos en el cuerpo. Me los inocularon por vía familiar. Mi contaminación termina en mí porque no tengo hijos a los que dañar.

Después de la guerra, los vencedores se incautaron de miles de casas y propiedades. En ellas viven hoy sus descendientes. Hubo casos terribles en los pueblos, familias que fueron hostigadas, a las que se les impedía trabajar; se les castigaba por ser rojos. También hubo hermanos que mataron a hermanos a causa de herencias, y culparon a los comunistas o al maquis. Aún hay miedo. La sociedad que surge de la guerra está enferma.

Pienso a menudo en la muerte. Me estremece nuestra fragilidad, la delgada línea que separa la vida de la no vida, de estar dormido o muerto como Alfredo Mesa, mi amigo más antiguo. Pertenezco a una sociedad de insensatos que se creen inmortales, personas que renuncian a vivir hoy a cambio de la promesa de vivir mejor mañana, que se esclavizan con hipotecas a 30 o 50 años. Recuerdo una frase del padre de Jesús Álvarez, a quien considero un hermano después de vivir casi cuatro años en la casa de mis padres. La pronunció en su piso del Pinar de Chamartín: «Nos empeñamos en luchar por cosas que jamás vamos a disfrutar». Cobró su sentido un año después con su muerte, tras el regreso de una Operación Retorno de emigrantes desde Argentina. Era uno de los fundadores de TVE, un hombre popular; tenía 44 años.

Me he imaginado cadáver, incluso he jugado a que me moría. En los primeros años de matrimonio con Blanca, me tumbaba sobre la cama con los ojos cerrados y los brazos cruzados sobre el pecho y le preguntaba: «¿Qué tal estoy muerto?» Nunca le gustaron estas bromas. Tampoco a algunos de los taxistas que me llevaron a *El País* les gustaba que les propusiera una ruta cargada de sorna: «Vamos mejor por el cementerio de la Almudena, así nos vamos acostumbrando». Un domingo por la mañana dije a Javier del Pino, en su programa *A vivir que son dos días*: «Ya sé cuál será mi última palabra antes de morir: tuitéalo». Sostienen los psicólogos que bromear es una forma de relativizar, de no admitir la gravedad de las cosas, de esquivar la realidad. No tengo miedo a morir porque no creo en el más allá, en el cielo y en el infierno, en el premio y en el castigo, y porque siento que lo esencial de mi vida ya está vivido, que hice un buen uso de esta oportunidad biológica, más por suerte que por talento. Sentir así, y no tener hijos ni deudos dependientes más allá de mi gata *Nana*, me genera un enorme sosiego ante la idea del punto final. Imagino la muerte como algo externo, la siento como en los cuentos sufíes: una presencia que viene a buscarte porque llegó la hora, y no como una sombra que crece desde dentro como una enfermedad.

Desde que empecé a ir a guerras en el invierno de 1992, la muerte dejó de ser una probabilidad estadística para convertirse en un hecho tangible, real, algo que sucede cada día, cada hora, cada segundo. Pienso en mis últimos momentos, en si seré consciente de que me muero, en mi actitud, serena o crispada, si bromearé hasta el último aliento. No deja de ser un juego porque en el fondo nada sé del instante final, el de morirse, un acto íntimo e intransferible. Ver cadáveres en las guerras no proporciona experiencia para la propia defunción.

Mi padre me llevó de niño a conocer a su confesor, a quien reverenciaba como «padre» De la Cruz, como si se tratara de un título. Nunca supe su nombre de pila. Tenía despacho y cama en las instalaciones adjuntas a la iglesia de San Francisco de Borja, en la calle Serrano, frente a la embajada de Estados Unidos y donde el almirante Luis Carrero Blanco escuchó su última misa. Accedimos al interior por la puerta de la calle Maldonado. Le recuerdo viejo, canoso, vestido de negro y encorvado. Al salir de la visita, mi padre hizo una declaración pronunciada con una autosuficiencia que entonces, a mis siete u ocho años, me pareció normal y hoy me resulta hiriente: «El padre De la Cruz atendió a tu abuelo en el lecho de la muerte. Cuando salió dijo que su confesión había sido ejemplar, de las más completas que había escuchado. Muchos se arrepienten al darse cuenta de que se mueren y les llega el Juicio Final». Aquella afirmación, lanzada en tono de victoria, quedó congelada. La guardé en el almacén donde archivo sentimientos, dolores, frases, ciudades y duelos en espera de su comprensión. Nunca fui rápido para estas cosas, necesito tiempo para digerir, procesar y actuar.

Emergió aquella declaración, palabra por palabra, el día en que leí *Sin alma*, una novela de Andrés Ortega, nieto del filósofo Ortega y Gasset y ex compañero de *El País*. Su personaje principal, un discípulo de Santiago Ramón y Cajal, pide a sus hijos en el lecho de muerte que le protejan de dos confesores llamados por la madre y que buitreaban sobre su presa en la habitación contigua. Los hijos le prometen dar batalla en defensa de sus ideas. Cuando el padre perdió el conocimiento, ya agonizante, entraron los cuervos con la venia de la esposa para suministrarle los sacramentos. Para no enfrentarse a la madre, los hijos les dejaron hacer. Los años 40 no eran tiempos en España para el desafío. Al salir de la estancia en la que se habían quedado a solas con el moribundo inconsciente, dijeron algo parecido a lo afirmado por el padre De la Cruz.

En la novela de Ortega, los religiosos inventan la conversión para desacreditar una vida dedicada a la ciencia, al laicismo, al combate de la superstición, para dañar la ejemplaridad de su memoria. «¡Eso es lo que hicieron con mi abuelo!», exclamé con el libro caído sobre mis piernas. «¡Qué cabrones!» ¿Cómo podía conocer detalles de la muerte de mi abuelo si él estaba en Venezuela en el momento del óbito? ¿Quién se los había transmitido, su madre, mi tío José Luis que aún vivía en Atocha, el padre De la Cruz? En aquella época había sacerdotes especializados en visitar los domicilios de los rojos moribundos para robarles la esencia de lo que eran antes de morir. Hicieron lo mismo con mi bisabuelo. En su esquela se dice, «Ramón Lobo Regidor, médico, decano (jubilado) de la Beneficencia Provincial de Madrid, ha fallecido a los 87 años de edad habiendo recibido los auxilios espirituales y la bendición de su Santidad». Mi bisabuelo murió de un infarto cerebral, quedó en coma y falleció en unas horas. No estaba en condiciones de decidir sobre los «auxilios espirituales».

La visión de mi abuelo mancillado en su lecho de muerte por el padre De la Cruz me afectó profundamente. Quise arrancar a mi madre la promesa de que no enviaría ningún sacerdote a mi lecho de muerte. Ella aún no había empezado a perder la memoria. Al escuchar mi petición, se escandalizó, respondió que no me lo podía prometer, que su obligación era salvar mi alma. Se agolparon las imágenes de mi abuelo, del personaje literario de Andrés Ortega y la mía propia postrado en una cama, moribundo e indefenso ante un cuervo con sotana negra, misal bajo el brazo y un crucifijo en la mano. Miré a mi madre y le dije que llegado el caso, y si conservara un hilo de consciencia, sería peor porque escucharía tales blasfemias de mi boca que no solo iría al infierno sino que me meterían en una celda de castigo para toda la eternidad, tal vez junto a mi abuela Pilar y su hija Josefina. Le dije que debía respetar mi voluntad como yo respetaría la suya de no sé cuántas misas y un entierro católico en el nicho de al lado de mi padre. Mi madre se echó las manos a la cabeza y dejó caer algunas lágrimas; después cambió de tema a la inglesa: empezó a hablar de otra cosa, como si la causante del conflicto no hubiera existido.

Días después, me telefoneó para pedirme disculpas;

me dijo que su deber era respetar mis ideas y deseos. Sin duda había hablado con mi hermana Mónica, más abierta que ella. Encargué a María la vigilancia pretoriana de mis últimas horas y le arranqué el compromiso de velar porque mi forma de vida, mis ideas, mis valores, sean respetados en mi muerte: nada de curas, rezos y símbolos religiosos. Una vez polvo, mi madre o quien quede podrá hacer lo que desee con mi memoria. Ya no será mi problema.

Nunca me tentó el suicidio, aunque es una opción, como lo es la eutanasia, la buena muerte. A los 14 años conocí a Javier Andréu, un sacerdote del colegio El Prado de Mirasierra. Me gustó desde el primer día. Era el curso 1969-1970 y Andréu dictaba clases de Literatura Española. Era directo, sincero. Cuando se enfrentaba a un alumno díscolo, le retaba: «Si quieres me quito el clériman, salimos al patio y nos damos de hostias». Dicho así, por un sacerdote del Opus Dei, impresiona. Tuvimos un examen en el que nos preguntó por los dos Fray Luis, el de Salamanca y el de Granada. Respondí sobre el primero, que me sabía bien. Cuando llegué al andaluz, escribí: «No sé nada de Fray Luis de Granada. Pensé que no iba a caer y para decir tonterías prefiero no escribir nada», y firmé.

Pasados unos días, Andréu llegó a clase con una pila de exámenes corregidos. Dijo que más de la mitad había suspendido, que éramos una mierda, palabra que repetía con frecuencia. Tras la diatriba, añadió: «Hay un sobresaliente, para el único que ha dicho la verdad», y leyó mi respuesta sin decir que era mía. Me puse colorado. Era la primera vez que me premiaban por ser sincero. Días después le abordé en un pasillo para pedirle una cita. Me preguntó el motivo. Respondí: «Tengo problemas en casa». Me recordó que disponía de un tutor asignado para estas cosas. «No voy a hablar con el tutor», dije. Me recordó que también tenía un director espiritual. «No me gusta mi director espiritual», repliqué. Me pasó a buscar en la hora de estudio de la tarde. En su despacho le narré con detalles la educación que recibía desde que se me acabó el cuento del asma y la muerte soldada a los pulmones: los golpes, los castigos, la humillación, la asfixia emocional. Me escuchó, apenas efectuó preguntas. Al terminar, dijo: «No te preocupes, yo me encargo». Se invitó a cenar. La excitación de mis padres fue desmedida: un cura del Opus en Arturo Soria. Para ellos se trataba de un privilegio. Años después, mi madre me reveló que don Javier Andréu, así le llamábamos, le dijo a mi padre que aflojara en sus métodos, que si seguía así acabaría suicidándome. No sé de dónde sacó la existencia de ese peligro. En este asunto soy buñueliano: prefiero el asesinato, resulta menos doloroso. Según Mónica, nuestro padre estuvo tres días enfermo; jamás se recuperó del mazazo. Creo que exagera, porque murió catorce años después.

La vida se le empezó a atrancar mucho antes, en el verano de 1942, tras su regreso de la División Azul. Cuando afirmo esto, mis hermanas se sienten incómodas. Por tranquilizarlas incluyo Venezuela y el nacimiento de sus hijos como hitos vitales. Ignoro si tener descendencia colma una vida o la vacía. Mónica sostiene que él sentía que mi educación había sido un fiasco. No necesito indagar, sé que fui una decepción para él, una desgracia, un desconocido; es posible que alternara el cariño que no sabía expresar con un odio palmario. Es probable que al darse cuenta de su fracaso como educador desencadenara o agravara la depresión en la que se fue hundiendo lentamente. La razón médica de su muerte fue infarto, pero debajo de ella latía otra: la pérdida de las ganas de vivir. De la reunión con Andréu no surgieron cambios educativos radicales, siguieron las bofetadas, en menor número, y los castigos. Ese ligero aflojamiento en las cadenas espoleó mi sedición, que a esa edad se confundía con la irrupción de la adolescencia.

A los 16 años arranqué a leer de una forma ordenada gracias a Bernardo Arrizabalaga, padrastro de Nuria, amiga de la pandilla del Pinar. Fue de las primeras en desarrollarse físicamente junto a Mari Cruz, hecho que les garantizó la atención de los chicos. Un día fui a su casa para recogerla. La madre me hizo pasar al salón mientras ella terminaba de arreglarse. En él estaba Bernardo con su barba de marinero, ensimismado en lo que llamó «el mapa de la novela». Escribía sobre su tierra, el País Vasco. Era el germen de *En el Principio era el Roble*. Me fue explicando el contenido de ese mapa y parte del argumento: «Lo tengo organizado por personajes y fechas. Es importante para no casar a alguien que he matado antes». Eran varias cartulinas dobles con cuadrículas pegadas entre sí. «Hay que tener cuidado con las flores para no equivocarse de estación», añadió. Aún no eran tiempos de invernaderos al por mayor. Atendí a sus explicaciones, a su entusiasmo creador. Debí formular pocas preguntas para no decir tonterías, pero suficientes para despertar su interés. Le confesé que escribía poesía y textos en prosa. Quiso saber qué estaba leyendo, y ante una respuesta sin duda insatisfactoria, me recomendó *Muerte en Venecia* de Thomas Mann. «Cuando lo leas, vienes y comentamos, y te traes alguno de tus escritos; me gustaría leerlos.»

Aparte de los *Cinco secretos* y obras similares, no había leído casi nada más allá de los textos escolares obligatorios, todos insufribles. Situé los libros en el lado oscuro, en el de mi padre; él leía textos franquistas, sobre la Guerra Civil y la Segunda Guerra Mundial. No podía sospechar la existencia de otros textos maravillosos con tantas ventanas para escapar. Cada libro resultaba una propuesta de navegación repleta de afluentes, selvas, puertos en los que descender y escuchar a gentes de otras ciudades y pueblos. Cada uno era una enseñanza, la oportunidad de soldar agujeros en mi formación. Cada libro tiene una huella dactilar que lo convierte en único, y más cuando se cruza con lectores que arrostran su propia huella para crecer juntos. Me apasiona sentir la doma, cómo ese texto escrito por otro se transforma en el proceso de hacerlo mío. Si miro la estantería veo mi vida, todas las domas. Si escojo un ejemplar al azar, lo abro y lo huelo, me huelo a mí mismo en algún momento del camino.

Thomas Mann resultó un impacto, y aún más la explicación que me dio Bernardo sobre la novela, el escritor y su época. Cada vez que salía de su casa me llevaba una obligación de lectura. Le dejé mis escritos, que eran terribles, pero él tuvo el tacto de animarme. Me dijo que para él escribir era una necesidad como respirar o comer. En el seminario, porque Bernardo iba para jesuita en su juventud, empezó una novela en la que tenía puestas sus esperanzas. Cada noche llegaba uno de sus profesores, tomaba el último folio mecanografiado y, tras leerlo durante unos segundos, exclamaba «¡Bah!» y lo depositaba de nuevo sobre los demás. A Bernardo le causaba inseguridad y enfado. Cada noche, el profesor repetía su rutina y dictaba la misma sentencia. Harto de su desprecio, el futuro padrastro de Nuria copió una de las páginas más bellas de *La montaña mágica* de Mann y la depositó sobre los folios de su novela. De noche, el profesor tomó el folio de Mann sin saber que lo era, y tras leer unos segundos, exclamó «¡Bah!».

Bernardo Arrizabalaga se erigió durante años en el guía que debió ser mi padre. Nunca más fui a su casa para buscar a Nuria, perdí interés por ella y lo gané por la literatura. Él se convirtió en una pieza esencial en mi crecimiento como persona. Fue uno de los rescatadores, como lo fueron el cura Andréu y alguno de mis mejores jefes y novias, personas con las que me he cruzado y a las que debo lo que soy.

Muerte en Venecia fue la palanca. Comencé a leer compulsivamente y sin otro método que los consejos de Arrizabalaga, brincando de un escritor a otro. Vivía hechizado cada hallazgo, sentía la ansiedad de recuperar los años perdidos. Si no me transformé en un devorador de libros, a los que Chesterton despreciaba, se debió a mi necesidad de leer despacio, de masticar las palabras y las imágenes para hacerlas mías, incorporarlas al yo que trataba de construir. Con Bernardo descubrí la existencia de Franz Kafka. Compré poco a poco casi toda su obra, hasta los textos pequeños: *Él* y *Un artista del hambre*, *Cartas a Milena* y a Felice y los Diarios, y por supuesto *La metamorfosis*, *El castillo*, *El proceso* y la *Carta al padre*. Kafka fue un guía paralelo. Ese picotear se extendió a la música que nos traía Alfonso Donday, el introductor del rock y el country en la pandilla del barrio; tenía los mejores discos, la última versión del último grupo. Era nuestro gurú.

Soy una persona incompleta, a medio construir como el país en el que vivo, con grandes déficits culturales y emocionales que he podido disimular gracias a una de mis virtudes: la oratoria. Soy una esponja que todo lo absorbe y procesa para devolverlo en un envoltorio que parece original. He suplido la falta masiva de lecturas con un aprovechamiento de lo leído, oído y vivido. No sé quién dijo que había escritores que necesitaban lanzarse en paracaídas para escribir sobre ello y otros que podían lograrlo con enorme precisión sin moverse de su casa. Soy de los primeros, más un tipo de acción que un intelectual. De todas las guerras, me hubiera gustado participar como periodista en el Desembarco de Normandía y cubrir las noticias de la defensa de Madrid. Me habría gustado robarle una botella de vino a Sefron Delmer, conocer a mi bisabuelo y a mi abuelo. ¡Qué grandes crónicas habrían salido de sus miradas y de sus vidas!

La prima Teresa, que estuvo escondida en Atocha 66

durante la guerra, vivía en un convento de clausura en la calle Toledo, frente a una tienda de caramelos. Fui a verla tres veces. Dos con mi padre y una al morir la monja. Nos hablábamos a través de una reja mientras nos pasaba zumo de limón y galletas, ayudada de un torno. Era una mujer que transmitía bondad. El día de mi boda, el 3 de diciembre de 1983, telefoneó para informarme de que las monjas de su convento estarían en la capilla en el momento del enlace, que fijamos lorquianamente a las cinco de la tarde, rezando por nuestra felicidad. Me gustó el detalle aunque no funcionó como esperaba.

Cuando murió la prima Teresa, acudí a su funeral y entierro en el mismo convento en el que vivió. Ese día no había clausura para la familia de la fallecida. Una monja mayor se me acercó sonriente y me preguntó si era el nieto de Ramón Lobo Coya. «Sí», dije henchido de orgullo; era la primera vez que lo decía: «Soy nieto de Ramón Lobo Coya y bisnieto de Ramón Lobo Regidor». Me informó de que ella era una de las monjas que había pasado la guerra en la casa de mi abuelo. Mi tía Josefina se interpuso, «yo soy la hija de Ramón Lobo Coya», pero la monja la ignoró amablemente y siguió hablándome con mi mano entre las suyas. Ahora que describo esta escena comprendo que está cargada de información: la monja idolatraba al abuelo, igual que la prima Teresa, pese a que no pensara como ellas. Su educado desprecio a la voz cazallera de La Pepa, que reclamaba el honor de ser hija de un padre que no mereció, contra quien se había sublevado junto a su madre, sus tres hermanos y el general Franco, es un documento que me transmite la soledad de mi abuelo, un hombre que tal vez encontró en aquellas monjas más cariño que en su familia.

Nos acostumbramos tanto a la presencia de los abuelos y de los viejos de la familia que creemos que son eternos; se nos olvida la muerte como una certeza cercana. No les preguntamos sobre asuntos relevantes, informaciones sobre un pasado que ignoramos y que ellos vivieron, perdemos el contacto incluso con los muertos al no saber dónde están sus nichos y tumbas. Cada muerto es parte de una memoria histórica familiar que se extingue. No tuve conversaciones con mi padre sobre su pasado porque no me interesaban sus gestas militares ni sus historias oficiales edulcoradas. Nunca me interesó lo que hizo en la Guerra Civil, cómo vivió, si pasó miedo, si salía a la calle. Nunca me interesó su experiencia en el cerco de Leningrado, si conocía el precio que pagaban los civiles en la antigua capital de los zares o si tenía conocimiento del asesinato en masa de los judíos. Pablo Segarra, un estudioso de la División Azul, me contactó hace años para pedirme información sobre Ramón y sus hermanos. Le respondí displicente: «No sé nada y además no me interesa el tema». Durante la fase de investigación de este libro tuve que recurrir a Segarra, a sus consejos y ayuda. Ha sido una fuente fundamental. «Buenos días, soy Ramón Lobo, hijo de Maud, el mismo que no te ayudó cuando le pediste información. En mi descargo diré que no la tenía y tampoco demasiado interés sobre ese asunto. Todo ha cambiado hace un par de meses. He decidido escribir un libro sobre la difícil relación que mantuve con mi padre.» Gracias a Segarra y a algunos de sus amigos de Valladolid pude reconstruir parte de la historia que cuento aquí. Ahora que tengo cientos de preguntas, ya no quedan vivos dispuestos a hablar. No puedo conversar con un muerto de 1983, pero sí husmear en sus huellas, en los documentos a los que he tenido acceso y en la memoria de los que le conocieron, y ordenar mis recuerdos.

Me gusta sentarme delante del museo Reina Sofía. En ese imponente edificio construido por los arquitectos Hermosilla y Sabatini estuvo el Hospital General, el principal de la Beneficencia Provincial de la que mi bisabuelo fue decano. Allí aguardo paciente su salida para acompañarle calle arriba hasta el portal de su casa en el 96 de Atocha. Donde está hoy el Conservatorio de Música se hallaba el Hospital Clínico y el Instituto Anatómico Forense, y detrás, la Facultad de Medicina. Allí dio clases mi abuelo. Un día de manifestaciones y algaradas, que debieron de ser las de mayo de 1930 contra el Gobierno del general Dámaso Berenguer, varios alumnos llegaron tarde. Entraron a la carrera, sudorosos. Apenas tuvieron tiempo de recuperar el resuello, cuando la policía se coló en el aula. Mi abuelo se interpuso. «¡Estamos en clase, señores!», dijo a quien parecía estar al mando. Este le informó de que varios revoltosos habían entrado en su clase y que era su intención llevárselos detenidos. «En esta clase no ha entrado nadie desde que comenzó hace 15 minutos. Se han equivocado de asignatura, señores.» El policía al mando observó a mi abuelo como si estuviera en un duelo al sol, en medio de un aula muda.

«Si usted lo dice, doctor, así será», y se marchó. Pasado el peligro, la clase estalló en aplausos. Cuando concluyeron, el abuelo les dijo: «No me interesan sus actividades políticas, pero no olviden que aquí vienen a aprender. Como médicos harán un mejor servicio a su país que tirando piedras a la policía».

Por la puerta del Reina Sofía salen hoy turistas, amantes del arte y colegios en excursión cultural obligatoria. Ya no queda rastro de los médicos, enfermeros y familiares de los pacientes. Tengo que hacer un esfuerzo para reconocer a mi bisabuelo entre tanto desconocido. Solo le he visto en fotos: murió siete años antes de mi nacimiento. Cuando le distingo entre la masa me incorporo y camino a su lado. A veces se nos une mi abuelo que viene de la Facultad. Nunca hablamos de nada en concreto porque se trata de un juego. Al llegar a Atocha se separan. Mi abuelo necesita dar un rodeo, retrasar la llegada a su casa. Su ruta favorita es la que sube el Paseo del Prado por la acera opuesta al Jardín Botánico, hasta alcanzar la esquina del hotel Palace. Le agrada ver entrar y salir de ese hotel de postín a personas henchidas de sí mismas, que se sienten parte de la élite, inmortales, desconocedores de que llevamos una fecha de caducidad escrita en algún órgano vital del cuerpo o en la mala suerte, contra la que nada pueden hacer el dinero y los rezos. Mi abuelo sube por la calle Prado hasta la plaza de Santa Ana donde entra en el bar Álvarez, célebre por sus gambas, percebes y demás mariscos, uno de los templos de Hemingway en Madrid. Este bar, ya desaparecido, estaba a pocos metros de la Cervecería Alemana. Después de la guerra, le gustaba ir con su nieto Ramón Aymerich, que le pudo disfrutar en su primera infancia. Él recuerda la parada en el bar Álvarez como parte de un ritual. Otro lugar favorito de los Lobos republicanos era La Bombonera, en el 2 de la calle Sevilla. Allí me llevó una mañana mi padre para presentarme a los dueños. Los recuerdo mayores y ceremoniosos: era el cuarto Ramón Lobo que conocían. Me presentó con orgullo. Yo era entonces un proyecto recién llegado de Venezuela, aún no me había estropeado ni salido del guion previsto.

Un sello de la rama masculina de los Lobo, más allá de las diferencias ideológicas, es la colonia Álvarez Gómez creada en 1912. La usé hasta que una amiga me dijo que olía a viejo y me la cambió por Agua de Armani. Durante la investigación de este libro compré un bote de un litro de Álvarez Gómez, por buscar las conexiones, para recordar. Fue instantáneo, milagroso. Me eché unas gotas sobre las manos, el cuerpo, la barba y la cabeza, y resucitaron los olores de la infancia y de la juventud, olores agradables, sin imágenes negativas adheridas. Aparté las demás colonias regaladas, intentos por desviarme del aroma familiar, y regresé a los Lobo, el lugar al que pertenezco. Empecé por la colonia, veremos cómo acaba el resto del puzle.

5

La película de la vida

Mi abuela Pilar propuso a su hijo, recién llegado de Venezuela, cerrar Atocha 66 y trasladarse a vivir con nosotros a María de Molina. De aquella mudanza hubo un reparto de muebles y objetos del que se encargó La Pepa. El negocio no fue bueno: nos quedamos con la abuela mala, y ella se llevó las cosas de valor. Años antes, cuando mi bisabuelo deshizo su casa para irse a vivir con ella, se apropió de los muebles, las vajillas y los recuerdos. Su casa de Fernández de la Hoz parecía una franquicia del Museo Británico. Entre lo saqueado estaba el buró de mi bisabuelo. La tía Josefina utilizaba lo confiscado para los fines más variados: a unos les daba un uso personal; otros, los vendía o regalaba para ahorrarse el obsequio correspondiente. El buró acabó en casa de mi primo Luis Aymerich con ocasión de su boda con Carmen-Curra, que así la he llamado toda la vida.

Aquel casamiento en 1973, con el dictador aún vivo, fue un escándalo familiar porque la novia tenía 18 años, y Luis pasaba de los 30. Si había perversión debía de ser bueno, así que me convertí en su inseparable durante los primeros años de matrimonio cuando más intimidad exigía el deseo y más escaseaba el dinero. Nunca hubo reproches. En su casa aprendí a disfrutar de la música de Alan Parsons, Michael Oldfield y demás representantes del rock progresivo y sinfónico, y a conversar sobre materias sobre las que no tenía ni idea. Aprendí, sobre todo, a escuchar. Eran los años del despertar post-Woodstock, los porros, los hippies, el rollo de la meditación transcendental y las religiones orientales, como si cambiar el Cielo por el Nirvana fuese una salida de la cárcel en la que vivíamos. La España de Franco nos mantenía en Babia; comprábamos la primera majadería en circulación, fuese *El tercer ojo* de Lobsang Rampa o las virtudes intangibles del estalinismo. Mi primo Luis se convirtió en una prolongación inesperada de Bernardo Arrizabalaga. Fue el encargado de tomar el testigo de mi formación, o mejor dicho, de mi agitación intelectual. Pese a todas mis rebeldías, visibles desde los 14 años, seguía siendo un joven a medio cocinar. Me hallaba extraviado en un laberinto, sin otro rumbo que la necesidad de romper con la educación recibida. De mi primo aprendí el valor de la pausa, saber detenerse antes de decidir, y la importancia del compás, como le escuché decir años después al poeta Félix Grande en una charla memorable en la que pasé de co-conferenciante sobre-no-recuerdo-qué a admirador silente. Decía que el compás es lo que da sentido a la vida. Es lo que nos individualiza y permite avanzar con los ojos abiertos, navegar por las vidas elegidas. El compás y la paciencia lo son todo.

Luis murió a los 46 años tras un cáncer de pulmón fulminante. Carmen-Curra pasó un tiempo desalentada, sin norte. Luis lo era todo: un guía, un compañero, un amante. A veces bajábamos a tomar el aperitivo a la calle Hermosilla, cerca de su casa. Luis pedía «media de ostras» si era temporada, o de lo que fuera si no lo era. Lo gritaba de una manera que más parecía una declaración de principios que una comanda. Curra le desaprobaba el capricho recordándole que se encontraban sin un duro. Él replicaba sonriente desde un argumento inapelable: «¿Y si me muero sin tomarlas?» Cuando me llegó la noticia de su fallecimiento pensé en las ostras, en que se comió todas las que quiso. Esta memoria está vinculada a la frase del padre de Jesús Álvarez: «A veces nos empeñamos en luchar por cosas que no vamos a disfrutar». Ambas caminan de la mano, son impulsos vitales que me agitan en la importancia de lo inmediato, del presente, lo único tangible entre un pasado literalizado y un futuro inexistente. Cada vez que succiono una ostra junto a su jugo se me aparece Luis: «¡Por fin has aprendido, primo!»

Me deslumbra Constantino Cavafis. Entre sus poemas me emociona Ítaca porque recuerda que la riqueza está en el camino, no en el destino. Galopamos por la vida persiguiendo espejismos, convencidos de que el juego consiste en llegar a un lugar colmado de nuestros anhelos y fantasías. La patria de Ulises podría haber sido una de las ciudades invisibles de Italo Calvino, una

Zobeida jónica, construida por miles de sueños soñados de manera simultánea en los cinco continentes: hombres, y mujeres, en pos de un ideal de belleza. Cuando María cumplió los 40 fuimos a la isla de Ítaca. Subimos a un viejo barco en Kefalonia junto a su hija Paula, una niña-mujer que se empapa y procesa. Mientras leíamos el poema de Cavafis, María tarareaba la canción de Lluís Llach, *Viatge a Ítaca*, un himno que el soberanismo catalán enarbola como propio cambiándole el sentido al poema; para ellos, la riqueza está en el destino, no en el camino. Los nacionalismos son como las religiones, viven de las emociones, no de la razón. Me gusta esta frase universalista que ya solté en un tuit: «Cuando el astronauta subió al cielo no vio a Dios, y cuando miró a la Tierra no vio fronteras ni naciones».

Me agradan las pequeñas cosas, las que están al alcance, las manejables. Me encanta construir paraísos desde la nada. Donde otros ven locura, yo veo una lúdica capacidad de sentir. Las pequeñas cosas son la verdadera riqueza del camino: una sonrisa, un silencio, un abrazo, unas ostras, una puesta de sol, una travesía entre mitos, una mirada cómplice.

En el instante supremo de la muerte se nos mostrará la vida desplegada como la novela de Bernardo Arrizabalaga. Desde que leí por primera vez *Cien años de soledad*, a los 18 años, supe que ante la muerte, ante la intuición del punto final narrativo, fluye por nuestra mente la película esencial, la memoria que determinará si mereció la pena. Cuando leí que Aureliano Buendía recordó ante el pelotón de fusilamiento el día que su padre lo llevó a conocer el hielo, tuve la certeza de que uno de mis recuerdos esenciales sería el instante en el que conocí la nieve. Fue el 1 de febrero de 1963, a los ocho años. La terraza de mi habitación de la casa de María de Molina amaneció cubierta por un espeso manto blanco. Grité y me lancé sobre él para tocarlo. Me quemé: fue un frío ardiente y repentino que se me metió en los ojos, y ahí sigue de alguna manera, despertándose del letargo cada vez que nieva. Es algo que me conecta con la infancia, con el hecho extraordinario de ver nevar por primera vez. «Cuando nieva tengo cinco años», reza una pintada en el barrio de Lavapiés. Lo extraordinario en la niñez siempre es hermoso. Estoy convencido de que la nieve será parte de mi película vital, como lo fue el trineo Rosebud para Charles Foster Kane, el personaje de Orson Welles en *Ciudadano Kane*. No sé cuánto dura el tránsito de la vida a la muerte, ni si es cierto que perdemos 21 gramos en el último aliento, pero estoy convencido de que una parte del paso de vivo a difunto lo ocupa la película que cada uno ha ido acumulando en la vida.

En ella estarán este tipo de imágenes, las que nos conectan con la infancia, con el origen, con lo que somos o quisimos ser. No quedará rastro de los pisos, de los coches de lujo, de los ascensos laborales, de las puñaladas para conseguirlos; no quedará traza de aquello que veneramos como esencial y en lo que gastamos años, energía y amistades. Si tuviéramos la posibilidad de ver un tráiler de esa película en la mitad de nuestras vidas viviríamos la otra media concentrados en ser felices y hacer felices a los demás el mayor tiempo posible, y de no olvidarlo.

Desde que supe que voy a recordar la nieve antes de morir, como el coronel Aureliano Buendía recordó el hielo ante el pelotón de fusilamiento, he ido por la vida eligiendo los momentos transcendentales como si estos se pudieran escoger de una manera racional. Me decía «esto estará en mi película», y días, semanas o meses después, «esto otro, también». Si reunía demasiado metraje me ponía a editar, «esto habrá que quitarlo, esto habrá que dejarlo». Es un juego, como el de esperar a mi bisabuelo y a mi abuelo en la puerta del museo Reina Sofía.

La mañana en la que Gervasio Sánchez y yo llegamos por primera vez a Saint Michael no estaba su director, el misionero español Chema Caballero. Era mayo del año 2000. Nos informaron de que regresaría a mediodía. Este centro de recuperación de menores soldados en Sierra Leona, situado en Lakka, al sur de Freetown, fue pionero en este campo y clave en el intento de construcción de la paz. Mientras hacíamos tiempo, jugamos al fútbol en la playa con varios ex guerrilleros, una manera de ganarnos su confianza. Ese primer día lo dedicamos a estar con ellos, a bañarnos en el mar y a conversar por la tarde con Caballero. El trabajo periodístico visible, con libreta de notas y cámara de fotos, empezaría un día después. Escribo visible porque el trabajo real arranca en el primer segundo, cuando la cabeza del reportero empieza a grabar voces, colores, olores, sabores, sonidos, rostros, descripciones, silencios. Es esencial construir un ambiente de confianza con las personas sobre las que vas a escribir, ser capaz de transmitirles que no tienes prisa, que no eres un carroñero que revolotea alrededor de los despojos de su vida en busca de titulares y sangre. Es fundamental transmitir respeto. Solo así surgen las grandes historias.

Cinco años después regresé a Sierra Leona, cuando llamaban paz a la mera ausencia de guerra. A Chema Caballero lo habían trasladado a Madina, una de las zonas más deprimidas del norte. El primer día quise moverme por la emoción: regresar a Saint Michael e ir más al sur, hasta el río Número 2, y navegarlo con algún pescador. Me habían hablado tanto de su belleza, de sus paisajes, que se convirtió en un mito. Nunca pude ir durante la guerra porque era un territorio peligroso. En la cobertura de los conflictos, el periodista sufre por lo que ve y por lo que escribe, por la tensión ambiental y el temor a no saber contar lo que sucede. Por eso tendemos a crear mitologías compensatorias. A veces es el sueño de una cerveza helada o comer ensalada sin miedo a enfermar; otras, son territorios inaccesibles como el río Número 2. Me movía por Sierra Leona en un coche destartalado con Abu, Filare y Gbessay, ex guerrilleros que ejercían de taxistas, guías, traductores y protectores suministrados por Caballero. Cuando llegamos a la desembocadura del río, les pedí que no me dijeran nada, que no me siguieran. Me puse los auriculares y escogí una canción en el aparato reproductor. Ignoro por qué elegí *Minha Galera* de Manu Chao, pero sí sé que esa canción está vinculada a aquella playa blanca, a mis manos clavadas en la arena hasta las muñecas, sintiéndome cerca de los muertos, del bebé Boy de nueve días a quien no supimos salvar la vida en el hospital de Connaught, y a Miguel Gil, el amigo eterno. De regreso a Freetown nos detuvimos en Saint Michael y caminamos hasta la playa de Lakka. Nos sentamos frente al mar, cada uno con sus fantasmas. Abu dibujaba, ayudado de una rama de un árbol, círculos que parecían meandros, y yo meditaba acerca de la película de mi vida, «tengo que añadir el río Número 2»; y «a Juliette», una prostituta que convertí en personaje de mi novela *Isla África*. Ella representó el contrapeso de belleza a la parte más triste, fea y dura de aquella Sierra Leona, a la guerra de las amputaciones. Nunca pasó nada entre nosotros, ni en enero de 1999 ni en mayo de 2000. Era una musa en medio de la barbarie. Tengo tanto metraje acumulado que necesitaré morirme despacio para que me dé tiempo a verlo.

Cuando Carmen-Curra decidió desmontar su casa de Madrid e irse a Cádiz me ofreció el buró del bisabuelo con un argumento emocionante: «Este mueble debe estar en manos de un Ramón Lobo, pero te lo tengo que vender». Lo tenía fácil, era el único vivo. El buró les había acompañado a Sevilla, donde vivieron un tiempo. A Carmen-Curra le gustaba sentarse delante de él en el resol de la mañana y pensar en su dueño, a quien no conoció, rodeada de haces de luz y motas de polvo en suspensión. Mi primo Luis bromeaba: «¿Hablaste ya con el bisabuelo?» Ahora soy yo quien se sienta ante el buró y deposita las manos bocabajo sobre su piel de color rojo desgastada para sentir algún tipo de conexión. Me gusta percibir lo incorpóreo, sea en playas lejanas o en muebles familiares, aunque sean un espejismo de mi imaginación.

El buró es la palanca que activa mi mundo personal invisible, el eje sobre el que gravita el orden exacto de los objetos que habitan mi casa. Alrededor de él se mueven los libros, las máscaras africanas, las pinturas haitianas, las piedras recogidas en playas, caminos y cementerios, los recuerdos familiares y los viajes. Conviven en una armonía aprendida, consensuada: proyectan un orden que proporciona sosiego. Son el enchufe que me permite escribir, pensar, sentir, o no hacer nada tumbado en el sofá. No hacer nada sobre el sofá es una actividad creativa que se descubre con los años y la humildad. En ese sofá me limpio por dentro después de cada desasosiego, de cada viaje al otro mundo; en él separo lo esencial de lo efímero. En ese aparente no hacer nada me alimento de vida ajena, hago mías sus experiencias.

Me gustó saber que le sucedía algo parecido al poeta irlandés Seamus Heaney. Cuando se mudó de la casa en la que llevaba escribiendo veinte años a otra más amplia y hermosa perdió la conexión interior. Ya no era posible entrar en un espacio conocido y sentirse preñado de palabras y emociones. Fallaba el viejo orden aprendido, la paz exterior e interior, lo que nos conecta a nosotros mismos, a lo que somos. Escribí una novela, aún fallida, en la que sostenía que las mudanzas provocan una guerra mundial entre los objetos de la casa. Tras un cambio de domicilio como el que padeció Heaney, siempre traumático y perturbador, los objetos necesitan un tiempo para alcanzar el equilibrio, pactar otro armisticio, sentar las bases de la futura convivencia; deben readaptarse los unos a los otros, medir las distancias, sentir las nuevas amistades y recuperar las viejas. Se trata de un *jet lag* colectivo. Frente a su definición médica de desajuste del sueño tras un viaje por varios husos horarios, prefiero la versión de Julio Cortázar, ¿o fue de García Márquez?, que hablaba de la lentitud del alma, incapaz de moverse a la velocidad de los aviones; es ese cuerpo sin alma el que vagabundea incómodo hasta que se reencuentra con el espíritu unos días después. En las mudanzas hay una pérdida masiva del alma de los objetos.

Carmen-Curra me vendió el buró a precio de tasación porque andaba mal de dinero y necesitaba empezar su vida por segunda vez. Fue un regalo que me eligiera como merecedor de tenerlo. Cuando pienso en la muerte también pienso en el buró, en quién lo heredará. ¿Debo regalárselo al nuevo Ramón Lobo, al hijo mayor de mi primo José Luis que vive en Córdoba? Mis hermanas sostienen que se trata de una herencia, y que debería permanecer en la familia. Respondo: «No es una herencia, es una compra». De todas las personas que me rodean solo María sería capaz de sentarse delante del buró, colocar las manos sobre la piel roja desgastada y conectar conmigo y con el abuelo y el bisabuelo. Ella sería la mejor custodia de los fantasmas que lo habitan: es una mujer que sabe mirar el negativo de las cosas y de las personas.

Me divierte la idea del testamento. Es una fantasía recurrente, como la de imaginarme el funeral y escuchar las conversaciones, observar las expresiones. En esos lu-

gares de tránsito, de la muerte a las cenizas, la mayoría
miente, exagera, te recuerdan mejor de lo que eras. Hay
excepciones, como las de mi abuela Pilar y mi tía Josefina, en las que resulta imposible modificar en un instante
amnésico decenas de años de maldad acumulada. En mi
caso no es solo el funeral, sino la lectura del testamento.
Lo he cambiado cuatro veces, y habrá otra más al finalizar este libro. Existe una versión que me encanta, que tal
vez termine por ser la definitiva: es la más provocado-
ra y disparatada. Al notario, un hombre de orden, no
le divierten mis juegos con la muerte y la vida. Un día
me regañó ante mi retahíla de condiciones: «Esto no
es Estados Unidos». Le faltó valentía para gritar: «Esto
no es Hollywood». Pedro, la persona que reemplazó a
Bahad en el cuidado de mis emociones, sostiene que el
testamento representa el último gran juego, una despedida lúdica y consecuente con lo que he sido toda mi vida.

Una vez instalados en María de Molina tras el regreso definitivo de Venezuela, mi padre preguntó a Maud:
«¿Te parece bien que mi madre venga a vivir con nosotros?» Ella no supo qué responder; dijo que se trataba
de un asunto delicado al que debían dedicar un tiempo
de reflexión. Nunca pudo pararle los pies. Los tres hermanos de Ramón le aconsejaron no meterla en casa. Los
nueve años de exilio económico en Venezuela habían
dulcificado el recuerdo: olvidó prohibiciones, gritos,
bofetadas y apariciones de la madre difunta. Más allá de
la lógica y de lo evidente para los demás, estaba la conexión entre ellos. Cuando María observó la fotografía
dedicada que Pilar envió a su hijo a Venezuela, vio en ella

un vínculo cuasi enfermizo: «Es la foto de una novia». No hubo debate entre mis padres ni análisis de riesgos. Del planteamiento hipotético, Ramón pasó a los hechos consumados. En algún momento de 1960, la abuela Pilar entró en María de Molina con algunos trastos, ajuares, medallas y estampitas, instalándose al lado de mi habitación. Su estancia parecía un altar; olía a incienso y a infierno a partes iguales. Allí recuperó las conexiones extraterrenales. Una vez la escuché gritar: «¡Madre, llévame contigo!» La madre, por desgracia, jamás la escuchó.

Para Maud fue un choque. Había sobrevivido a los bombardeos nazis sobre Londres, al temor a una invasión alemana, al racionamiento de alimentos y a la firmeza de su padre. Ella, que trabajó en la oficina clandestina del general De Gaulle en la capital británica, se enfrentaba a un enemigo superior en fanatismo, perseverancia y malignidad. Adolf Hitler y su camarilla nazi eran una cosa de niños comparado con Pilar Varela Castro, mi abuela. Ella se hizo de inmediato con el gobierno de la casa: despedía y contrataba chicas a su antojo, actividad a la que era aficionada, criticaba en público las órdenes de su nuera e impartía otras contrarias, la acusaba de no saber hacer feliz a su hijo. Estuvo seis años entre nosotros haciéndole la vida imposible a mi madre, a la hija de Gran Bretaña como decía La Pepa, una expresión que en pleno franquismo se podía entender como sinónimo de hija de puta. Mi madre reconoce que aquella etapa de su vida fue un tormento que estuvo a punto de hacer descarrilar su matrimonio.

Por las noches, la abuela Pilar se deslizaba en mi habitación; sentada en el borde de la cama me hacía cosquillas en el brazo con sus uñas largas mientras entonaba *Amapola, lindísima amapola.* A veces me susurraba informaciones inquietantes que no me permitían dormir: mi madre era una bruja peligrosa que escondía su escoba. También decía que no debía preocuparme porque ella, la abuela-hada, me protegería. Esas cosquillas con mensaje diabólico fueron el contacto más amable que recibí de ella durante mi infancia.

En aquella época llegó Susana, una empleada del hogar que me gustaba. Era anterior a la que escuchó mi relato de ficción en el cuarto de la plancha, cuando decidí que mis verdaderos padres habían muerto en un accidente de aviación en Maracaibo, y posterior a la que me llevaba al colegio de las monjas de la mano. Mi hermana Mónica aún no había nacido; debía de tener seis años. Susana llevaba un uniforme ajustado en la zona pectoral. No había escote pero sí un cuadrado debajo de un cuello que recuerdo largo. En cada respiración se le hinchaban los pechos como dos globos desbordando ligeramente el contorno de la tela. El movimiento de sus símbolos de fertilidad resultaba fascinante. Fue mi primer acto de voyerismo. Desde mi altura minúscula y en mi condición de infante solo podía albergar la esperanza de sentirlos cuando me achuchaba. Me encantaban esos apretones con sus rodillas en el suelo. Me transmitían el cariño que no recibía en casa ni en el colegio. Notaba sus bultos y la respiración. Era mágico. Cada vez que Susana ordenaba algo, «lávate las manos, come y no te dejes nada en el plato, duerme, calla», cumplía como un espartano en espera de que mi obediencia me permitiera mantener el favor de aquella mujer.

Los varones de mi generación castrada tenemos una fijación con el pecho femenino, nos retrotrae a la infancia. Debe de ser un sentimiento agradable oler el cuerpo de la madre, sentir su calor, saciar el hambre cuando uno es bebé. El olfato establece el primer vínculo. La teta es vida, la seguridad, no solo placer sexual. Las primeras masturbaciones a los 12 o 13 años llegaron alimentadas por los canalillos de las actrices que salían en las revistas que permitía el franquismo y de la carátula en color de un disco de vinilo de Sara Montiel que había en casa. Hoy resulta patético. Compensar la escasez de centímetros de visión erótica requería tal esfuerzo de imaginación que me producía dolor de cabeza. Después, llegaron los primeros ejemplares clandestinos de *Playboy* con sus playmates despampanantes y los problemas que causaba su ocultación en una casa-cuartel sin intimidad para el recluta. El *generalísimo* Lobo podía declarar en cualquier momento una revisión de mis posesiones.

Tuve un profesor en el colegio opusino de El Prado que sostenía que masturbarse equivalía a matar niños; el pecador desperdiciaba en «su vicio despreciable» millones de posibilidades de vida, lo que era «un insulto a Dios, nuestro Señor». Algunos alumnos comentaban en los recreos que pajearse dejaba tonto o impedía jugar bien al fútbol. Antonio Herrero, que después se convertiría en una estrella de la radio, jugaba muy bien al fútbol y afirmaba hacerse muchas pajas. Él era la prueba de que se trataba de otra patraña nacional-católica.

No sé cuántas semanas o meses estuvo aquella chica extraordinaria en la casa de María de Molina, pero imagino que no debió de ser demasiado tiempo. Una mañana desapareció. Mis padres me convocaron al cuarto de estar y leyeron una carta de Susana. En ella daba cuenta de las razones de su marcha: mi comportamiento, la desobediencia, el mal comer, la lucha por conseguir que me lavara las manos y los dientes, las notas. En esa carta estaban mis defectos infantiles sacados de contexto, casi elevados a delito juvenil. Me provocó un disgusto la pérdida definitiva de la visión de sus pechos, pero me dolió más el contenido de la carta. Era injusta. Se había ido sin despedirse, sin un achuchón final. Fue mi primer desamor, mi primer abandono.

Años después supe la verdadera historia: la abuela Pilar había sorprendido a mi primo Joaquín Aymerich con las manos en los pechos de Susana en medio del vestíbulo de la casa. No hubo investigación ni juicio, solo sentencia. Nadie se planteó si Susana fue víctima de un acoso machista, si era mi primo quien se propasó y ella se defendía. No creo que mi abuela fuese ducha en asuntos sexuales. A mi primo le prohibieron volver a la casa, pena que fue conmutada con el paso del tiempo, y a ella la devolvieron al pueblo por fresca, es decir, por puta. También supe entonces que la carta leída por mis padres era falsa. Susana nunca la escribió. Durante años imaginé a mis padres redactándola a escondidas. ¡Qué idiota! Ahora estoy convencido de que Ramón tomó un papel cualquiera, tal vez un extracto bancario, y se inventó sobre la marcha una cadena de desobediencias y faltas para aprovechar el tirón de Susana y darme una lección.

La abuela repitió con mi madre las exitosas campañas de acoso y derribo que había desarrollado y perfeccionado en Atocha. Esta vez no era su marido —republicano, izquierdista y anticlerical— el objetivo de sus malevolencias, sino una nuera extranjera, británica para mayor afrenta, que desconocía el arte de llevar un hogar. Mi madre comenzó a dar clases particulares de inglés en María de Molina, como había hecho en Caracas. No era una terapia ocupacional, es que hacía falta el dinero. Ramón no encontraba trabajo. Su experiencia como expropiador de tierras en el estado venezolano de Zulia no servía en España, donde la Shell tenía una oficina administrativa, y Franco y sus amigos ya habían expropiado todo lo expropiable. España era un solar, un cementerio. Los ahorros que sirvieron para comprar la casa y los muebles empezaban a decaer. Las clases le servían también de válvula de escape. Eran un mundo paralelo en el que su suegra no podía entrar.

Mi madre me hablaba en inglés a escondidas, con frases cortas, pues mi padre le tenía prohibido que lo hiciera, y menos delante de él, porque interpretaba que el uso de ese idioma era un desafío a su autoridad, como si madre e hijo pudieran establecer complicidades, crear palabras clave o contraseñas para intercambiarse críticas sobre el manejo del campo de reeducación. Fue una pena, hubiera ganado un idioma y la conexión con mi madre, algo que me faltó en la infancia y que he conseguido después, en su vejez. Aunque apenas sé gramática, puedo expresarme de manera más o menos fluida y entender sin excesivos problemas distintos acentos. Cuando trabajo o vivo en un país de habla inglesa sueño en inglés casi desde la primera noche. Es mi segundo idioma, aunque mis carencias se notan al escribir. David Remnick, director de la revista *The New Yorker* me preguntó al terminar una entrevista para *Jot Down*: «¿Puedes escribir en inglés?» Supe qué podía significar la respuesta, pero me venció la sinceridad. «No, puedo escribir los correos electrónicos que le he mandado, pero no un reportaje. Lo tendría que redactar en castellano y mandarlo a traducir, y después podría revisar y pulir esa traducción, pero nunca escribir directamente en inglés, sería demasiado pobre.» Siempre he sabido más inglés que mis amigos y por ello nunca sentí la necesidad de mejorar. Solo he echado de menos ser bilingüe una vez: tras perder el trabajo en *El País* en noviembre de 2012. Podría trabajar ahora para cualquier medio extranjero que me quisiese contratar.

Una radio Telefunken Gran Orquesta de válvulas presidía el salón de la casa de María de Molina. Era imponente, tan llena de voces y músicas. La televisión en blanco y negro, la primera que mis padres compraron seis años después de casarse, tenía un lugar secundario en el escalafón de los objetos principales. La razón era ideológica: la televisión, incluso la franquista, estaba repleta de mujeres indecentes, pecados mortales y peligros para la moral familiar y la infantil. En ese aparato Telefunken me escucharon arremolinados el día que entré en antena en un programa de Radio Intercontinental. Yo hablaba a través del teléfono, y mi abuela me decía lo que tenía que responder. La emisora estaba en Diego de León, cerca de casa. Una vez estuve en su salón de actos en un programa en directo. Allí trabajó el padre de Jesús Álvarez, a quien conocería años después en el Pinar de Chamartín. Mi entrada en directo fue por enchufe, una argucia de la abuela que mantenía buenas relaciones con algún prohombre de la cultura del régimen, como el crítico de *ABC* Alfredo Marquerie. Entre los objetos de mi casa echo en falta esa radio. Vi una parecida en una tienda en el centro de Madrid. Pedían mucho dinero. Lo dejé pasar; ahora me arrepiento. La radio, la sensación de ser el único oyente, su calidez me conecta con la infancia, es como ver nevar.

El salón de la casa de María de Molina era doble, con una zona para la mesa del comedor en la que jamás comíamos, una terraza rectangular que nunca usábamos por el ruido de la calle General Mola (hoy Príncipe de Vergara) y otra para hacer punto, recibir a los amigos de mis padres y a los Reyes Magos en la noche del 5 de enero. También era el espacio elegido para el rezo semanal obligatorio. En 1965 pasó por Barcelona el padre Patrick Peyton, un célebre predicador. Recuerdo una de sus frases que se convirtió en un potro de tortura: «La familia que reza unida, permanece unida». Mis padres la tomaron al pie de la letra, y celebrábamos interminables rosarios con letanía incluida en los que mi padre se dormía entre *ora pro nobis* y *ora pro nobis* convirtiendo ese momento espiritual, sublime para algunos, en un suplicio. Nunca me gustó el padre Peyton.

Borracha de poder, Pilar planteó a su hijo la necesidad de deshacerse de Maud, supongo que por la vía de una separación o una nulidad matrimonial. Mi madre, educada en una sociedad postvictoriana que valoraba el arte de saber callar, se tomó aquellos años como un sufrimiento enviado por dios para probar la fortaleza de su fe. La infelicidad era tal, que un día que la abuela colgaba unas cortinas subida a una escalera y con la ventana abierta, mi madre sintió la tentación de empujarla. La idea de que las manos se abrieran solas con los dedos estirados coqueteando con la solución radical a sus males, la escandalizó. Además de confesarse, le narró a su marido la insostenibilidad de la situación, sin entrar en detalles homicidas.

Ramón carecía del coraje necesario para echar a su madre; tampoco lo tenía para planteárselo en una conversación cara a cara. Buscó la intermediación de un sacerdote conocido porque hablaba en la radio, una autoridad espiritual que resolviera la situación. El cura llegó a casa vestido con sus hábitos de poder divino y humano, reunió en el salón a mi padre y a mi abuela, escuchó su versión, no sé si conocía ya la de mi madre, y dictó sentencia: «Usted, señora, se va de esta casa», exclamó señalando a la abuela. Ella, la novia de la foto enviada a Venezuela, la que se creía con derechos que no le correspondían, perdió la guerra. La cosa se enredó en reproches que aceleraron su salida hacia una residencia en la avenida de Burgos, por entonces en el extrarradio de Madrid. La ruptura duró tres años. La primera comunión de Mónica sirvió para escenificar el reencuentro.

Desaparecida la abuela de nuestra vida cotidiana, llegó el sosiego a María de Molina. En esa casa, como en las calles, en los barrios y en las fábricas, reinaba la paz de los cementerios, que era el resultado de la sumisión a la autoridad, militar por supuesto. En nuestra paz caída del cielo por obra de un sacerdote mediático, nada cambió en mi calvario particular. Si lo miro con los ojos de hoy, puedo decir que sufrí maltrato físico y psicológico, algo que me ha marcado. Con los ojos de la época diríamos que aquello fue una educación estricta, como tantas otras en la España franquista.

No sé cuál es el mecanismo emocional interno que protege de los golpes, los castigos y las injusticias infantiles, que permite superar esos traumas y sobrevivir sin resentimiento. No sé por qué unos hermanos vencen y otros naufragan, por qué unos dejan atrás las memorias lacerantes y otros se bañan en ellas. He crecido en la repulsión física a toda demostración de exceso de autoridad. Odio el ordeno y mando, el esto se hace así porque lo digo yo, porque soy tu padre, tu lo que sea. También odio la cobardía, los pelotas compulsivos, los jefes sumisos con sus propios jefes y déspotas con sus empleados, y los *neocons* con pasado izquierdista. Me llevo mejor con los hijos de puta que van de frente, al menos esos no te traicionan: con ellos sabes a qué atenerte.

A mi padre le gustaba la teatralidad, y más si era castrense. Debió intentar una carrera en los escenarios como su hermano José Luis, que hizo sus pinitos después de regresar de la División Azul de la mano de Augusto, su amigo de toda la vida. Un día, recién llegados de Venezuela, Ramón se disfrazó de medio militar para regañarme, para imbuirse de una autoridad inapelable. No era un uniforme completo ni oficial, solo una camisa de color caqui de los campos petroleros. Me decía, mostrándome la tela, «míreme usted cuando le hablo». Cuando empezaron a llover las malas notas abandonó el atuendo y el rodeo escénico para concentrarse en lo esencial: unas buenas bofetadas y un castigo.

Mis padres me pusieron a rezar novenas para que «el niño Jesús me mandara hermanos». Seguí las indicaciones sin tener la menor idea de las consecuencias prácticas que acarrearía el doble prodigio. Mi madre había padecido desgarros vaginales en mi parto en un hospital de Lagunillas que la dejaron limitada para nuevos embarazos. No funcionaron los tratamientos que siguió en Venezuela. En Madrid se puso en manos del ginecólogo de mi tía Josefina, el hacedor del milagro de los doce hijos y no sé cuántos abortos. Este médico fue más efectivo que todas las oraciones juntas, y poco después nació Mónica en la clínica del Rosario de Madrid. Parecía un carnero: pesó más de cuatro kilos y medio. Su llegada produjo la desbandada. Fue entonces cuando inventé el accidente de aviación.

Nunca fui bueno con las mentiras en mis infancias y primera juventud. Mi ansia fabuladora me empujaba más allá de lo razonable, lo adornaba con detalles que terminaban por delatarme. Una tarde en la que regresé a deshora del colegio me justifiqué para evitar el castigo o la bofetada en una avería del Metro. Mi padre escuchó mi relato y, según confesó después, lo dio por bueno hasta que un exceso narrativo lo estropeó. «Nos dijeron que teníamos que abandonar el vagón y caminar por las vías. El túnel estaba oscuro y teníamos miedo. Una señora muy gorda se atrancó en la puerta y hubo que empujar para que pasara y poder salir», expliqué. Al día siguiente, en el desayuno, mi padre aseguró haber hablado con un amigo suyo que trabajaba en el Metro y que este no tenía noticias de la avería de la tarde anterior. También era mentira que había hablado con un amigo, pero confrontado, confesé. En otra ocasión llegué tarde al colegio y expliqué al profesor los motivos, «el tranvía 61 había sufrido una avería: se rompió la cuerda que sujetaba la pértiga que le unía al cable de tensión». Si lo hubiera dejado ahí tal vez habría pasado por el detector de mentiras. Mi fallo fue añadir que estuvimos esperando un buen rato a que abriera una ferretería.

Aquellos fracasos narrativos, unidos al de la muerte de mis padres en el cuarto de plancha, me aconsejaron abandonar la literatura y centrarme en el periodismo. Aprendí que un buen reportero permite que la realidad fluya sin alteraciones, que se muestre en toda su complejidad y riqueza. El gran escritor es el que eleva esa realidad dotándola de magia o de transcendencia universal. Existen casos de periodistas que saltaron con éxito a la Literatura porque se les quedó pequeño el mundo de la realidad: Twain, García Márquez, Orwell y Hemingway.

No sé quién afirmó que todo periodista tiene una novela dentro y que ese es un lugar perfecto para que se quede. Una tarde en la casa de Lanzarote de José Saramago, uno de mis escritores preferidos, le dije: «Perio-

dismo y Literatura son orillas del mismo río». Se quedó
pensativo; al cabo de unos segundos replicó: «¡Más qui-
sierais los periodistas! Una obra maestra, como *Guerra
y paz*, te hace mejor persona; un gran reportaje, te infor-
ma». Pensé en defenderme con Kapuściński y Jon Lee
Anderson, pero callé. Callarme es una virtud que he
practicado poco.

6

La sonrisa del francotirador

En febrero de 1939 llegó a Madrid una estrella del periodismo y de la literatura, Ernest Hemingway. Después apareció Martha Gellhorn, una mujer de carácter y excelente reportera que entró en España a pie por Andorra con una mochila y apenas 50 dólares en el bolsillo, un 10% de lo que cobraba Hemingway por crónica. Ambos se hospedaron en el hotel Florida, un lugar cada vez más expuesto a los disparos artilleros. Los obuses que procedían del cerro Garabitas, en la Casa de Campo, entraban por encima de la calle Jacometrezo en dirección al edificio de Telefónica, el principal objetivo. Uno de ellos destrozó la habitación en la que compartían pasión y amor Hemingway y Gellhorn. Los que tenían gastos pagados y eran previsores alquilaron una segunda habitación en el hotel Gran Vía, que resultaba más seguro. Se hallaba enfrente de Telefónica, cuya puerta estaba protegida por una montaña de sacos terreros. Desde ese edificio los periodistas transmitían las noticias y las crónicas; además disponía de un buen refugio. También estaba cerca del bar Chicote, la oficina predilecta de los reporteros. Es una pena que no quede nada del Florida, obra de Antonio Palacios, el gran arquitecto de Madrid de principios del XX junto a su socio Joaquín Otamendi, autores del Palacio de Correos, Bellas Artes, la Casa Palazuelo, en la calle Mayor 4, la Casa Matesanz, en Gran Vía 27, y del llamado Hospital de Jornaleros de Maudes, cerca de Cuatro Caminos. Es como si el régimen franquista buscara la destrucción de los símbolos que vinculaban a Madrid con la República. Sería necesario recuperar ese Madrid, señalar los lugares emblemáticos y crear rutas, aprender, no solo para que la ciudad recupere su memoria, toda la memoria, la buena y la mala, sino como reclamo turístico. En eso los estadounidenses son unos genios: saben venderse.

Desde las plantas superiores del edificio de Telefónica se divisaban los frentes. Era una posición excelente para la observación militar, además de un nudo estratégico de comunicaciones. Fue la diana predilecta de los nacionales. La fachada más expuesta era la de la calle Valverde, que durante la guerra recibió cerca de cien impactos frente a los sesenta de la de Gran Vía. El edificio resistió aunque requería de cuidados después de cada sacudida. Arturo Barea, además de tomar notas para *La forja de un rebelde*, era el jefe de los censores, encargado de evitar que los periodistas enviaran noticias perjudiciales para la causa republicana. Un trabajo ímprobo para quienes hablaban poco inglés frente al oficio, los trucos y las palabras de doble sentido de los mejores reporteros de la época.

No hay rastro en el actual hotel Gran Vía del bar que muestra la miniserie *Hemingway & Gellhorn* de HBO, donde el futuro autor de *Por quién doblan las campanas* se emborrachaba y peleaba a puñetazos con quien osara mirar a Gellhorn, que se convertiría en su tercera mujer y la única que le plantó cara. Ese bar inmenso debió de estar en el Florida; tal vez los bares de las guerras sean como los recuerdos de la infancia: parecen más extraordinarios de lo que son en realidad. Siento simpatía por Hemingway pese a ser un misógino y un bocazas. Gracias a él pisé las nieves del Kilimanjaro y navegué por las aguas de Cuba. Como periodista y persona prefiero a Orwell y su lección ética por encima de las ideologías, incluida la suya.

Tipos como Hemingway y Graham Greene han dado fama tabernaria al oficio de reportero; son destacados ejemplares de las tres D que enunciaba el maestro Manu Leguineche: divorciados, dipsómanos y depresivos. El Greene escritor lo empeoró al crear personajes como Thomas Fowler, el periodista bebedor en *El americano impasible*. De Greene me queda el cadáver flotante en la piscina del hotel Trianon de Puerto Príncipe en *Los comediantes*, que es el hotel Oloffson, una delicia de arquitectura colonial donde almorzaba cada vez que podía durante mi primera estancia en Haití en octubre de 1994, cuando cubría la caída de la dictadura militar de Raoul Cédras. Lo volví a leer sentado en el porche de Oloffson, como releí *El reino de este mundo* de Alejo Carpentier. Hay libros que pertenecen al lugar en el que fueron imaginados.

El asunto de las tres D es una exageración romántica,

aunque en algunos casos resulta cierto y notorio. Hemingway estuvo tres veces más en España antes de finalizar la guerra. Regresó en agosto de 1937 y se quedó hasta finales de enero de 1938. Fue su estancia más larga. Era una celebridad internacional consciente de que sus crónicas, y las de los otros periodistas extranjeros, representaban uno de los últimos puntales que le quedaban a la República. En esa segunda estancia acompañó a las tropas republicanas en la Batalla de Teruel. El tercer viaje, en marzo del 38, y el último en agosto del mismo año, fueron los más tristes: sirvieron para documentar la inminencia de la derrota.

Sucedía lo mismo en el Sarajevo sitiado por los radicales serbios: los periodistas extranjeros éramos la principal herramienta del Gobierno bosnio, asfixiado también por un embargo de armas. Servíamos, en teoría, para que la comunidad internacional no se desentendiera de la tragedia. Cientos de informadores de decenas de nacionalidades escribieron miles de crónicas y enviaron miles de fotografías e imágenes durante los casi 45 meses de cerco. No sirvió de nada. La guerra se prolongó hasta que Estados Unidos decidió intervenir con la excusa del segundo ataque contra el mercado de Sarajevo, que en agosto de 1995 mató a 43 personas. Uno de los momentos más difíciles para un reportero es descubrir su irrelevancia: no cambiamos el curso de las guerras, ni siquiera mejoramos la vida de las personas sobre las que informamos. Pese a esta limitación dramática, se puede decir que sin la mirada crítica y constante de los reporteros este mundo sería insoportablemente más cruel e injusto.

El hotel Gran Vía tenía habitaciones seguras, las que daban a la pequeña calle de las Tres Cruces, y habitaciones menos seguras, las de la Gran Vía. En el Holiday Inn de Sarajevo eran inhabitables la fachada Sur y la esquina del Este, situadas delante del barrio serbio de Grbavica, al otro lado del río Miljacka, un enclave metido en el corazón de la ciudad. La primera vez que me hospedé en aquel hotel amarillo, inaugurado para los Juegos Olímpicos de Invierno de 1984, recibí una habitación orientada al Norte, en teoría segura. De noche escuchaba el tableteo de las ametralladoras y el sonido nítido de los disparos de los Kaláshnikov. Era abril de 1993. Corrí las cortinas, apagué la vela y la linterna y me dispuse a dormir en la cama más alejada del cristal. Todo estaba oscuro, no había electricidad en el hotel. Horas antes había recorrido el ala Sur de mi piso y husmeado en el interior de las habitaciones reventadas por los bombazos: ni cristales ni marcos de ventana, y a veces, apenas pared. Desde los agujeros se distinguían las siluetas de las casas del barrio enemigo. En los pisos superiores del edificio más alto de Grbavica se acomodaban los francotiradores serbobosnios que disparaban a diario sobre la esquina de Hamze Hume con la avenida Marsala Tita. Por la noche, con el embozo a la altura de la boca, embutido en la ropa de calle por el frío y por si había que salir a la carrera, pensaba en la persona que se situaba detrás del fusil, en el hombre que decidía sobre la vida y la muerte desde una mirilla telescópica. No sé qué se siente al disparar sobre alguien, al ver cómo ese bulto humano se derrumba en medio de la calle. No sé qué se siente al escuchar los gritos, el lloro de los niños. Ser francotirador es el trabajo más miserable de una guerra. Si son de los nuestros, o de nuestros amigos, los llamamos tiradores de élite. La guerra se libra en las palabras.

Cuando cruzaba en dirección a la avenida Marsala Tita lo hacía a la carrera, sin girarme a la torre de Grbavica. No es bueno mirarle a los ojos a la suerte; tener una buena estrella lo es todo en una guerra, pero las estrellas se apagan sin aviso, de repente, como si se les fundieran los plomos. Recuerdo una ocasión en la que estaba pegado al muro en una esquina del lado musulmán de Mostar, al sur de Bosnia-Herzegovina. Hacía calor; era primavera. Tenía ante mí el espacio abierto de la calle que daba al puente Bradley, que así lo llamaban: una estructura militar que servía para salvar el río Neretva y permitir el transporte de la ayuda humanitaria. Buscaba el impulso para lanzarme a la carrera hacia el otro lado, cuando un hombre me habló en inglés: «Con el primero se preparan, con el segundo apuntan y al tercero le disparan. No hay peligro. Estás solo». Sonreí; me sudaban las manos. Pasó un joven bosniaco a la carrera, después otro. Llegó un cooperante español de Médicos del Mundo con casco blanco y chaleco azul antibalas que tras saludarme con la mandíbula cruzó sin detenerse. Sonó un disparo seco. El cooperante agitó la mano desde el otro lado animándome a seguirle. Nunca le dije que esa bala era la suya.

Conocí a un francotirador del bando croata, un mercenario francés que había estado en la Legión Extranjera, y que purgaba la conciencia mostrando el álbum de las fotos de su vida. Estaba en aquella guerra porque no podía regresar a Francia, donde le buscaban por doble asesinato. La frase me afectó. Impresiona escucharla de alguien que tiene ante sí un rifle de precisión. Le conocí en un hotel de Čitluk, en la retaguardia croata, el único que tenía línea internacional. Íbamos en comandita Enric Martí, Javier Espinosa, Fernando Múgica y yo. Nos sentamos a hablar con un grupo de mercenarios extranjeros. Sus dos compañeros, un inglés y un irlandés, se recogieron enseguida. No parecían interesados en presumir ante periodistas, una profesión potencialmente peligrosa para ellos. El francés nos contó sus hazañas. Un día después volví a encontrarme con él en el vestíbulo del mismo hotel. Me llamó con la mano, dijo «hoy he visto a tus amigos en Mostar». Se refería a Martí y Espinosa. Pregunté, «¿les has saludado?». El francotirador sonrió, «no, no, les he visto por aquí [dijo señalando a la mirilla], pero no he disparado porque son amigos». Esa información banal, tal vez una bravata como las del día anterior, me produjo un impacto que aún dura. Me impresiona pensar que alguien pueda estar apuntándome con un fusil sin que yo lo sepa y que el disparo dependa de que el miliciano de al lado le pida o no un cigarrillo. Carecer de una visión de 360 grados nos permite ser audaces. Cuando regresaba a Madrid veía emplazamientos de francotiradores en cada calle. Me decía: «Aquí habría que correr».

En Grozni, la capital chechena, se oían los disparos de los francotiradores rusos, también de la artillería pesada y la aviación. Un helicóptero podía disparar desde varios kilómetros de distancia contra la plaza Minutka. Nos sentíamos tan frágiles que la inseguridad dejó de ser un problema. La tómbola de quién iba a vivir un día más y quién no se decidía lejos de nosotros. Cuando se pierde el control de los acontecimientos se pierde el miedo, el reportero entra en una resignación suicida.

Madrid era también una lotería macabra. De las motos con silbato, encargadas de alertar de la llegada de los aviones en las primeras semanas de guerra, se pasó a altavoces montados en automóviles y alguna alarma antiaérea algo más sofisticada en el centro de la capital que de poco servía. El 30 de octubre de 1936 se produjo una matanza de 60 niños en Getafe y otra en Madrid, en las calles Jesús y María y Espada, donde se encontraba el centro de La Gota de Leche, institución creada en el siglo XIX para combatir la desnutrición infantil en los barrios más humildes. Según cuenta Barea, la mayoría de las casas eran pobres, y en ellas abundaban las putas y los maleantes. A Lavapiés y Las Injurias se les llamaba «los barrios bajos». El día de la bomba guardaban turno en la acera varias mujeres, algunas de ellas embarazadas. Fue una carnicería que no distinguió entre madres, fetos y prostitutas. La matanza de inocentes era el mecanismo que activaba la *sacas* de presos; el ojo por ojo, el diente por diente. Barea rescató fotografías de aquellos niños muertos para que sirvieran de denuncia de lo que estaba pasando. Una de las más conocidas es la de María Santiago Robert, de tres años, convertida en símbolo de la barbarie. Todas las guerras tienen muertos inocentes, historias dramáticas y políticos internacionales que miran hacia otro lado. Me detengo ante lo que fue La Gota y no hay carteles exteriores, ni una mísera placa. Son muertos olvidados, perdidos. Ni siquiera presumen de que ahí nació Gloria Fuertes, la hija del portero, y gran poeta y luchadora.

Las seis familias del número 25 de la calle Vase Miskina de Sarajevo, donde vivía Alma, mi primera intérprete, pasaron el verano de 1992 ocultos en un sótano. Treinta personas compartiendo rezos, comida, miedo y un aire viciado. Dentro hervía el calor, fuera abrasaba la metralla. En la primavera de 1993 escribí un reportaje sobre aquella casa de estilo vienés situada en el centro de la ciudad. Conversé con cada familia, desde el cuarto piso al primero. Era Sarajevo comprimido entre cuatro paredes. Había serbios, croatas, bosniacos; ortodoxos, católicos, musulmanes y ateos, desplazados y huidos. Me llamó la atención Ljubica, la serbia del último piso. Tenía los cabellos crespos y la mirada ida. Del techo agujereado de su casa caía un goteo de lluvia que recogía en cubos de plástico y ollas como si fuera el maná en una ciudad sin agua corriente, en la que era necesario acudir a las fuentes con el riesgo de acabar como las embarazadas de la calle Jesús y María. El 28 de mayo de 1992 una granada de mortero mató a su vecina Lasica, también serbia, que se negó a bajar al sótano con los demás porque era vieja y se sentía inmortal: ¿cómo la iban a matar los de su misma etnia?

Tres meses después, el 16 de agosto, murió el croata Franjo, el marido de Ljubica, uno de tantos matrimonios mixtos en la extinta Yugoslavia de Tito. Estaban en el sótano para protegerse del bombardeo del día. Los pequeños lloriqueaban, se oía el susurro de alguna oración. Franjo se asomó por el tragaluz, recordó su automóvil aparcado al lado del hotel Europa, uno de los mejores de Sarajevo antes de la guerra, convertido en el objetivo del ataque. Se empeñó en salir para mudar el coche a un lugar más seguro. No lo logró. Una granada de mortero lo dejó en medio de un charco de sangre. Su hijo mayor, Danko, acudió al rescate. Ljubica gritaba, le suplicaba que no saliera a la calle. Los vecinos trataron de retenerle. Danko abandonó el refugio a empellones, cogió a su padre de los brazos y empezó a arrastrarlo hasta el 25 de Vase Miskina. Le sorprendió sentirlo tan ligero. Miró el cuerpo y se dio cuenta de que le faltaba la mitad. Se había dejado las piernas en el lugar de la explosión. Danko se desmayó dos veces. También estaba herido. No sé qué fue de ellos. Cuando regresé a Sarajevo después de la guerra llamé varias veces al timbre de la puerta de Alma, hasta que una vecina me dijo que se había marchado a Holanda. La calle había pasado a llamarse Ferhadija, un nombre sin musicalidad. Me hacía ilusión abrazarla, darle las gracias por haberme mantenido vivo en mi primer viaje a Sarajevo.

Cuando leo las descripciones precisas y brutales de Barea, de cómo una vendedora de periódicos saltó por los aires hecha pedazos en la esquina de Telefónica y quedó su pierna ensangrentada, irreconocible en mitad de la calle, recuerdo el hotel Europa y otras vivencias que me marcan como si fueran cicatrices mal curadas. Ahora que me siento sumergido en este libro de náufragos, que vuelvo a transitar por un Sarajevo sitiado por los radicales serbobosnios y por un Madrid asediado por los fascistas, pienso mucho en las bombas, el peligro y el azar.

Debió de ser una decepción para mi padre la estabilización de los frentes alrededor de Madrid. La capital se llenó de desplazados de los pueblos de alrededor que habían escapado del avance franquista. Las historias de violaciones y asesinatos cometidos corrían de boca a oreja. En toda guerra existe una unidad a la que se le atribuyen, con motivo, todo tipo de tropelías y crímenes; en la Guerra Civil española, el cuerpo que infundía pánico entre los civiles y los milicianos mal pertrechados eran los moros. El miedo que infunden es un instrumento de propaganda y lucha: permite un avance sin normas. Sucedía con el bosniaco Zuka y su unidad de los cisnes negros. Su lema era violar, matar, y su emblema, un cisne penetrando a una mujer. Zuka hablaba español con acento de Málaga, donde lo aprendió en la cárcel. Operaba al sur de Sarajevo, entre Konjic y Jablanica; era un señor de la guerra, un delincuente. Algunas noches la radio musulmana de Mostar Este decía, para que lo pudieran escuchar los croatas del Oeste: «Un zumbido desciende de las montañas: Zzzzzz».

Los desplazados fueron distribuidos en las casas confiscadas y los palacetes abandonados por sus moradores. Cuando el número, cientos de miles, se hizo difícil de manejar, comenzaron a ocupar las estaciones de metro y los túneles. Madrid crecía hacia dentro, duplicándose en dos ciudades, la de la luz y la de las sombras. Aviones de fabricación rusa, los célebres «moscas», sobrevolaban a menudo los cielos de la capital. Eran la única defensa frente a la intervención de Alemania e Italia al lado de Franco, pero la ayuda de Moscú tenía precio político.

Los periodistas viajamos en dirección contraria a los desplazados; ellos escapan, nosotros buscamos la guerra, el origen de su desgracia. Vamos por la carretera sorteando familias traumatizadas, fijándonos en los rostros, tomando fotografías, y de repente, sin advertirlo, nos hallamos en tierra de nadie, solos en medio de un silencio sobrecogedor: casas destruidas, aún humeantes, vacas tiroteadas, muertas con los ojos abiertos. Ese es el instante perfecto para preguntarse para qué diablos sirve este oficio que ya nadie respeta; ni los combatientes que nos secuestran; ni los medios que pagan cincuenta euros por crónica a un *freelance* sin derecho a que le cojan el teléfono; ni los lectores que nos cambian por cualquier impostor del corta y pega. Cobrar por la calidad se considera un abuso.

En los primeros meses de 1937 ya se sabía que la guerra iba a ser larga y cruenta, que el vencedor dependería más de las ayudas internacionales que de la valentía en las trincheras. Cuando paseo por la Casa de Campo en bicicleta, y veo las ruinas de lo que fueron los emplazamientos de la artillería, siento que estoy dentro de mi libro, pedaleando entre las dos Españas. Desde el cerro de Garabitas se ve Madrid. ¿Qué siente un hombre cuando dispara sobre una ciudad que conoce, por la que ha paseado, en la que tiene amigos, tal vez familia? La guerra, cualquier guerra, es un proceso de deshumanización del que no se regresa completo. Miro la España democrática que me ha tocado vivir y no sé si hemos regresado del odio histórico y del desprecio que se siente por aquellos que no piensan como nosotros. Somos un país enfermo, incapaz de anteponer las ideas a los prejuicios; seguimos en los fosos, cada bando parapetado a un lado de una línea verde mental. Para superar estas divisiones necesitamos una sacudida, que la nueva generación llegue limpia de aquello, pero los nietos y los biznietos se hallan enfangados en otra guerra: una crisis económica que los condena a la desesperanza, al exilio, a no poder decidir cuáles son sus ríos y afluentes, cuáles sus sueños. Somos un país Sísifo que todavía tiene la posibilidad de salirse del mito, dejar la piedra en el suelo y desandar la montaña.

Faltaban armas, hombres entrenados y ayuda exterior. No bastaba con las Brigadas Internacionales, que se retiraron en octubre de 1938. Francia y el Reino Unido no intervinieron en ayuda de la República, respetaron el embargo internacional decretado pese a que era evidente que ni Alemania ni Italia lo cumplían. Había miedo a Hitler, se buscaba la manera de convivir con la bestia sin enfurecerla.

Muchas décadas después, este tipo de cobardía diplomática, de cálculo homicida, cuando no avenencia con una de las partes, se repitió en los Balcanes, en las cuatro guerras que asolaron la antigua Yugoslavia en los años 90. Se escucharon de nuevo frases de «no intervención» y «embargo de armas», que condenaban a la indefensión y a la derrota a las víctimas. Detrás de estas imposturas se escondían y se esconden intereses espurios. Los equidistantes desean la victoria de una de las partes, la de Franco, en el caso de España, como dique frente al comunismo de Stalin, o la de Slobodan Milošević y Franjo Tudjman, en el caso de Bosnia, como frenos cristianos al islam, cuando ni la España de 1936 simpatizaba con la Unión Soviética ni el descafeinado islam bosniaco era una amenaza para Europa. La no intervención es una manera de intervención velada. La misma que ha destruido Siria, que ahora tiene más de la mitad de su población refugiada o desplazada. Nos preocupa la suerte de las ruinas de Palmira, no la ruina de las personas que nos llegan desesperadas por miles. Vivimos en un mundo indecente liderado por indecentes.

La casa de mi bisabuelo estaba en Atocha 96, cerca de la Facultad de Medicina donde dio clases en tiempos de paz. Fue un profesor estricto y respetado. Entre sus alumnos destacó Gregorio Marañón. Pasó la guerra en su piso sin intención de trasladarse al número 66 y unir fuerzas con su hijo, constituirse en ilustre minoría en una casa atestada de monjas, nietos golpistas y curas clandestinos, gobernada por una demente monárquica obsesionada por la limpieza. Antes de la guerra se servía en su mesa un cocido dominical de bandera, o eso dicen los relatos familiares. Los jueves era el día de los nietos, los convidaba a comer y les dejaba jugar sin límites.

El cocido es un plato que cunde durante varios días en sopas, empanadillas y croquetas. Durante la guerra era una *delicatessen*: cada semana, mes, o cuando se pudiera servir, menguaba en sustancia y ganaba en caldo y legumbres flotantes. En Sarajevo se plantaban hortalizas y lechugas en las terrazas y macetas, en jardines y parques. Donde no enterraban a los muertos se cultivaba para prolongar la existencia de los vivos. Cuando me siento ante un cocido madrileño pienso en mi bisabuelo y en las cocinas de carbón en las que los alimentos se hervían en una lentitud propia de un mundo lento. La lentitud la imponía la escasez y el estado de las infraestructuras. Cualquier traslado era un padecimiento. No se medían las distancias en kilómetros, como sucede en el mundo desarrollado, sino en horas y días, como ocurre en los países del Tercer Mundo. La Cava Baja, hoy asaltada por turistas, y donde están algunos de mis restaurantes favoritos, era el punto de partida de las diligencias, que así se llamaba aún a los autobuses con destino a Brunete y otros pueblos del Oeste de Madrid. Las dificultades del viaje de una aldea a otra, de un valle a otro en Galicia, Asturias, Andalucía, las Castilas, Extremadura, Catalunya o País Vasco, imponían una vida a cámara lenta. El ocio en las ciudades, un lujo para pudientes, consistía en pasear por el centro, acudir a los cafés de moda, La Granja de Henar, el Negrasco, Aquarium o Regina, en los que se podía ver y escuchar a los escritores e intelectuales más importantes, a los toreros de postín y a los políticos que ansiaban hacer carrera. En el campo apenas había diversión; abundaba el deslome, la pobreza extrema, el analfabetismo y el abuso.

Hoy vivimos en un mundo vertiginoso, un agujero negro que todo lo engulle; hemos ganado en confort, salud, transportes y avances tecnológicos como Internet que han alterado hábitos, incluso la forma de hablar, y están en camino de modificar la manera de escribir y pensar. Hemos sustituido el debate filosófico y político por el cruce de tuits. Quizás estemos ante el comienzo de un cambio tan transcendental como lo fue el hallazgo de la Agricultura y el invento de la Escritura, como sostenía el periodista Enrique Meneses postrado en una cama del hospital de La Paz, meses antes de morir. Según él, la Tercera Gran Revolución de la especie humana había comenzado en 1968 con la transmisión del primer documento de ordenador a ordenador. Estamos en los albores de un cambio de era: lo que hoy parece ciencia ficción mañana será vida cotidiana.

El cocido es hijo de aquel mundo pausado y perdido; tardaban días en prepararlo y cocinarlo. Parecía más un ceremonial que un plato. Lo que más me gusta de él es el tuétano: su olor, la textura blanda, el sabor en la boca con una pizca de sal. Cuando había cocido en nuestra casa, se incautaban los tuétanos para disfrute en solitario del *generalísimo* Lobo. Si protestaba, él respondía: «Cuando seas padre comerás dos huevos». Le veía sacar la médula ayudado de un cuchillo de punta fina, untarla en el pan, sazonarla y engullirla entre murmuraciones que eran el método elegido para restregarme las ventajas de la autoridad omnipresente y omnisciente del mando militar supremo. Una vez, como excepción, tuvo la deferencia de invitarme a uno de esos panes. Imité sus ronroneos de placer porque tenía hambre de que me quisiese en las pequeñas cosas. Pese a esa complicidad espontánea, nunca volvió a compartir, retornó a sus frases, «cuando seas padre...». Odié el tuétano y lo que representaba hasta que pude comerlo, ya adulto, sin otra limitación que su número en el mercado. Estos tuétanos me unen al padre que nunca tuve. Siento rabia de lo que nos perdimos.

Quizá mi abuelo se comía los suyos sin ceder un gramo; o tal vez esta cadena de tuétanos-solo-para-mí surge en la casa del bisabuelo, o más atrás. Nos empeñamos en repetir automatismos que conducen al fracaso como padres e hijos, sin ser capaces de detenernos un instante y gritar: «Esto no me pertenece». Actuamos así como personas y como colectividad. España es una enorme cadena de errores acumulados que nos transmitimos los unos a los otros desde la Edad Media. Escuché una vez a Fernando Sánchez Dragó preguntar a José Saramago en TVE sobre el hombre nuevo que nos iba a liberar. Conversaban sobre el libro de *La caverna*. Saramago, pausado, desde la musicalidad de ese castellano aportuguesado que tanto me agrada, respondió: «El problema es quién va a educar al hombre nuevo».

Siento respeto por Sánchez Dragó pese a sus amistades políticas y *boutades*. Este nace del pequeño aparato de televisión en blanco y negro que tenía en mi estancia de la Pensión Lobo. En él veía *Encuentros con las Letras*, un programa de libros y literatura que emitió La 2 entre 1976 y 1981. Era un espacio de libertad y conocimiento que permitía respirar en una España aún asfixiante. Le recuerdo junto a Paloma Chamorro, Jesús Torbado, José Luis Jover y Daniel Sueiro. Fueron, junto a Bernardo Arrizabalaga, guías en mis lecturas desordenadas. No puedo ir contra él como no puedo ir contra *El País*. Es el mismo tipo de amnesia voluntaria.

Ramón pasó la Guerra Civil en Madrid atrapado en zona hostil, en el bando equivocado. ¿Por qué no intentó cruzar al otro lado? ¿Por qué no aprovechó sus supuestos contactos en la Quinta Columna? ¿No era esa una de sus actividades, pasar gente? No debía ser fácil cruzar las líneas con los carnés del SEU en el bolsillo y presentarse ante los nacionales y decir «hola, soy de los vuestros». Imagino cómo hubiera sido su vida, o quizá su muerte, de haber luchado con las tropas franquistas; de sobrevivir, habría alcanzado el grado de alférez provisional y la oportunidad de seguir una carrera militar, cumplir su sueño de llegar a ser un verdadero general Lobo. Quedarse en Madrid arruinó su vida como arruinó la vida de millones de españoles la guerra y la posterior dictadura. Un general con sus estrellas quizá no habría necesitado ejercer una educación cuartelera; llegaría a casa desfogado de mando en plaza, con necesidad de descansar, tal vez de querer y ser querido.

En mi cabeza hierve una palabra que me cuesta escribir, que me acompaña en las reflexiones cuando me recuesto en el sofá de casa, el lugar donde recibo la energía concentrada de los objetos, el punto exacto que me enchufa con partes que he olvidado de mi vida y de mí mismo, donde encuentro el equilibro tras un viaje complicado como este último a República Centroafricana, que me devolvió deshilachado, sin fuerza. Recostarme es una costumbre que me persigue desde los tiempos del asma en los que necesitaba descansar de cada juego, de cada asfixia.

La palabra tantas veces censurada es «cobardía». De

alguna forma pienso que la tuvo en sus últimos años. Había en él una dejadez suicida que me exasperaba. Es fácil juzgar sin haber vivido su vida. Quizá fue cobardía lo que le ató a Atocha, al poder autoritario de su madre, con quien mantenía una ligadura emocional que permitió a mi abuela sentir la muerte de su hijo en el momento que se había muerto y presentarse en la casa de Arturo Soria la mañana del 28 de diciembre de 1983 y exigir verlo. Mi madre la había tranquilizado poco antes por teléfono: «Está bien, Pilar, no te preocupes, debe de estar muy cansado». Fue ella quien entró en la habitación y halló su cadáver en posición fetal.

Llevaba unas semanas más enfermo y abatido que de costumbre. Cuando estudio las fotos de mi boda, tres semanas antes, me doy cuenta de que tenía la muerte dibujada en la cara, pero nadie, ni yo mismo, lo supo ver. Tras la boda, viajé con Blanca a Londres y Ferring para pasar la Navidad con la familia que consideraba mi familia. Hablamos el 26 de diciembre. Colgué el auricular sin saber que me acababa de despedir de él para siempre.

Al llegar el 28 por la tarde a Madrid, me encontré con una comitiva de bienvenida. Estaban algunos de mis amigos de la infancia, las hermanas de Blanca. Me extrañó tanto cortejo. Los rostros eran serios, casi crispados. Cuando empujaba el carro de las maletas junto a Javier Ceballos me interesé por la salud de su madre, un intento burdo por alejar la desgracia, pasársela a él. Le pregunté si mi madre estaba bien; después le pregunté si mi padre había muerto. Fui directo, sin rodeos. Cuando asintió con la cabeza empujé el carro con violencia y lloré. En un segundo sentí que había perdido todo: el padre que no tuve y el que ya nunca podría encontrar. Su muerte nos dejó sin el perdón mutuo; a mí sin un padre que querer y a él sin hijo que descubrir.

Me inquieta el cementerio de la Almudena de Madrid. Sus muros parecen paredones. Algunos aún huelen a pólvora vieja y a las 13 Rosas. Cada vez que muere un amigo y llevan su cuerpo al crematorio espero a que finalice la ceremonia fúnebre para preguntar a sus allegados si puedo robar algunas rosas de las coronas. Cuando les explico mi intención, la razón secreta para prolongar la vida de esas flores, sonríen y dicen: «A él le hubiera encantado». Cada rosa contiene emociones propias; a veces es un grito, otras, una canción. Sucedió con Pedro Altares y Enrique Meneses. Las de Pedro cantaban *España, camisa Blanca de mi esperanza*, su favorita; las de Meneses, *Las habaneras de Cádiz* de Carlos Cano. La última fue hace poco, tras la muerte de Alfredo Mesa, mi amigo de la infancia. Armado de las rosas que me caben en los dos puños, desciendo hacia la parte civil para depositarlas sobre las tumbas adecuadas. Ya he adquirido algunos hábitos en el orden de mis favoritos. Dejo una a los presidentes de la Primera República, Nicolás Salmerón y Francisco Pi y Margall; después a Pablo Iglesias (el fundador del PSOE) y a Dolores Ibárruri. Dejo rosas al general Enrique Líster, ubicado en un nicho, y al general Juan Modesto, tal vez el más capacitado del bando republicano, y a Jerónimo Gonzalo, un compañero del comité de empresa de *El País* que murió prematuramente. Al imaginar mi muerte, no veo cruces sobre el féretro ni curas rezando mecánicamente responsos vacíos ni funerales, solo veo a mis amigos y amigas, a mi familia, quizá, cargados de rosas en dirección a las tumbas del cementerio civil, como si fuera una fiesta.

Con las rosas de Meneses descubrí la de Vintila Horia. Le coloqué una sobre su nombre. Fue profesor de Literatura Universal en la Facultad de Periodismo de Madrid. Aunque no me tocaba como docente, acudí a sus clases, siempre fascinantes. Era un intelectual rumano, un sabio, una víctima del siglo XX europeo. Los nazis le encerraron en un campo de concentración por comunista y los comunistas le persiguieron por fascista. Se exilió en Buenos Aires, donde dio clases. Fue rescatado por el régimen franquista que andaba corto de luces. Horia escribía en el periódico *El Alcázar*, órgano de los ex combatientes y lectura diaria de mi padre. No había nada en la hoja de servicios de Vintila Horia que me permitiera salvarle de mis condenas y prejuicios. Era un franquista, y así estaba considerado por el movimiento estudiantil de la facultad. Cuando le escuchaba disertar sobre el surrealismo y otras vanguardias del siglo XX, del espacio de Viena, de Robert Musil, Hermann Broch, Rainer Maria Rilke, Thomas Mann y Kafka, me quedaba extasiado. Cuando hablaba del cine de Federico Fellini, a quien conocía, no veía al franquista, sino al erudito. Aquel hombre transmitía placer por el saber y devoción por las palabras. Era una rareza en una facultad-búnker, gris por fuera, gris por dentro, como aquella España aún franquista y peligrosa pese a la muerte del dictador. Una tarde me atreví, estúpido de mí, a discutir con él sobre el significado de la novela *El castillo*. Nos enzarzamos en un diálogo que me pareció maravilloso; por un instante me sentí casi a su altura, de pequeño experto a gran experto en Kafka. Acorralado por su sabiduría, sus vivencias y su análisis de los totalitarismos, que tan bien presintió el escritor checo, exclamé: «Bueno, no sé qué traducción tiene usted, pero en la mía...». No pude terminar. Su voz, sin perder la sonrisa, me noqueó: «No leo traducciones. A Kafka lo leo en alemán».

No sé si Horia era un franquista convencido, si su fe política era consecuencia de un cristianismo exacerbado, si se hallaba traumatizado por el exilio, como lo debieron de estar mis tías Salud y Pilar Lobo y mi tío Manuel, o se trataba de agradecimiento al régimen que le regaló una segunda vida de respeto. Si detrás de tanta Literatura bullía un reaccionario debo reconocer que era de los interesantes. En sus manos no había sangre, solo inteligencia. Me siento bien al reconocer espacios de tolerancia más allá de mis ideas, saber ver más allá de los clichés, las religiones y las razas. Es una actitud en la que trabajo con ahínco, en la que me esfuerzo, no siempre con buenos resultados: es oír hablar a Esperanza Aguirre y se me desmorona la flema.

Una vez mi padre me quiso llevar a la Dirección General de Seguridad (DGS) en la Puerta del Sol porque le pregunté si iban a castigar al policía que había asesinado a un obrero en Granada. Me clavó la mirada; sus ojos azules parecían dos focos en una sala de interrogatorios. Dio un puñetazo en la mesa del comedor, saltaron de los platos algunas cucharillas de postre, y gritó: «Un policía de uniforme jamás asesina. Estás en contacto con una célula comunista». Se levantó de su silla, me tomó por el brazo y me metió en el ascensor. «Dime quiénes son o te llevo a la DGS ahora mismo». Me resultaba tan difícil delatar a una célula inexistente como denunciar de niño la presencia de Belcebú en mi habitación. Confesé que me lo había dicho el vecino de arriba, Cristian Álvarez. Le mandó llamar y tras interrogarle amigablemente, nos aconsejó tener cuidado con lo que decíamos. Podía ser arriesgado. Yo debía de tener 16 años, su edad al comenzar la Guerra Civil.

Uno de los misterios familiares es la razón por la que Ramón dejó el Ejército. Si le gustaban tanto los uniformes, ¿por qué colgó los hábitos de mando y entró a trabajar en enero de 1950 en Aerovías Venezolanas de Europa? Tengo fotos suyas vestido de militar. En el reverso están escritas a mano varias fechas: 1945, 1946, 1947 y 1949. En la del 3 de agosto de 1947 desfila frente a una formación con sus medallas prendidas en el pecho y el orgullo en el mentón. Son las mismas medallas que conservo en la caja de jabones Yardley. Hay historias oficiales de por qué no acabó Derecho. Me dijo que abandonó la carrera tras los juicios de Núremberg a los principales jerarcas nazis, porque demostraban que no existía la justicia. La verdad es que apenas empezó. Logró el título de Bachillerato en los aprobados políticos que siguieron a la guerra, y por ese método entró la Universidad. Los aprobados políticos fueron el instrumento para regularizar a miles de niños que no habían podido ir a la escuela. Algunos falangistas acudían a los exámenes vestidos de uniforme y con la pistola al cinto, dos argumentos que ayudaban a despejar obstáculos. Ese sello de entrada en la Facultad de Derecho, quizá lo único que buscaba, le permitió alistarse en las milicias universitarias y convertirse en alférez instructor.

Después de la guerra, tras regresar de la División Azul en agosto de 1942, trabajó en el Ministerio de Agricultura, que se encontraba en manos falangistas, con Miguel Primo de Rivera como ministro hasta julio de 1945. Los dos veranos en prácticas en La Granja de Segovia debieron de ser los de 1943 y 1944 porque en las fotos que conservo a partir de 1945 ya luce la estrella de alférez. Las milicias universitarias fueron parte de su servicio militar obligatorio en el que computaban los casi doce meses en el frente de Leningrado. En el Archivo General Militar de Segovia, que mantiene un registro de oficiales, no hay huellas de su paso. El coronel Juan Martínez Ortiz, amigo suyo y depositario en primer lugar de los libros franquistas de los que se deshizo mi madre, que aceptó por deferencia, me explicó las razones. No es que él las conociera por boca de mi padre, sino que lo dedujo estudiando los documentos que le mostré, procedentes del Archivo General de Ávila.

Acabada la guerra, el bando ganador abrió las puertas de la Academia a sus alféreces y sargentos provisionales nombrados durante el conflicto, ante la falta de mandos. Tuvieron dos oportunidades para transformar esa provisionalidad en un empleo definitivo con cursos de 18 meses. Eran miles de aspirantes. Esa inflación de cargos intermedios bloqueó el ascenso de los que venían detrás, como Martínez Ortiz, que se quedó en coronel. Mi padre decía que uno de los mayores errores de su vida fue dejar el Ejército y que de haber seguido en él hubiera podido alcanzar el generalato, como alguno de sus amigos. Es una exageración, una historia falsa: jamás hubiera llegado a general ni a capitán. No era alférez provisional, no luchó en el bando franquista por mucha medalla de la Quinta Columna que tuviera. Su alferezato era de segunda categoría. La imposibilidad de ascenso y un sueldo escaso le sacaron del Ejército.

Si los hijos no somos lo que los padres ven en casa, si aprendemos a simular el personaje que desean ver para reservar el verdadero para nuestros amigos y para nosotros mismos, la imagen que nos creamos de los padres debe de ser igual de ilusoria. No sabemos qué sienten, qué piensan de nosotros, qué personaje interpretan y por qué, a qué cadena familiar están atados. En mi memoria tengo ausencia de padre. Nos movemos en un mundo de apariencias. Disponemos de varios yo que sacamos al escenario según conviene para lograr unos objetivos concretos. Unos lo llaman educación; otros, manipulación.

Situé a mi padre y a su familia, a los Lobo, incluyendo a mis primos Aymerich, hijos de su hermana Josefina, en una cárcel de alta seguridad. Les apliqué una cadena perpetua de rechazo ideológico y emocional. Salvé en España a mi bisabuelo y a mi abuelo y a sus hermanas Salud y Pilar, aunque descubrimientos recientes me obligan a reconsiderar algunos indultos. Me hallo sumergido en una emocionante revisión de lo vivido, pensado y sentido respecto a mi familia durante decenas de años, en medio de un proceso constituyente del que debería salir un sistema de relaciones y de memoria más sano y natural. Se trata de un juego de balanzas y contrapesos. Mientras mi familia rechazada entra en una fase de reducción de pena, incluso de excarcelaciones llegado el caso, mi familia extranjera, mi madre y mi abuelo Marcel, a quien adoraba, entran en un proceso de disminución de santidad. Aún soy incapaz de salvar a todos a la vez, de dejar de juzgar y condenar. Es como si necesitara tener presos para sobrevivir sin darme cuenta de que el prisionero soy yo.

7

La última bofetada

Tras emitir Radio Nacional el último parte militar el 1 de abril de 1939 —«en el día de hoy, cautivo y desarmado el Ejército Rojo, han alcanzado las tropas nacionales sus últimos objetivos militares. La guerra ha terminado»—, el miedo mudó de bando. Unos, como mi padre y sus hermanos, emergieron victoriosos de las catacumbas; otros se prepararon para vivir derrotados en ellas. Las tropas franquistas habían entrado en Madrid cuatro días antes. La ciudad estaba hambrienta, exhausta, destruida, ansiosa de tener certidumbre aunque fuese demoledora. Los que se mantuvieron afectos a la ley, como mi bisabuelo y mi abuelo, pasaron a ser delincuentes retroactivos; eran traidores, denunciables, perseguibles. Cuando el miedo cambia de cuerpo aflora la mezquindad. Ganar una guerra no solo concede el premio de encarcelar, violar y fusilar a los enemigos, a sus simpatizantes y a los indecisos, como proponía el general argentino Saint Jean, también permite ocupar los adjetivos, decidir qué fue real, qué inventado.

Mis tías Pilar y Salud, hermanas de mi abuelo, y su marido Manuel de Rivas Cherif, habían cruzado a Francia dos meses antes de la derrota oficial de la República. En abril se hallarían junto al resto de la familia Azaña, su esposa María Dolores y su cuñado Cipriano de Rivas Cherif, en la casa de La Prasle, en los Alpes franceses, donde pasaron un tiempo no muy largo. La inevitabilidad de la capitulación provocó la huida entre enero y abril de cientos de miles de españoles que, cargados con los restos de su naufragio particular, fueron hostigados por la aviación franquista. Desconozco cuándo, cómo y por dónde cruzaron mis tíos, si lo hicieron en automóvil o a pie. De lo único que estoy casi seguro es de que no iban en el reducido grupo de Azaña, su mujer y los colaboradores más estrechos. Las imágenes de los refugiados camino al destierro, algunas de Robert Capa, son descorazonadoras; no solo representan el dolor ante el desastre y el exilio que se adivina, muestran la soledad extrema, el desamparo. Cuando observo las fotos de los refugiados sirios y eritreos, y la de los migrantes africanos que escapan del hambre, veo los rostros de aquellos españoles, como si la tragedia humana tuviera una única expresión que nos empeñamos en no recordar.

La mayoría de los refugiados españoles terminó en campos de concentración por orden del Gobierno de Édouard Daladier, un centrista temeroso de irritar a Hitler y a Franco. Junto a su aliado británico, el primer ministro Neville Chamberlain, impulsaron en Europa una política pusilánime que tenía por objeto evitar a cualquier precio el estallido de la Segunda Guerra Mundial. Nunca me gustó Chamberlain, responsable junto a Stanley Baldwin, su antecesor en Downing Street, de la no intervención que dejó a la República exánime, sin medios para defenderse más allá de los aportados por las Brigadas Internacionales y Rusia. Nunca me gustó ese hombre larguirucho y engreído, pese a su parecido con mi abuelo. A Marcel Leyder, veinte años más joven, le confundían con él en la calle y en el Café Royal en Regent Street. Parecerse a Chamberlain en un mundo que aún no estaba dominado por la imagen era un motivo de preocupación. La política de *appeasement* de los Daladier y Chamberlain ha tenido imitadores con resultados catastróficos similares: Camboya, Ruanda, Sierra Leona, Bosnia-Herzegovina, Sudán, Siria, Irak, Yemen. De todas las críticas, la más certera fue la de Winston Churchill: «A nuestra patria se le ofreció elegir entre la humillación y la guerra; ya aceptamos la humillación, ahora tendremos la guerra».

Cuando escribo «Cipriano de Rivas Cherif» me llega la voz sarcástica de mi padre. Decía que era un pésimo autor de teatro; se regodeaba de un pateo monumental contra una de sus obras, ignoro si por motivos literarios o políticos, si protagonizado por el público o por reventadores falangistas. Aquellas referencias despreciativas hacia Cipriano no incluían la información de que era hermano de Manuel, el marido de mi tía Salud. Nunca hablaba de la familia exiliada, ni de la guerra, ni de Rusia. Las palabras juegan a despertar memorias, como si cada una tuviese asignado un rollo de película vital. Al escribir abismado, ajeno a lo que me rodea, con los cascos de música sin música calzados sobre los oídos, para proteger el silencio, algunos de esos despertares me toman por sorpresa. Escribo «pateo», y de mi almacén de memoria brota *Canciones para después de una guerra* de Basilio Martín Patiño. Surgen las melodías, las imágenes y las circunstancias. Se estrenó en noviembre de 1976 en el hoy difunto cine Madrid, en la plaza del Carmen. No sé cómo sucedió, pero la gente de derechas adquirió las entradas del patio de butacas y los de izquierdas compramos las del anfiteatro. No hubo, que sepa, negociaciones ni pactos para una segregación ideológica ni intervención policial que así lo aconsejara. Fue casualidad, una cuestión de suerte y de gustos: los de derechas prefieren pisar suelo firme; los de izquierdas, despegarse, volar. Al sonar las canciones del bando nacional, los de abajo cantaban y aplaudían; los de arriba pateábamos y abucheábamos. Al sonar las canciones republicanas sucedía lo contrario. Había más ganas de parranda que de pelea. Con el paso de los minutos se estableció la calma. Al finalizar la proyección, nos mezclamos en el vestíbulo de camino a la calle. Había silencio, tensión, nos vigilábamos en espera del chispazo que justificara la trifulca.

En los años en los que el duelo conradiano con mi padre empezó a inclinarse de mi lado, él me echaba en cara mis ideas antifranquistas; «solo quieres darme disgustos», decía. Ese reconocimiento de dolor me envalentonaba. Un día respondí que era justicia poética: me limitaba a repetir lo que él había hecho a su padre. Este tipo de comentarios cáusticos se intensificaron después del 20 de noviembre de 1975. Tras la muerte del dictador emergí, como millones de españoles, de una cautividad física y mental dentro de un país aún gobernado con mano de hierro por Carlos Arias Navarro, representante del sector duro del régimen, al que Forges llamaba en sus viñetas «el búnker». Recuerdo a Arias Navarro durante el anuncio de la muerte de su caudillo y la lectura del testamento político con el que pretendían dejar «todo atado y bien atado». Ramón seguía la emisión sentado en el filo de su butaca, como si estuviera preparado para salir a la carrera, pañuelo en mano y los ojos en lágrimas. Transmitía un desconsuelo excesivo por un hombre que no le había regalado nada. Jesús Álvarez y yo lo celebrábamos a hurtadillas en la habitación Número 13. No sé si corrió champán, cerveza o alegría a palo seco con sordina para no levantar sospechas. Realicé un par de incursiones a la cocina para medir su grado de tristeza, como si en su derrota estuviera una parte de mi victoria. Mis primos Álvaro y José Luis recuerdan una escena similar en su casa. Su progenitor era presidente de la Asociación de Ex combatientes de Córdoba y mantenía su falangismo a flor de piel. Decía que había sentido más la muerte de Franco que la de su padre. El mío estaría a la par.

Jesús Álvarez empezó a vivir con nosotros en el primer trimestre de 1975, tras la muerte de su madre en un accidente de automóvil a finales de 1974. En cuatro años había quedado huérfano de padre y madre; tenía casi 17 años. Cuando le visité en casa de un amigo, donde recibía los pésames de los más cercanos, le abracé. Apenas intercambiamos palabras, solo dolor. Al terminar, le dije: «Jesús, estoy para lo que necesites, cualquier cosa que necesites, sea lo que sea; somos amigos desde la infancia». Lo que empezó con una noche en casa de mis padres pasó en poco tiempo a unos días, una semana, un mes. Cada mañana, después de desayunar, iba a la que había sido la vivienda de sus padres en la calle Jazmín, donde residía su hermana Bárbara, recién casada, para ducharse y mudarse de ropa. Esa conexión con el armario ropero era el nexo psicológico que lo mantenía amarrado a lo que le quedaba de familia. Al principio me costaba expresar malestar con mi infancia y la educación recibida. Parecía una afrenta a su orfandad. Un día lo hablamos y sentamos las bases de lo que sería una buena convivencia, de respeto mutuo, hacia su dolor y hacia mi libertad de expresión. Se quedó hasta otoño de 1979 cuando me incorporé al servicio militar obligatorio en Zaragoza. Fue un hermano, y lo sigue siendo. Me acompañó en varias gamberradas políticas, pero no en todas, que Jesús siempre ha sido más de orden. No sé qué influencia tuvo en la mejora del clima familiar o de qué manera me ayudó en mi emancipación emocional, pero imagino que fue decisivo. Desconozco por qué mis padres consintieron tanto en un tiempo de escasez; tal vez era generosidad, o un intento desesperado por amainarme. Éramos dos solitarios circunstanciales que compartimos un trecho del camino, que nos dimos fuerza y amistad. El año que Jesús entró a vivir en la casa de Arturo Soria yo acababa de cumplir los 20, uno menos de la mayoría de edad. Ya no había castigos ni bofetadas, tenía una televisión en blanco y negro, dos camas separadas, varios *Play Boy* troceados y ocultos entre los libros y los discos, y un letrero en la puerta que era una declaración de guerra: Pensión Lobo. Era un mundo perfecto.

La última bofetada la había recibido poco antes de los 18. Fue la más humillante junto a la primera. Esta vez no hubo ardores en la piel ni dedos marcados ni estrellas en los ojos ni lágrimas en la almohada. Esta vez me dejó preñado de un rencor profundo que, de alguna manera, sigue vivo. Había pasado la tarde en casa de Javier Ceballos, situada a cien metros de la nuestra. Su madre me propuso quedarme a cenar; Javier preparó unos emparedados de jamón york y queso en la sandwichera eléctrica, que era lo único que sabía hacer en la cocina. Telefoneé a mis padres varias veces pero no dejaban de comunicar. Al llegar a las 22.30, apenas 30 minutos más tarde de la hora límite, mi padre abrió la puerta y sin mediar palabra, sin preguntar los motivos del retraso, me cruzó la cara: una bofetada, seca y fuerte. En ese instante sonó el teléfono. Era la madre de Ceballos. Maud se acababa de dar cuenta, unos minutos antes, de que lo habían dejado descolgado por equivocación. Oí su voz, «sí, sí, ya ha llegado; muchas gracias, Pilar». Jamás me pidió perdón: los generales no se disculpan, la autoridad suprema no admite errores, y menos ante el enemigo. Según me confesó mi madre años después, esta escena provocó que disintiera por primera vez del *generalísimo* Lobo en algo relacionado con mi educación. Al día siguiente le espetó, mientras se afeitaba: «Tu hijo va a cumplir 18 años, los mismos que tenías cuando acabó la guerra, ¿esperas que se levante delante de sus amigos y diga, perdón, pero mi *papá* no me deja estar más tarde de las 10?» Aún hoy, pese a su mala memoria, me recuerda una y otra vez esa escena, la blande como eximente, como prueba de que hizo algo.

Tener que llegar a casa antes que los demás y disponer de una paga inferior fueron dos constantes en mi primera juventud. Si la pandilla decidía ir al cine, me disculpaba con un examen imprevisto para no reconocer que era incapaz de afrontar el precio de la entrada. Nadie se creía la excusa de los estudios porque conocían mi historial escolar. La única vez que lo admití hicieron una colecta; fue emotivo, pero humillante. Debíamos de tener 16 o 17 años. Aquellas limitaciones reducían mis posibilidades ante las chicas que me gustaban. Desarrollé algunas técnicas alternativas de éxito, como escribir poemas. Algunas veces me inspiraba en una candidata inalcanzable, y después se lo entregaba a otra más accesible, con los nombres cambiados. No era honesto, como tampoco lo era tener un cuaderno numerado en el que anotaba mis conquistas y su duración.

En el internado de Izarra me quedé sin dinero porque gasté todo el presupuesto del primer trimestre en un fin de semana glorioso en Bilbao con Alfonso González Adalid, un amigo de Madrid. Nos hospedamos en el Hotel Ercilla, uno de los mejores de la ciudad. Estábamos al comienzo del curso, mi segundo intento de aprobar Sexto de Bachillerato; quedaban más de dos meses y medio para las vacaciones de Navidad. Al informar a mi padre de la situación, sin entrar en detalles que justificaran mi súbita bancarrota, respondió que era mi problema y que no habría más dinero hasta enero. Sobreviví gracias a las traducciones de inglés y a las redacciones que preparaba para los alumnos de COU. Cobraba en tabaco y alcohol a abonar cada fin se semana en las salidas al pueblo de Izarra. El objetivo era emborracharse, perder la noción del tiempo. La combinación favorita se llamaba «el semáforo»: pacharán, pilé 43 y pipermín.

Unos meses después de mi última bofetada, Ramón se acercó a la habitación Número 13 como un pavo real, restos de un pasado noviero que, al parecer, terminó al conocer a Maud. La puerta estaba abierta. Me vio de pie hablando con Mari Nati, una amiga de la pandilla. No debía de tener colgados aún los póster del Che y Miguel Hernández porque cruzó la frontera de la moqueta inglesa y entró como una exhalación para hacerse el importante delante de ella. Me dio un cachete que pretendía ser burlón; se le fue tanto la mano que acabó, tal vez por costumbre, en torta. Mi brazo derecho se disparó automático contra su hombro, y él, al retroceder, tropezó con la butaca y casi se cayó al suelo. Me miró desde sus ojos azules que tanto me paralizaban de niño, «algún día me matarás», gritó en un intento por disimular su desconcierto. Era la primera vez que le enfrentaba físicamente. No respondí, pero mantuve su mirada. Jamás me volvió a tocar.

Al escuchar estas aventuras, mis primos cordobeses Álvaro y José Luis se escandalizan. Ambos guardan un excelente recuerdo del suyo, fallecido en 2005. Era estricto, vehemente como Ramón y bastante facha, de los que al subir a un taxi decía «a la avenida del generalísimo», pese a que el alcalde Julio Anguita había cambiado el nombre por el de la Avenida Ronda de los Tejares. No se atrevieron a confrontar a su padre, tal vez jamás lo necesitaron; no sintieron la urgencia de una ruptura radical como la mía, de marcar diferencias en cada acto. Nunca mantuve contacto con ellos. En el proceso de este libro fui a Córdoba, donde vive José Luis, y a Sevilla, donde trabaja Álvaro. Me regalaron numerosos matices, que he incluido en el texto porque lo equilibran y mejoran. Me obsequiaron con la agradable sensación de estar en familia. Me agradó sentirles parte de lo que soy, sentirme parte de lo que son. Esto no es un texto periodístico sobre mi historia familiar. Hay hechos probados, fechas contrastadas, documentos consultados, testimonios de primos, tías y hermanas, lecturas varias, y seguramente errores, omisiones y erratas, pero lo que sostiene la trama, por decirlo de alguna manera, lo que bulle entre líneas, es mi percepción de esos hechos, cómo me afectaron y me siguen afectando.

Fui a todas las manifestaciones prohibidas en mis años de estudiante, ya con el dictador difunto. Estuve en las más dolorosas de enero de 1977, en las que mataron a los estudiantes Mari Luz Nájera y Arturo Ruiz, y en la que había tenido lugar en septiembre del año anterior en protesta por la muerte a tiros de Carlos González. Eran tiempos difíciles e inestables en los que todo podía pasar, desde alcanzar un sistema de libertades o caer en una nueva dictadura. Al final nos conformamos con una democracia menguante.

Tras la matanza de los abogados laboralistas de Comisiones Obreras, ocurrida en Atocha 55, la calle de mi bisabuelo y de mi abuelo, coloqué en mi habitación una cinta negra colgada de una lámina inglesa que, en su fealdad enmarcada, servía de soporte de recordatorios y horarios de clase pegados con celofán. Esta muestra de dolor provocó un enfrentamiento. «¿Por qué tienes ese crespón?», preguntó mi padre desde la puerta. «Por los abogados asesinados.» «Cuando matan guardias civiles no pones crespones negros», dijo. «Es que cuando matan guardias civiles, me alegro», respondí. Fue una barbaridad que no se correspondía con mis pensamientos y sentimientos, ni los de entonces ni los de ahora, pero que muestra el cariz de nuestro enfrentamiento.

La izquierda española había comprado parte del discurso de que ETA era un grupo armado que luchaba contra una dictadura, como los Tupamaros en Uruguay y los Montoneros en Argentina. Pocos condenaron la voladura de Carrero Blanco en diciembre de 1973. Costó dejar atrás ese esquema, como cuesta aún abandonar otros esquemas igual de simplistas, y aceptar de una vez que la Unión Soviética fue una dictadura, como lo fueron los demás países de Europa del Este; también, que Stalin era un asesino de masas. Recuerdo una frase del personaje de Charlie Chaplin en *Monsieur Verdoux*: «La diferencia entre el asesino y el héroe es una cuestión de número; el asesino mata a cinco, el héroe a un millón».

La muerte de Carrero Blanco me sorprendió en casa de mis padres, durante las primeras vacaciones del internado. En el autobús de Izarra a Madrid cantamos canciones políticas y coreamos consignas contra el hombre que iba a morir días después sin que nosotros lo pudiéramos saber. Esa coincidencia me impresionó. Es un hecho que la desaparición física de Carrero dejó al régimen sin repuesto poco antes de la enfermedad y muerte de Franco. Pese al halo de romanticismo que envolvía las acciones de ETA entre algunos internos de Izarra, siempre me he sentido mal con los muertos imprevistos, y más si su muerte es violenta. He dudado si debía incluir una frase que podría prestarse a malas interpretaciones y que, sacada de contexto, dificultaría unas aspiraciones políticas que no tengo. Está en el texto porque necesito ser honesto conmigo mismo, con mi padre y con el lector, porque explica lo lejos que llegué en mi desafío y lo mucho que le debí de hacer sufrir. Sé que es una frase que me reduce, pero tal vez ese sea mi tamaño ético.

Tras el asesinato del ingeniero de Lemóniz, José María Ryan, ocurrido el 29 de enero de 1981 tras dos multitudinarias manifestaciones en Bilbao y Madrid exigiendo su liberación, escribí una carta a Bernardo Arrizalabaga, que se había traslado a vivir a Bergara, en el País Vasco. En ella rechazaba la violencia de ETA y le decía que esta no tenía nada que ver con la liberación del pueblo vasco. No sé por qué lo hice: Bernardo era del PNV, creía en la democracia y en la libertad. Nunca me gustaron los pistoleros ni los represores. Detesto la violencia, pienso en las víctimas.

Años después, a mediados de los 90, conocí a una mujer a quien llamaré María Jesús. Era hija de uno de los primeros políticos asesinados. Mantuvimos una relación de seis meses y una sensación de amistad que perdurará toda la vida. Ella tenía 10 años cuando mataron a su padre. En esos meses hablamos de sus recuerdos y temores; me abrió sentimientos, sus ausencias. Habían pasado 20 años y seguía atrapada en ese día, cuando su padre regresó a casa porque se había olvidado las gafas, le dio un beso y bajó de nuevo al portal donde le esperaba la muerte. Fue generosa, y a mí me dejó una impronta indeleble.

Cuando he escrito el diálogo alrededor de un crespón negro me he acordado de ella, y he sentido vergüenza. Pero ahí seguimos, con la línea verde moral que divide los muertos en derechas e izquierdas, en víctimas de ETA y víctimas del franquismo a las que se acusa de buscar muertos para cobrar subvenciones. Cuesta construir puentes. Quizá sean asuntos para la generación que nace del 15-M porque nosotros hemos fracasado.

Asistí a la salida del Tribunal Supremo de los féretros de los laboralistas asesinados. La plaza de la Villa de París se hallaba abarrotada. Fui sin amigos ni compañeros de clase, reducido a una célula de mí mismo. Aquel entierro multitudinario, a finales de enero de 1977, fue una demostración de la fuerza y la capacidad del PCE, también de su responsabilidad política. Fue clave en su legalización tres meses después, el 9 de abril, aprovechando la *nocturnidad* del sábado de Semana Santa, cuando medio generalato se encontraba de vacaciones. El domingo de Resurrección nos trajo por las calles del Pinar de Chamartín una caravana de coches con banderas del PCE. Mi padre salió al balcón a insultarles y regarles con la manguera. Estaba fuera de sí. Sentí vergüenza, y alegría.

La tarde del 23 de febrero de 1981 dejé de estudiar unos minutos antes del tiroteo del Congreso. Apagué la radio y me arreglé para salir. Había quedado en casa de Paloma, tal vez mi mejor amiga y confidente de aquellos años. Al llegar me informó de que se había producido un golpe de Estado. Escuchamos la SER, las noticias aún eran confusas. Me acordé de Salvador Allende, de su muerte y de un maravilloso concierto al que tuve la suerte de asistir en el pabellón de baloncesto del Real Madrid del paseo de la Castellana: Quilapayún, Inti Illimani y los hermanos Isabel y Ángel Parra juntos en el escenario. Fue en 1977, cuando Pedro Macías aún explicaba en los telediarios las razones de los conciertos anulados, como el de Raimon, porque los asistentes habían proferido gritos en favor de la libertad y la amnistía. Después pasé por la academia de inglés de mi madre para darle las novedades. Uno de sus alumnos gritó «¡Viva España!», y yo le repliqué con un «cállate, hijo de puta». Abrí la puerta de casa. Mi padre estaba excitadísimo, iba de una habitación a otra para comprobar si se movía la infantería de Marina, cuya sede está al lado. Murmuraba, «que el golpe sea unido», «que no pase como en el 36». Entré en mi habitación, metí algo de ropa en una bolsa de viaje y me dispuse a salir a la calle. «¿Adónde vas?», preguntó desde el pasillo. «Esta noche no duermo en una casa fascista», repliqué. «No te metas en líos», añadió. «El lío lo habéis montado vosotros». Tomé el autobús 29 en dirección a Felipe II. Era el único pasajero. Las calles estaban desiertas. A diferencia del asalto del Cuartel de la Montaña, que congregó a miles de voluntarios, esa noche no se movió un alma. Se mascaba el miedo. Al llegar al final de trayecto caminé hasta la casa de María José, mi novia en los años de la Facultad. Iba tarareando *La internacional*, aunque no me la sé bien, para el cuello de mi camisa. Pasamos la noche y la madrugada frente al televisor. Por la mañana fuimos al Congreso para ver salir a los diputados. Después llamé a Ramón: «No sabéis ni dar golpes de Estado», y colgué. Mi primo Álvaro, hijo de mi tío José Luis, sonríe al escuchar, «piensa que por lo menos tu padre estará en el cielo gracias a ti».

Quizá todo proceda de mi bisabuelo, un hombre de éxito social y profesional centrado en su trabajo de médico, la afición al teatro y a la zarzuela y a su vida en las tertulias. O en mi bisabuela Encarnación Coya, la «bohemia», rescatada de las maledicencias familiares. Mi abuelo y sus hermanas Magdalena, Salud y Pilar debieron de recibir más cariño de las chicas de servicio que de su atareadísimo padre y de su madre rupturista. Después apareció mi abuela Pilar, envenenada por el nacional-catolicismo. No era cariñosa ni simpática; se relacionaba a tortas, pellizcos y gritos. Su marido, mi abuelo, se encerraba en el despacho al llegar a casa para no saber nada de nadie. Álvaro Lobo me habló de sus raptos de ira que, con ese tipo de mujer al lado, debían de ser frecuentes. La manía de arrojar objetos al suelo pasó a su padre y al mío, y a él mismo, que estampó una televisión, y a mí, que ganas no me faltan. O quizás esta sea una visión complaciente y machista, y eran mi abuela y sus cuatro hijos los que se sentían sin marido ni padre cuando mi abuelo abría la puerta de la casa y desaparecía en su despacho.

Hay otra secuencia paralela en esta transmisión de averías: Ramón era un aspirante a general que se rebeló contra un padre que no plantó cara a su mujer, que a su vez era hijo de un hombre aplastante, aunque fuera desde la brillantez y no desde el mando armado. ¿Quién soy yo en esta cadena? ¿Un calzonazos agazapado en la soledad elegida? ¿Alguien que ha evitado tener hijos convencido de su incapacidad emocional?

Heredamos carencias, traumas que se transmiten de una generación a otra junto a un almacén educacional que apenas discutimos. Al tener hijos, que no es mi caso, repetimos sin darnos cuenta palabras, frases y gestos que escuchamos de niños. Cuando conviví tres años con María me sorprendí diciendo a su hija: «Paula, haz tu cama de una vez». En otras ocasiones, mientras observaba la infinita paciencia de su madre ante sus envites adolescentes, me llegaban al cerebro soluciones expeditivas. ¿De dónde surgían? ¿De dónde partió la voz de «haz tu cama» que no me pertenece? En los meses previos a la independencia de Kosovo, pregunté a decenas de serbios, personas cultas, cosmopolitas, abiertas, alejadas del nacionalismo que destrozó los Balcanes, por su posición en este asunto. Respondían desde una voz colectiva, engolada, mítica. ¿Qué voz hablaba a Paula? Es como si dentro de mí habitara un guerrero difícil de controlar, como si la vida en conflicto con mi padre me hubiera inutilizado para la paz, que el trabajo de viajar a guerras fuera una extensión de mi estado natural. Estoy cansado de tanta pelea.

Pese al intento de arrancar un proceso que salve una parte de mi padre, le sigo aplicando un automatismo aprendido en la niñez que le condena. Si escribo «Maud se dejó encarcelar, acató una españolización forzada y la renuncia a su carácter aventurero, a su inglesidad», sitúo la carga de la prueba en el *generalísimo* Lobo, en el talibán que le prohibía bañarse en la piscina del campo petrolero de Cabimas, pintarse los ojos, usar vestidos con los hombros desnudos. Lo sitúo en su debe, sin abrir la posibilidad de que mi madre consintiera por amor, como consintió mi abuelo ante mi abuela Pilar, o que estuviera de acuerdo con su marido, que su autoritarismo fuese una prolongación natural del de su padre y del de Papa Leyder. Salvé a Maud porque necesitaba un agarre para sobrevivir, y la sigo salvando porque, a pesar de sus cadenas familiares y sus errores, es una gran mujer. Tras el fallecimiento de mi padre, recuperó, a los 59 años, parte del espíritu indómito, la independencia y el carácter que tal vez siempre tuvo. No sé por qué me cuesta buscar los grises en mí mismo. La complejidad y las contradicciones de la vida y de las ideas son la esencia de mi trabajo.

Me gusta la construcción del reportaje, el proceso en el que se transita desde el vértigo inicial de no tener nada a la excitación de sentir que las piezas encajan en un puzle imaginario. Hay periodistas que preparan a fondo cada viaje, leen libros y relatos afines, consultan fuentes, hablan con personas que pueden ayudar a entender la materia sobre la que pretenden escribir. Leila Guerriero, una de las mejores cronistas latinoamericanas, me confesó que graba todas las entrevistas en el terreno. Al terminar el trabajo de recolección las vuelve a escuchar, además de repasar las notas y releer el material que utilizó en los preparativos. Después de ese proceso siente que está capacitada para empezar a escribir. Tras escucharla, dije: «Si tuviera que hacer todo eso no sabría por donde empezar». Tal vez sea necesaria una técnica meticulosa para elaborar un Gran Reportaje de 50.000 palabras, o más, que acabará en libro. Tal vez sea imprescindible para que no se escapen los detalles, como en *A sangre fría* de Truman Capote.

Quizá debí emplear la técnica puntillosa de Leila, o la de Martín Caparrós, el gran maestro de la crónica en los últimos treinta años, para acometer esta saga familiar. Me hubiera salido un texto hacia fuera, no uno hacia dentro, de buceo, sensaciones y pérdidas. Me hubiera escrito desde la frialdad del reportero, cuando lo que me demandaba el ánimo era escribirme como víctima. Necesito la sorpresa para despertarme como narrador, para ser capaz de descubrir las claves internas del relato. Una preparación exhaustiva me anestesia contra lo inesperado, me impide sentir el buceo emocional, apreciar lo que estoy viviendo y reporteando. Mi emoción es vehicular, sirve para conectar y dar confianza, para llegar hasta la historia menos evidente, para que brote la magia. Esto sucede en muy pocas ocasiones, pero cuando acontece todo cobra sentido: el viaje, la profesión, la vida. Me ocurrió la primera vez en abril de 1993 en Ahmici, una aldea del centro de Bosnia, en el valle del Lasva. Me encontré, sin esperarlo, dentro de un pequeño convoy de periodistas protegido por tropas británicas en dirección a la aldea en la que se había producido una matanza de civiles musulmanes. Viajaba con dos periodistas finlandesas y un reportero alemán. Nuestro vehículo todoterreno era el único sin blindaje. Se oían disparos lejanos. Era mi primera vez en Bosnia-Herzegovina. Ahmici olía a carne humana quemada, la de un padre y un hijo que no consiguieron escapar del sótano de su casa. Algunas mesas estaban puestas para la cena; había ropa tendida en las cuerdas. Era la vida cotidiana suspendida, interrumpida por la barbarie. Construí una crónica desoladora que quebraba todas las normas de estilo del periódico. La edifiqué desde el relato vívido de los supervivientes hacinados en la casa en la que nos hospedamos, que pertenecía a una familia bosniaca amiga de las finlandesas. El texto estaba preñado de emoción y rabia. Fue fascinante: gracias a él descubrí mi mirada, un estilo de narrar.

Si fuera demasiado preparado correría el riesgo de llevar el reportaje escrito en mi cabeza, de ir a confirmar lo que ya sé, o ni siquiera ir. Uno no viaja a la guerra para contársela a los demás, y menos para hacer caso a jefes fijados a una web o a una televisión satélite; uno va a la guerra por una cuestión personal, para ver y sentir las cosas que pasan en el mundo sin esperar a que te las cuenten. Esta técnica, que depende del lenguaje corporal, la paciencia y la suerte, es útil para el reportaje corto y medio, los únicos que tienen cabida. En el Gran Reportaje, como los que escriben Jon Lee Anderson y Francisco

Goldman en la revista *The New Yorker*, es necesario combinar preparación, sabiduría e intuición.

El Gran Reportaje fue expulsado de los medios de comunicación españoles antes de la crisis. Su ausencia en la prensa tradicional y en la digital de nuevo cuño no es una cuestión de presupuesto, sino de cultura periodística. Carecemos de la tradición del contar pausado, casi literario, de los cronistas latinoamericanos, maestros en este género mayor del periodismo escrito, influidos, quizá, por *Relato de un náufrago* de García Márquez y por su Fundación del Nuevo Periodismo Iberoamericano. O por la tradición cuentista de América Latina: la capacidad de construir mundos y vidas extraordinarias en poco espacio. En España tuvimos a la Generación del 98, a Benito Pérez Galdós. Como periodistas destacaron a principios del siglo XX Carmen de Burgos, *Colombine*, corresponsal en la guerra de Marruecos y la primera mujer que ejerció este oficio de manera profesional; Sofía Casanova, célebre por sus crónicas desde Polonia y Rusia en la Gran Guerra; y Agustí Calvet Pascual, alias *Gaziel*, que contó desde París el estallido de la Guerra del 14. Son parte de una pléyade de grandes cronistas que quedó cercenada por la Guerra Civil y la dictadura, dejando a las generaciones siguientes, a los Manu Leguineche, Vicente Romero, Arturo Pérez Reverte y Enrique Meneses, y a la mía, la generación Bosnia sin referentes.

El periodista polaco Wojciech Tochman, heredero de la escuela de Kapuściński, el maestro del Gran Reportaje europeo del siglo XX, ha escrito uno en formato de libro sobre el genocidio ruandés titulado *Today We're*

Going to Draw Death (*Hoy vamos a dibujar la Muerte*), aún no traducido al castellano. Siguió entre 2008 y 2010 el caso de Leonard, un joven tutsi que había perdido a toda su familia. Fue sus ojos, su voz y su intérprete durante siete viajes, para adentrarse y entender lo ocurrido en Ruanda a partir de la primavera de 1994. Nunca quiso cobrar por su trabajo; le parecía indecente ganar dinero a costa de las historias de la tragedia de su país. Para recompensarle, Tochman le invitó a viajar con él a Polonia. Tras superar numerosas trabas burocráticas en su embajada en Nairobi, se subieron al avión. Allí, entre las nubes, tal vez para combatir el miedo, el joven empezó a dibujar su aldea, su casa, el ataque hutu en el que mataron a su familia. En un momento señaló a la figura que estaba en la casa y dijo «mamá». Era la primera vez en dos años que la pronunciaba delante del periodista, que reconocía el vínculo, la ausencia. Tochman acababa de descubrir la pieza maestra de su reportaje, sobre la que podría pivotar la historia del genocidio ruandés y la de todos los genocidios y matanzas. ¿Cómo explicar a un jefe víctima del síndrome de la gallina —la necesidad enfermiza de tener los polluelos cerca para no olvidar que es gallina— que uno no puede regresar todavía a la redacción porque está esperando que un joven ruandés diga «mamá?».

Cada vez que estoy convencido de tener el marco del puzle, seguro de que las piezas van a encajar, cada vez que estoy en condiciones de empezar a escribir, necesito conversar con alguien que, por su valía, sus conocimientos y franqueza arruine mis planteamientos, que haga saltar todo por los aires. Cuando esto sucede, y ocurre con frecuencia porque es parte esencial del proceso de elaboración de una historia, de su mejora, siento rabia; le acuso sin decirlo de altanería, de invadir mi reportaje. Me pasó con Enrique Naveda en Guatemala cuando creí tener las claves sobre *La transición requisada* antes de publicar en *Jot Down*. Pero es eso lo que anhelo: una voladura. Esta ha sido la tarea de María en este libro: ser parte de él, dinamitarlo, obligarme a repensar cada palabra.

He encontrado en México a Guadalupe Fernández Gascón, viuda de José Manuel de Rivas Lobo, hijo de mi tía Salud. Nos carteamos durante varias semanas a través del correo electrónico. Me resultó emocionante, y a ella, doloroso. Sin esperarlo ha representado un seísmo de magnitud 9 que ha modificado en varios grados mi punto de vista. Me obligó a reflexionar sobre los Lobo, los condenados y los salvados. Su vivencia con Salud y Pilar Lobo Coya, las hermanas de mi abuelo, no encaja con los personajes que de ellas me había construido. Nunca tuve razones específicas para otorgarles la santidad; las situé en el bando de los buenos por el hecho de ser republicanas, exiliadas y contrarias a las ideas de mi padre. Sé que Guadalupe es solo una fuente, tal vez contaminada, que puede hablar desde el resentimiento. Carezco de versiones de personas vivas que puedan confrontar la suya. Solo dispongo de los retazos de memoria de mis primos y de la mía propia, que en mi caso se asienta más sobre prejuicios que en hechos demostrables. He leído los correos de Guadalupe varias veces, incluso en voz alta, imaginándome sus manos sobre el teclado del ordenador, la expresión del rostro al revivir sus tragedias para compartirlas con un desconocido, porque eso es lo que soy, un extraño. Sus palabras rezuman honestidad. Parecen limpias.

Me recuerda a Hatidza Mehmedovic, presidenta de las madres de Srebrenica, una organización dedicada a buscar desaparecidos, a impedir el olvido y exigir justicia para los 8.100 varones musulmanes asesinados por las tropas de Ratko Mladic en julio de 1995, tras la caída del enclave bosnio teóricamente protegido por la ONU. La conocí en 2005, en la elaboración del reportaje del décimo aniversario. Tenía entonces 53 años. Buscaba los restos de su marido y de sus dos hijos, de 21 y 18 años. Ella fue quien gritó a Bill Clinton en Potocari, en medio del silencio de los muertos y de los vivos, «¿por qué no hizo algo? ¿Por qué no hizo nada?». Hatidza tenía una voz hermosa, sin odio; parecía en paz. Volví a verla en su casa de Srebrenica en junio de 2011. Hablaba desde una voz nueva, ronca, como si le brotara desde las entrañas. Habían identificado algunos restos de su marido y de uno de sus dos hijos, pero aún no sabía de cuál. Pude escribir un Gran Reportaje que uniera ambas voces, que las explicara, pero no tuve el talento para comprender que esas voces eran la llave maestra de un texto capaz de explicar el dolor de todos los muertos de Bosnia, de los desaparecidos de América Latina y España. Eran mi niño ruandés diciendo «mamá» mientras volaba a Varsovia.

Me imagino a Guadalupe arrastrando todas sus voces. Las de la alegría y las de la tragedia; la de recién casada en noviembre de 1962 con José Manuel y la de viuda prematura cuando para matar a un político del PRI volaron el avión en el que viajaba su marido. Fue el 4 de junio de 1969. Ese año cumplían siete años de casados, tenían dos hijos y uno en camino. También imagino la voz de madre al nacerle el niño póstumo con problemas de oxígeno y una severa deficiencia que exigiría atención completa, o la de madre destrozada cuando el 22 de abril de 1996 mataron a su hijo primogénito, José Manuel como su padre, de la manera más canalla: en un asalto en el metro del Distrito Federal en el que le arrojaron a las vías cuando llegaba el tren. Un asesinato que quedó impune en el país de la impunidad. Todas esas voces le regresaron de golpe, como en una crecida súbita, al responder a mis correos, a mi necesidad de saber.

Me gustaba mi tía Salud en contraposición a las brujas de mi abuela y su hija Josefina; el bien absoluto frente al mal absoluto; así, sin matices ni descargos. Le conté a Guadalupe mi intención de llevar flores a Salud al cementerio de Arganda del Rey, de ponerle la canción *Siboney*, el nombre del barco que la condujo al exilio. Quizá le sonó extravagante o ridículo, aunque ella proceda de una familia de artistas. No sé si puedo llamarla tía, ahora que me encuentro inmerso en una segunda transición, pacificándome memorias, reformando Cartas Magnas y estatutos de autonomía, rescatando muertos de los olvidos y las falsedades, desenterrando familias, construyéndome una mirada más generosa, menos dogmática. Me contó que su experiencia con Salud fue muy diferente a la mía. Me dibujó una mujer difícil, dominante, manipuladora, siempre enferma, que se quejaba de todo, una perfeccionista que no consentía una arruga en el mantel o una mala raya en el pantalón de su hijo. De quien habla maravillas es de Manuel de Rivas Cherif, su suegro, siempre bien dispuesto, incluso para bajar a comprarle a su mujer pasteles en Elizondo tras un día de trabajo en el hospital que había fundado.

Su mayor enfrentamiento con Salud y Pilar, que ya vivían juntas, se produjo tras la muerte de su marido, cuando les informó de que estaba embarazada de tres meses. Ambas dudaron de que fuera de José Manuel. Habían estado juntos de viaje por Europa, Guadalupe se quedó dos semanas más en Madrid con la hermana de su madre mientras que el marido regresó a México. Ella volvió en la víspera del vuelo maldito a Monterrey, a tiempo para despedirse sin saber que se despedía. Al nacer su tercer hijo con problemas se redobló el rechazo. Salud nunca quiso saber nada del tercer nieto.

Quedé noqueado al leer el correo. En un instante se desmoronaba la mitad salvable de mi memoria familiar esculpida desde 1973, desde que Salud realizó su primer viaje a España. Telefoneé a mi prima D'Olabarriague para darle cuenta de las novedades. Ella fue quien consiguió plaza en la residencia de Arganda tras escribir a la Casa Real; esperaba una defensa numantina de la memoria de Salud. «La verdad es que no la conocía demasiado; me pasó como a ti, me gustó por el hecho de ser republicana.»

No he visto jamás una imagen de Pilar Lobo Coya, la hermana de Salud y de mi abuelo. No sé si era guapa como su padre o fea como Magdalena. Solo tengo el relato familiar indirecto y machista que la condena por puta, aunque lo maquillemos con un conveniente «mujer adelantada a su época». No he encontrado su ficha de entrada en México, a diferencia de la de mis tíos Manuel y Salud, que desembarcaron por el puerto de Veracruz el 1 de julio de 1939, según consta en la documentación del Servicio de Migración de México. He dado por supuesto que sus movimientos, de Madrid a Valencia, de España a Francia y de Francia a México, los realizaron juntos, pero tal vez no sea así. Le pregunté a Guadalupe por Pilar Lobo. Me impresionó la respuesta: «Era una mala persona, como dices que lo era tu abuela del mismo nombre». De repente resucitó la frase «denunciaba a personas».

Me han llegado por correo ordinario cinco fotos de su boda y una nota manuscrita. Están impresas en papel normal, pero la calidad es buena. Son la prueba de que su historia es real, de que no habla desde un encono distorsionador. Las fotos superan cualquier descripción. En una de ellas, Guadalupe aparece a la izquierda de mi tía Salud, su recién adquirida suegra, que tiene una expresión dura, mirada ida, y los labios tan prietos que debían dolerle las mandíbulas. No oculta su desaprobación por la boda, su disgusto con la decisión de su hijo, y quiere que todos lo sepan. A la derecha de la novia se encuentra su madre, Elena Gascón Pérez, que parece intuir que su hija no va a ser feliz. En otra foto, Guadalupe toma la mano derecha de Salud mientras le sujeta el hombro, como si preparara un abrazo. La novia parece feliz. Es guapa, como su marido. Salud está girada, como si buscara el punto más alejado del calor humano. Debió de ser una relación difícil. En la fotografía en la que aparece abrazada a su «suegrito», como dice ella, se les ve felices. Manuel de Rivas Cherif tiene cara de buena persona.

Al narrar a María las novedades, escucha y se conmociona ante lo insospechado. Me devuelve lo ocurrido como ejemplo del cuidado que debo tener con las memorias inducidas. Donde vi dignidad en mi tía Salud, tal vez había altanería; donde vi rechazo a mi abuela Pilar por hacer la vida imposible a su marido, quizás había rechazo de clase, al ser mi abuela una niña acogida y no de la alta burguesía madrileña.

No sé dónde está la linde entre el dolor vivo, la memoria y los hechos. Hechos son las muertes trágicas del marido de Guadalupe y de su hijo mayor; hecho es el retraso de su tercer hijo. El relato de la familia, elaborado por Salud, justificaba su regreso de México tras la muerte de Franco en que su nuera se había vuelto a casar y no veía a sus nietos. Gudalupe afirma que solo convivió unos meses con alguien que no funcionó y que Salud se fue a España sin despedirse de ella ni de sus nietos.

Al menos no desmontó mi visión de La Pepa; mis demonios podían seguir siendo demonios. Guadalupe me confirmó que la tía Josefina le robó unos aretes, un collar y un prendedor de oro con piedritas preciosas que, según el testamento de Salud, debían ser para sus nietos. Ella dijo que ya se había gastado dinero en arreglarlos y que no los entregaba. Entre mal invertir el dinero que le dejó su marido y mi tía Josefina, Salud murió arruinada.

Ya no estoy tan seguro sobre mi visita al cementerio de Arganda del Rey, como prometí en los primeros capítulos. Queda el gesto de Underwood, el personaje de Kevin Spacey en *House of Cards,* ante la tumba de la tía Josefina en la Almudena. Me gustan los cementerios. No solo es la quietud, el silencio y el olor a cedro, son los nombres, las fechas y los textos de las lápidas. Algunos escritores acudían a los camposantos para rastrear nombres e ideas para sus personajes. Era una costumbre del mundo lento; el rápido mira ahora en Internet sin despegar el culo de la silla.

Ramón fue de los que emergió victorioso de las catacumbas a finales de marzo de 1939. Tenía 19 años y seis meses; sus hermanos, que le acompañaban en fervor franquista, casi 17, José Luis, y 16, Julio Antonio. Veo imágenes de aquel Madrid abarrotado por miles de personas con el brazo en alto, y me sorprendo, ¿serían los mismos que levantaban el puño unos meses antes? Pienso en el Bagdad de abril de 2003, cuando, en los días previos a la caída del régimen, decenas de bagdadíes prometían en las televisiones occidentales que darían su sangre por el líder, y una semana después vitoreaban sin rubor a las tropas norteamericanas que derribaron la estatua de Sadam Husein en la plaza del Paraíso. Es el teatro de la supervivencia el que empuja a personas normales a interpretar papeles contradictorios. Estoy convencido de que los tres hermanos Lobo salieron a la calle a mostrar alegría, pertenencia y fidelidad al nuevo régimen, si es que no tuvieron que ejercer labores de orden público reservadas a los quintacolumnistas.

La guerra estaba perdida desde octubre de 1938. El Madrid del No Pasarán se había convertido en el Madrid del hambre y la ausencia de lucha. La población estaba desmoralizada. Ese mes, una docena de aviones franquistas lanzaron 110 sacas con 180.000 barras de pan sobre la ciudad. La mayoría de la gente las entregó en las comisarías; unos por dignidad, otros por temor a que estuvieran envenenadas como sostenía el general Miaja. No era un gesto de humanidad, sino parte de un diabólico plan de Goebbels para quebrar a la población. Las bolsas del pan de Franco, como les llamaba la Quinta Columna, muy activa esos días, estaban envueltas en los colores de la bandera franquista con una leyenda bien visible: «No nos interesa lo que pensáis. Nos basta con saber que sois españoles y que sufrís. En la España nacional, una grande y libre, no habrá hogar sin fuego ni familia sin pan».

Cuando el coronel Segismundo Casado y sus aliados anarquistas y socialistas dieron su golpe contra Negrín y los comunistas, y entregaron Madrid, no negociaron siquiera la posibilidad de una retirada ordenada. Según entraban los nacionales por la calle Princesa, huían miles de personas por Ventas, que fueron hostigadas por los *pacos*. ¿Estuvo mi padre en esas acciones? Terminada la guerra, el derrotado «Ejército rojo» pudo apreciar la magnanimidad del vencedor: 50.000 fusilados y una represión feroz.

Las misas clandestinas desaparecieron de Atocha 66, las monjas vestidas de seglar retomaron sus hábitos y deberes de clausura en el convento de la Concepción Francisca de la calle Toledo. Todo regresó a su sitio, al que le corresponde por Derecho Natural. Tras la muerte de mi abuelo en enero de 1953, su mujer dejó de pertenecer al ropero y otras organizaciones que no eran más que un instrumento para zaherir a su marido. El 26 de enero, diez días después de su muerte, presentó ante el Colegio de Médicos una petición escrita por si tuviera derecho a algún tipo de compensación. En junio de 1954 le entregaron 5.000 pesetas. No se conformó con ese dinero y aprovechó un viaje a Extremadura de su hijo José Luis, que nunca lo hubiera consentido, para vender al peso toda la biblioteca de su marido, en la que había numerosos libros de su padre, entre ellos algún incunable. Este acto supino de ignorancia es una metáfora de la España que gobernaba: una dictadura implacable y estúpida que desmanteló la Junta para la Ampliación de Estudios creada por Ramón y Cajal en 1906 para poner el estudio de la ciencia en manos de un personaje de ficción: la Inmaculada Concepción de María; o que sustituyó las enseñanzas de la evolución de las especies de Darwin por una mofa cateta en las etiquetas de las botellas de Anís del Mono. ¡Que inventen ellos! Ahí seguimos, presumiendo de lo que no tenemos, creyendo lo que no somos.

8

Estación Amnesia

Ramón viajó cuatro veces a Inglaterra. Tenía un motivo político y otro físico que coincidían en los síntomas: era alérgico a los ingleses. Su primera vez en el verano de 1956 fue también mi primera vez. Yo tenía 18 meses, y mi vida se componía de cinco prioridades expresadas en un orden imprevisible para dos adultos aferrados a un libro de autoayuda: comer, eructar, cagar, mear y dormir. Antes de sentarse en el avión con destino al infierno británico, mi padre advirtió a su mujer: «Si me tratan mal, me doy media vuelta». No era una broma sino una amenaza patriótica. Aprovecharon las vacaciones en España e Inglaterra para efectuar las presentaciones familiares. Era tan rubio y tan blanco de piel que parecía un bebé inglés, circunstancia que me condenó de por vida ante los ojos de la pérfida Josefina y su desalmado marido, expresado así, casi en términos gabrielgarciamarquianos. ¡Qué escándalo: un bebé inglés! Lo que faltaba en una familia franquista, católica, decente y de orden, sobre todo de mucho orden. Aunque fui la estrella de la gira, más en la etapa británica que en la española, no pude disfrutar de las caricias y los halagos, como hubiera deseado, debido a mi corta edad, y si lo hice, no lo recuerdo. Lo que no se recuerda, se desvanece.

Al escribir esta frase ha brotado de algún lugar una palabra que me acompaña y preocupa desde hace tiempo: «alzheimer». No temo a la muerte como experiencia, como cierre de un paréntesis, pero tengo miedo al deterioro radical, a perder la independencia de movimiento, pensamiento y decisión, a ser un estorbo. Sé que el mecanismo de supervivencia ante las enfermedades funciona de forma similar al de los años que cumplimos; o que «hacemos», como sostenía José Saramago y como se dice aún en los pueblos de España. Prefiero «hacer años» porque significa construirlos de forma activa, participar en la creación de la vida de cada uno, en vez de cumplirlos pasivamente como si se tratara de una condena. Hacemos años que no queremos ver ni asumir, pretendemos estar igual que a los 30 o los 40 pese a que ya nos resuenan los huesos y las costuras. Veo enfermedades en los demás, en amigos que se consumen a fuego lento en un cáncer en fase terminal, enganchados a una falsa ilusión de vivir, y me digo «jamás compraré espejismos ni permitiré que me roben la realidad en mis últimos meses de vida», pero sé que, si llegara ese día, me aferraré a cualquier brizna de humo que me permita soñar con una prórroga y con otra. Vivir es pelear, no rendirse jamás, pero también, en casos extremos, es engañarse que se vive.

Pienso en mi tía Marie Claire, la hermana mayor de mi madre, que vivió sus últimos años en una residencia religiosa en Meaux, a dos horas de París, sin apenas conexión con el mundo, cubierta de ausencias, fantasmas y recuerdos desordenados. Pienso en mi madre, que está dejándose la memoria en medio de una lucha titánica por retenerla. Su carácter, su capacidad de concentrarse en un objetivo y de luchar hasta la extenuación juegan a su favor. Así ha sido toda su vida, una peleadora, con una suspensión de tres décadas mientras estuvo casada con Ramón Lobo Varela. Esto que acabo de escribir es inexacto y absurdo porque siguió luchando, pero de otra manera; fue ella quien sostuvo la familia en los últimos diez años, cuando mi padre había tirado todas las toallas de la vida. No peleó por mí como me hubiera gustado porque tal vez estaba de acuerdo con la educación que yo recibía o porque compartía con su marido el desconcierto ante mi rebeldía e inmunidad a los castigos. Además es injusto, porque sitúo de nuevo el *onus probandi* contra de mi padre, cuando Maud se debió de tomar su españolización como se ha tomado todo en la vida: con una determinación sajona. Mi madre es obsesiva, un rasgo que he heredado; cuando decide hacer algo pone toda su energía en lograrlo. Así aprendió español: memorizando un número de palabras cada día mientras acudía a una academia de idiomas. Kapuściński empleó la misma técnica con el inglés en su primer viaje a la India. Ambos consiguieron su objetivo.

Esa tenacidad le ayudó a convertirse en una formidable jugadora de ajedrez, de las que analizan cuatro o cinco jugadas con anticipación, y sus posibles variables. Era imposible sorprenderla. El ajedrez es un juego de estrategia, y como tal, de engaño, de tender trampas y disimular fortalezas, de inteligencia y concentración. La inició su padre, que pronto empezó a perder una partida tras otra. De joven acudió a un club de ajedrez para mejorar la técnica y aprender de los grandes maestros. Fue una de las personas elegidas para participar en una partida simultánea con un campeón internacional con quien hizo tablas, un logro notable. Al terminar, el jugador se le acercó y le dijo: «Me tenía usted preocupado, juega muy bien». Tuvo la posibilidad de viajar a la URSS para continuar su formación, pero temió que esta apuesta le impidiera casarse y tener hijos, que era su vocación. Con Ramón jugó algunas partidas de recién casados; le venció siempre por aplastamiento. El *generalísimo* Lobo comprendió que en ese campo de batalla no tenía nada que hacer, y pasó a ser un juego prohibido. Optaron por el Scrabble, en el que perdía más que ganaba, pero al menos tenía posibilidades de victoria. Cuando jugamos los lunes sigue siendo la competidora que disputa cada punto hasta el final.

Además de mi tía Marie Claire también pienso en mi abuelo Marcel, que después de hacer 88 años empezó a confundir objetos y recuerdos, y a los 90 decía haber participado en la resistencia, como su hermanastra Marthe, porque se creyó parte de un documental de la BBC, protagonista de sus acciones. Pienso en mí, que se me empiezan a extraviar nombres y palabras y me asaltan los miedos de un hipocondriaco irresponsable: aquel que siente los síntomas de una enfermedad pero no acude al médico para evitar que le den malas noticias. He entrado en la edad en la que uno ya no habla de corrido.

María me regaló hace tres años un texto maravilloso, emocionante, que se quedó de libro de cabecera junto a *Las ciudades invisibles* de Calvino y el poemario de Kavafis. Se llama *Luz de la Memoria*. Recoge los pensamientos y las frases pronunciadas por personas con alzheimer en un centro de día de Huelva. Las cuidadoras Pepa Medero Rubio y Carmen Vides Bernabé realizaron la labor de recolección y selección. Empezó el día en que una ellas preguntó a don Manuel, de 78 años, «¿cómo está hoy?», y él replicó: «Bien y mal; tengo dolores y amapolas». Me encanta el prólogo del poeta onubense Juan Cobos Wilkins y su metáfora sobre el olvido decisivo: una maleta que se marcha en un tren dejando atrás a su dueño varado en el andén. Me seduce aún más al revés: que sea la persona quien inicia el viaje sin retorno dejándose atrás la maleta de sus recuerdos y vivencias. Sin recuerdos no hay vida, no existe el pasado, la constancia de nuestro paso. Es como si flotáramos en un limbo.

Prefiero la segunda versión de la metáfora porque también tiene más que ver con la memoria colectiva de España, con lo que nos ha sucedido. Imagino el tren de la Transición partiendo de la estación Dictadura en dirección a otra llamada Democracia. El convoy arranca con cuatro décadas de retraso entre vítores del público que alaba su puntualidad sin que nadie se dé cuenta de que en el apeadero quedó olvidado un remolque cargado con las maletas de los pasajeros. Es un tren que parte sin memoria, sin utopías, de una estación llamada Dictadura a otra que se llamará Olvido, Amnesia, Injusticia. Las maletas perdidas deben de estar en algún depósito de memoria histórica nunca reclamada. No sé cuánto tiempo tiene que transcurrir por ley de vida para que las más antiguas sean destruidas para dejar sitio a las nuevas memorias extraviadas. Bastaría un poco de coraje político y de decencia ciudadana para buscarlas, y mucha paciencia para abrirlas y sentir sus contenidos, mimarlos.

En un pasillo del hospital Ramón y Cajal, donde estaba ingresada mi madre, vi salir a la muerte entre unos familiares que abandonaban la habitación de al lado sumidos en lágrimas, abrazos y pésames. Al poco tiempo llegaron dos hombres con bata blanca que empujaban una camilla metálica y en ella se llevaron al difunto reciente bajo un sudario que apenas disimulaba su pequeñez. Lo imaginé enjuto, devorado por la enfermedad o la vejez. Cuando la camilla metálica pasó a mi lado sentí un estremecimiento. Allí iba una vida clausurada, definitivamente callada. Pensé en mis antepasados, en sus historias jamás contadas. En eso consiste la muerte, en la pérdida de lo que fuimos, incluidos nuestros secretos, pensamientos y emociones. Queda el relato y la nostalgia de la familia y los amigos, pero se trata de recuerdos que ya no nos pertenecen, son de otros, como la vida de los primeros años, cuando nos cuentan lo que no recordamos para que recordemos lo que dicen que hemos vivido.

Luz de la Memoria reúne el pensamiento desnudo, desprovisto de adjetivos y alharacas; son vidas que retornan a la infancia tras un recorrido elíptico, que regresan al origen de lo que en realidad somos. Sus frases son poesía, a menudo triste, cargada de una soledad desgarradora: «Veo muchas puertas y no encuentro la salida»; «me gusta la primavera porque los pájaros están vivos»; «yo tenía el pelo rizado como el mar y ahora solo tengo arena»; «la risa es una canción sin letra»; «tengo unas manos feas que han hecho cosas bonitas»; «hoy huele a la cocina de mi madre»; «yo sé que los libros hablan pero no los entiendo»; «mi vida es una película de cine mudo».

En aquel centro de día de Huelva, tiempo después, recogí material para un reportaje sobre el alzheimer. En la última sala que visité estaban los casos más avanzados, grado seis y siete. Me senté a observar el trabajo de las cuidadoras. Ya no brotaban frases ni palabras, solo gemidos y quejidos de vez en cuando. Sentarse a ver el final de la vida de los enfermos de alzheimer es un ejercicio necesario contra la pompa y la ansiedad del yo. Regresó Jesús Álvarez padre: «Nos empeñamos en luchar por cosas que nunca vamos a disfrutar».

Cuando comparto con María mis miedos sobre el alzheimer, de olvidar la maleta de mis recuerdos en cualquier tren o cualquier estación, de perder la esencia de lo que soy, me responde sin rodeos: «No entiendo por qué te preocupa cuando con el sobrepeso que tienes y lo poco que te cuidas, acabarás antes como tu padre». Pese a la reiteración excesiva de mis temores, este tipo de comentarios sinceros, cuando estoy a menos de tres años de la edad en la que murió, no se encuentran entre mis favoritos.

Ramón empezó mal su primer viaje a Londres en el verano del 56. A falta de un vuelo de Iberia tuvo que embarcar en Madrid en otro de British European Airways, antecedente de British Airways, anticipando en dos horas y media su encuentro físico con la pérfida Albión, rodeado a miles de metros de altura de azafatas y azafatos que se dirigían a él en un inglés que no entendía bien. Maud le sirvió de intérprete y traductora de costumbres. Le molestaba que los hombres se dirigieran a su mujer con un «dear» colocado en cualquier frase: «*Good morning, dear*», «*Thank you, dear*», «*Oh, dear*», «*Bye bye, dear*». Mi madre le explicó que se trataba de un tratamiento dictado por la educación, que nada tenía que ver con la palabra «querida» en castellano.

Ramón pasó por el control de pasaportes y por la aduana del aeropuerto de Heathrow sin ofensas ni contratiempos, sorprendido de la cortesía de los funcionarios. ¿Qué esperaba? ¿Qué sonaran las alarmas de detección de franquistas? ¿Qué le escupieran a la cara? ¿Qué arrojasen su pasaporte al suelo y lo pisotearan para mofarse de su caudillo? Al otro lado de la zona de recogida de equipajes aguardaban mis abuelos Marcel y Germaine, ella con su pierna ortopédica y sus dificultades de movimiento. No sé si estaban al corriente del historial ideológico de mi padre ni de sus opiniones rotundas sobre los ingleses, aunque llegado el caso a ellos no les afectaría demasiado porque él era luxemburgués y ella normanda. Mis abuelos estaban sobreexcitados, deseosos de conocer al marido de su hija y a su primer nieto, es decir a mí, el rey de la gira.

Las amigas de la infancia de Maud se sorprendieron al descubrirme tan blanco y rubio, y con unos ojos entre azules y verdes, según la luz, ojos que he heredado de Germaine. Parecía un bebé de los suyos, algo que a ninguna de ellas le pareció un defecto. Tras mi nacimiento, alguna había escrito a mi madre interesándose por el color de mi piel: padre español, nacido a las orillas del lago Maracaibo, parecían motivos suficientes para imaginarme negro, mestizo, diferente. ¿Otro? El segundo viaje tuvo lugar en agosto de 1959, tras nuestro regreso de Venezuela y la compra de la casa de María de Molina. Estuvimos un mes. Pasó una década hasta el tercero, el que me dejó más huella.

A Marcel le habían alarmado las noticias procedentes de Madrid a finales de febrero de 1953. Su hija, que llevaba tres años afincada en España, había conocido a un hombre con el que quería casarse tras trece días de noviazgo exprés. Sabía que Maud era impulsiva; pero no podía imaginar que el pretendiente lo era aún más. Tras la primera cita en Edelweiss, caminaron por la Gran Vía en dirección a Ferraz para reunirse con Tomás Ortega y su novia Asun Jordan de Urríes, hija de unos marqueses en dificultades que habían hospedado a mi madre durante su primera estancia en 1949, y que fueron los muñidores del encuentro. Cerca del edificio de Telefónica, Ramón se cruzó con Francisco Manjón, capitán en su misma unidad en la División Azul, dos veces Cruz de Hierro, de primera y segunda clase, y por quien debía sentir un respeto reverencial. «Paco, te presento a mi mujer», dijo. Maud enrojeció detrás de una sonrisa forzada: «No es verdad, nos acabamos de conocer», respondió con un acento inglés que aún conserva. Manjón replicó: «No te preocupes, ya sabemos cómo es».

Lo que empezó como una broma se transformó en una oferta firme al día siguiente. Ramón le regaló un libro con la dedicatoria «a mi futura esposa». Condujo el asunto como si se tratara de una operación militar: ataques constantes por los flancos sin dejar pensar ni reaccionar al objetivo. Si ella rechazaba una cita al tercer día, él se presentaba en la puerta de la oficina. Mi madre, apurada por la edad, tenía 28 años, se sentía confusa. Manuel Molezún, a quien conoció en Londres en 1948, parecía un buen partido: olímpico en 110 metros vallas, casi médico y pintor, pero que no terminaba de declarar sus amores, si es que los tenía, tras varias salidas y una juerga en la Ermita del Santo. Muchos de los chicos con los que alternaba en Madrid trataban de propasarse, igual que algunos hombres de negocio para los que realizaba traducciones ocasionales. «Creían que, como era inglesa, tenían más oportunidades; pensaban que era más liberal que las españolas. Ellas no podían salir de noche ni quedar con un hombre a solas», me dijo en uno de nuestros encuentros de los lunes. Mi madre se sentía perpleja por la velocidad de los acontecimientos, el arrebato y encanto de su pretendiente. Maud, la mujer que se negó a hablar francés tras la capitulación de Petain ante Hitler, se estaba metiendo en la guarida del lobo.

En las fotos que conserva de aquella época, se ve a Ramón con abrigo y una franja negra cosida en el brazo en señal de luto. Mi abuelo, su padre, había fallecido el

16 de enero de 1953. Le faltaron siete meses y doce días para alcanzar los 68. No sé cuál fue su enfermedad, solo que él conocía el diagnóstico, evolución y final, y así se lo contó a su hijo José Luis que aún vivía en Atocha. Tal vez fuera un cáncer de estómago, aunque lo importante no es el nombre sino el motor que lo mueve. En su caso era el peso de la tristeza de la familia que pudo haber sido y nunca fue y de la España en la que soñó y que tampoco pudo ser. Mantuvo la dignidad hasta el final pese al asalto del padre De la Cruz.

En mi familia pocos se atreven a pronunciar la palabra «locura» referida a las visiones extrasensoriales de mi abuela Pilar, las presuntas extravagancias de la bisabuela Encarnación, o las nuestras, las de la generación averiada, que son múltiples y variadas. Es una palabra que nos perturba más allá de los Lobo, que salpica a los Leyder que ocultaron el destino trágico de Suzanne, la hermana pequeña de mi abuelo Marcel, a quien le tocó un hospicio cuando era bebé tras la muerte de su madre Anna Reis. El padrastro de mi abuelo, Papa Leyder, terminó por hacerse cargo de ella a los siete años. Creció en Inglaterra junto a su hermano Marcel, mi abuelo. Maud cuenta en su libro que Suzanne desarrolló una estrecha relación con su madrastra Elisabeth Field, la esposa de Charles, a quien escribía poemas de amor. Elisabeth murió de cáncer de mama en 1913. Mi abuelo tenía 24 años, Suzanne, 19. Nunca se recuperó de la nueva pérdida, la tercera en su vida, y unos meses después se arrojó por una ventana. Tuvo mala muerte hasta en el suicidio, porque no se mató: quedó dañada cerebralmente e internada en un sanatorio mental donde falleció el 11 de diciembre de 1941, a los 48 años. Su vida fue un suplicio. Suzanne sufrió una segunda muerte, la del silencio del resto de los Leyder. Mi madre supo de su existencia en un entierro en 1946, al descubrir su nombre en una lápida. En su libro, trata de mantener la versión oficial, pero lo hace de un modo tan cándido que regala la verdad sobre lo ocurrido: «Suzanne tenía 19 años cuando, por una imprudencia, cayó por la ventana y se dañó la cabeza de forma irreparable y la tuvieron que internar en un manicomio. Marcel y Germaine decidieron guardar esta desgracia para sí por si alguien pudiera pensar que existía locura en la familia».

Para zafarse del acoso de mi padre en aquel mes de febrero de 1953, Maud pidió a su dios una señal iluminadora que le ayudara a decidir, y este, generoso, le envió dos. Por la noche rezó en busca del amparo celestial, y por la mañana se despertó sosegada, sin temor alguno, algo que interpretó como la aprobación divina que había solicitado horas antes, y no como la consecuencia de una buena noche tras días de estrés y apremio. La segunda señal llegó por carta; en ella su madre le informaba de que había rezado una novena para que encontrara marido. Decidió en un santiamén que la atropellada aparición de Ramón era fruto de las oraciones de mi futura abuela. Con este discutible doble apoyo celestial le dio el *sí* una semana después de conocerle. La novena de Germaine y la carta prueban que el asunto del matrimonio preocupaba a las dos. La presión venía también desde Inglaterra.

Trece días después de conocerse en Edelweiss, mi padre regresó a Venezuela. Maud había logrado frenar su última idea *fou*: casarse en Madrid antes de partir hacia Caracas. Ella se negó, dijo que no podía dar ese disgusto a sus padres. Tendría que informarles primero, viajar a Inglaterra, preparar el ajuar y despedirse de la familia y de sus amigos «como dios manda». A Pilar Valera Castro, su futura suegra, también le pareció una locura, tanto la boda impetuosa como la pospuesta un año. A sus ojos, mi madre tenía dos defectos insuperables: era inglesa y estaba tan loca como su hijo, con fama de enamoradizo, a quien su padre consideraba «un niño grande». Mi tía Josefina compartía con su madre el odio a Maud, a la que menospreció con calificativos a la altura de su capacidad intelectual, «la inglesita» o «la hija de la Gran Bretaña». En su lecho de muerte, Josefina dijo a su marido, Ignacio Aymerich, «te he querido». Según él, era la primera vez que lo oía. Este hombre, que trató de venderse como una víctima más de su esposa, y no como un colaborador necesario y entusiasta, se negó a ir años después al entierro de su hijo José Ignacio, el primogénito, con una argumentación de peso: «Era del PSOE y tonto y, además, no me caía bien».

Marcel debió de encajar la noticia del casamiento de su hija como mi abuelo español recibió la del glorioso alzamiento nacional. Era un comerciante viajado por Europa que hablaba inglés, francés, alemán y *luxembourgeois* (un dialecto, mezcla de los dos anteriores, pero esto no se debe decir en Luxemburgo); también tenía un excelente nivel en castellano e italiano. Conocía la Catalunya anterior a la guerra porque fue a rescatar a su hermano George, cuatro años más joven, a quien en el reparto de los hijos de François y Anna Reis le tocó primero la abuela paterna y después el Monasterio de Monserrat con la excusa de que era lo mejor para él. Tenía 10 años y una nula vocación religiosa. A Marcel le encantaba Barcelona. Se vanagloriaba, jamás delante de mi padre, de haber almorzado en un restaurante cerca de la mesa de Lluís Companys, que llegaría a ser presidente de la Generalitat y fusilado por los franquistas. También decía que los catalanes eran diferentes y que Londres devolvería Gibraltar cuando España entregara Ceuta y Melilla a Marruecos. Era un hombre alto y de carácter, estricto como Papa Leyder, un luchador, virtud que heredó mi madre. Le conocí en el inicio de su larga vejez, pues vivió hasta los 93. Entre el deterioro que produce el paso del tiempo y la alegría que le generó su primer nieto, Marcel estuvo cerca del papel del padre que no tuve.

Como hombre viajado y leído que era, adicto a las noticias económicas e internacionales, y al *Financial Times*, sabía que España no era una democracia, que el país estaba inmerso en una dictadura. La postguerra más dura había terminado pero la economía seguía estancada. Faltaban cinco años para el llamado Plan de Estabilización impulsado por Laureano López Rodó, un desarrollismo a costa de la balanza comercial que se equilibró, en parte, a través de las remesas de los emigrantes españoles en Alemania, Francia y Suiza, y con la llegada de los primeros turistas. Fueron pues los tecnócratas del Opus Dei los que abrieron la espita de una mínima modernidad y del mito de las suecas, sello de la España machista, del Celtiberia Show, la construcción alocada y la corrupción rampante vinculada al ladrillo que dieron lugar al actual *Españistán*, tan bien retratada por Aleix Saló.

Germaine quiso que su primer hijo naciese en Francia, una cuestión de dignidad: si nunca iba a ser inglés al tener padres extranjeros, que fuera francés de pura cepa como los Lebel y los Billiard. Dispuso sus cosas para trasladarse semanas antes del parto a Pantin, a las afueras de París, donde vivía gran parte de su familia. El viaje tuvo lugar a comienzos del verano de 1921. Papa Leyder, el padrastro de Marcel, contrató una comadrona en lugar de un médico por una cuestión económica. En aquellos tiempos no se iba al hospital a dar a luz, un lujo inalcanzable, sino que se habilitaba una estancia para que el alumbramiento se produjera en la casa. El bebé nació el 7 de agosto de 1921, y resultó ser una niña a la que llamaron Marie Claire, la primera de una saga de cinco mujeres a la que se añadirían Maud, Janine, Pauline y Tessa.

A los ocho días del parto, mi abuela empezó a sentirse mal. La fiebre subió hasta los 40 grados, sudaba y deliraba. Alexander Fleming aún no había descubierto la penicilina, que llegó siete años después, en 1928. Los médicos averiguaron que la infección procedía de la placenta, que se había quedado dentro del útero, una seria negligencia de la comadrona. Marcel tenía 32 años y trabajaba en Londres en una empresa francesa de importación y exportación de telas llamada Dormeuil Frères. Aunque no había estudiado una carrera que le permitiera tener conocimientos de salud, devoró varios libros médicos en busca del milagro, hasta que dio con una posible solución: amputar el miembro infectado. Su esposa de 23 años se moría en Pantin, víctima de una septicemia que afectaba a la pierna derecha. Los doctores que la atendían no estaban seguros del éxito de una medida tan drástica. Mi abuelo la convenció para que firmara el consentimiento porque era la única posibilidad de salvarse. Le prometió que estaría a su lado el resto de su vida, que nunca la abandonaría. Le cortaron la pierna por encima de la rodilla y Germaine sobrevivió. Después supieron que la comadrona había causado la muerte de las siete últimas mujeres que pasaron por sus manos, y se hallaba detenida. La única que se salvó fue Germaine. Pese al éxito de la operación, los pronósticos eran terribles: nunca volvería a caminar, estaría postrada en una silla de ruedas el resto de su vida.

Mi abuelo no se resignó. Cuando mejoró lo suficiente para viajar, regresaron a Londres, a la casa de Papa Leyder en Hornsey. Marie Claire tenía casi un año, el tiempo que mi abuela había pasado postrada en la cama. Tenía laceraciones, atrofias musculares y artrosis en la espalda. Marcel —que le daba friegas en el muñón, la lavaba, le daba de comer y animaba— ideó un sistema de poleas que le permitieron realizar algo parecido a una rehabilitación. Fue una lucha titánica contra un destino que jamás está escrito. Germaine volvió a caminar apoyada en una pata de palo y en un bastón hasta que pudo cambiarla por una prótesis. Hacía bromas sobre su pertenencia a la piratería. Nunca perdió el sentido del humor. Tuvo cuatro hijas más; la segunda de ellas, mi madre, nació casi tres años después de Marie Claire. Mi abuela padeció dolores en el muñón hasta su muerte a los 93 años, sufría de artrosis en la cadera y en la muñeca, deformada por el uso del bastón, pero jamás se quejó. Era una lectora empedernida de libros franceses, una mujer dulce y religiosa que se levantaba para ir a rezar a su habitación porque lo consideraba un acto privado.

En el año de noviazgo trasatlántico entre mis futuros padres, Marcel intercambió varias misivas con mi padre, quien trataba de ganarle para su causa mostrándose por anticipado como un yerno ejemplar. Ramón, con unos conocimientos rudimentarios de inglés, recurrió a un amigo de Caracas para redactar las cartas. Un compañero de trabajo que sabía francés se encargó de escribir una especial para Germaine. Sabía que mis abuelos eran católicos, y por ello se empleó a fondo en el terreno espiritual. Supongo que no les confesaría que era un falangista de carné, antiguo miembro de la Quinta Columna durante la Guerra Civil, un hijo que había hecho la vida imposible a su padre y asediador de Leningrado enfundado en el uniforme del Ejército de Adolf Hitler, el mismo tipo que mandó bombardear Londres y otras zonas de Inglaterra, que invadió Luxemburgo y Francia, sus países de origen, además de Bélgica y Holanda, donde vivían numerosos familiares.

El único Leyder que vistió uniforme alemán durante la Segunda Guerra Mundial fue Aimé, hijo de Paul, hermano de Marcel, a quien alistaron a la fuerza tras la ocupación de Luxemburgo. En cuanto pudo, Aimé Leyder desertó y se entregó a los rusos que carecían de la sensibilidad y los conocimientos necesarios para diferenciar un alemán de un sajón. Aimé pasó la guerra prisionero en un campo de trabajo soviético. Cuando terminó la contienda, escapó y regresó andando a su casa en un viaje que duró meses a través de una Europa destruida. Al llegar a su país, sucio, demacrado, con barba y pelo desaliñado, ropa maloliente y zapatos rotos, se dirigió al domicilio de unos parientes para no matar del susto a sus padres que le daban por muerto. Tras adecentarse y dejar a la vista la imagen de quien era, pese a la delgadez extrema, los familiares dieron la noticia de que estaba vivo y en la ciudad de Luxemburgo. Frente a este Aimé que pagó caro sus principios, estuvieron los tres hermanos Lobo que habían vestido el mismo uniforme alemán, en su caso con entusiasmo. Es cierto que también lo hicieron por principios; a los principios les sucede lo mismo que a la verdad: son múltiples, se acomodan a cualquier conciencia.

En uno de los primeros intercambios epistolares, Marcel se interesó por el trabajo de mi padre en Venezuela. Ramón le explicó que obtuvo un empleo en el Ministerio de Agricultura gracias al doctor Pedro José Lara Peña antes de dejar de ser ministro. El abuelo le comentó que se trataba de un puesto de alto riesgo debido a la costumbre latinoamericana de aquellos días de cambiar hasta los bedeles cuando se nombraba un nuevo Gobierno. Pese a haber sobrevivido en primera instancia a la marcha de Lara Peña, mi padre le dio la razón, y fue entonces, en la primavera de 1953, cuando envió una solicitud de trabajo a la compañía petrolera Shell, que operaba en el lago Maracaibo. Tras obtener una respuesta positiva, tuvo que superar un periodo de prueba de seis meses en el llamado «campo de los solteros», donde vivían los aspirantes mientras la Shell evaluaba sus capacidades antes del contrato definitivo.

Allí conoció a Clive Bashleight, un inglés de quien sería amigo durante años. ¡Otro inglés! Los hados parecían divertirse con el nacionalista vehemente que a los 21 años había lanzado piedras contra la legación británica en Madrid al grito de «¡Rusia es culpable!». Bashleight fue autor de una genialidad típicamente británica. Una noche, su vecino celebró una fiesta que le tuvo sin dormir hasta altas horas de la madrugada debido al vocerío y la música. Él, como buen inglés, no protestó, ni golpeó la pared, ni llamó a los guardas de seguridad. Al siguiente fin de semana preparó doce discos de larga duración de gaita escocesa, los colocó para que fueran cayendo uno a uno en el plato reproductor, subió el volumen, pegó el aparato a la pared y se fue a dormir a un hotel. Pasado un tiempo se encontró en uno de los campos petroleros a su vecino juerguista, también británico, que se tomó su derrota con *fair play*: «Le felicito; lo de la gaita fue genial».

Antes de viajar a Inglaterra a ultimar los preparativos de la boda, Maud tuvo que lidiar con una familia española que apenas conocía. Mi abuela Pilar la convidó a comer los domingos, lo que era un incordio porque limitaba su libertad, pero tampoco quería hacer un feo a su futura suegra. Maud mantuvo su trabajo en Azamón, empresa británica con oficina en Madrid, mientras avanzaba en los preparativos. Era su primer empleo serio. Antes había trabajado como secretaria trilingüe en una empresa dirigida por un tal Fernando Utrilla, un sinvergüenza que casi nunca pagaba puntual. Allí conoció a Isabel Arrieta, cuya familia regía la mercería Las tres rosas, en honor a sus hijas, situada en la calle Ramón de la Cruz. En esa época desarrolló su pasión taurina. Cada vez que había un evento en la plaza de las Ventas, allá iba dispuesta a tirar flores al mejor de la tarde. Gracias a su amiga Isabel, que Maud describe en su libro como un bellezón que nunca quiso presentar a mi padre, conoció a la familia del capitán general de Valencia, Joaquín Ríos Capapé, quien la invitó a las fallas. Aquel hombre altanero, de carácter fuerte y dotes de ordeno y mando, fue el primero en entrar el 28 de marzo de 1939 en el Madrid de mi abuelo y mi bisabuelo al frente de la División 18 del Ejército del Centro. La españolización de mi madre había empezado en realidad dos años antes de conocer a mi padre con una inmersión en la trastienda del régimen. El hijo del general la paseó por Valencia en coche oficial durante cuatro días y la llevó a un banquete organizado por sus padres. En su libro, Maud no se pregunta sobre sus intenciones, ni cuenta detalles de si la intentó besar; tampoco se interesó por la figura de Ríos Capapé ni por su actuación en la Guerra Civil, ni qué tenía que ver la ideología de ese hombre con sus acciones contra los nazis en el Londres bombardeado.

En las fallas del año siguiente, las de 1952, mi madre no recurrió a la familia Ríos Capapé porque se había cambiado a la empresa Azamón y podía pagarse la estancia, aunque fuera de manera modesta. Su objetivo era asistir a la última faena de Miguel Báez, *El Litri*, el torero de moda. Se presentó en su hotel para conocerlo en persona. A su representante le hizo gracia y gritó en medio del gentío que invadía la suite del maestro: «Miguel, una inglesa quiere verte». Maud se abrió paso a través de la curiosidad general. Miguel, seis años mayor que ella y valiente ante el toro, se ruborizó. Abandonada por el impulso inicial, mi madre sintió que le ardían las mejillas. No sé si en ese instante de confusión mutua, de mirarse a los ojos en medio de una sala en silencio y desenfocada, tuve alguna posibilidad —literaria, lo sé— de que Miguel Báez se convirtiera en mi futuro padre. Maud le pidió la oreja de uno de los toros de la tarde siguiente, y él se la prometió. Le preguntó por su localidad. Maud salió del hotel como si ella sola hubiese conquistado la playa de Omaha, en Normandía.

Al día siguiente acudió a la plaza henchida de emoción. En el primer toro, El Litri cortó alguna oreja, pero no hubo noticias de la promesa. En el segundo, cortó dos. Era su despedida del toreo. La primera de varias. Estuvo cuatro temporadas inactivo para reaparecer en 1957 y volver a retirarse en 1958. Mi madre aún no sabía que los toreros no dimiten nunca, solo se cansan, hasta que la adrenalina o el aburrimiento, o ambos, les empujan a volver al peligro y a los aplausos. El Litri dio la vuelta al ruedo con sus orejas entre los dedos en medio de vítores y lanzamientos de flores, botas de vino y alguna que otra prenda femenina algo atrevida para la época. El torero correspondió a la devoción con una de las orejas; la otra se la guardó en la chaquetilla.

Maud se pasó de nuevo por el hotel como habían acordado, convencida de que se había olvidado de ella, de que la oreja era para él, un recuerdo de su retirada de los ruedos. El apoderado volvió a abrirle paso entre otro gentío de gorrones, o era el mismo que se movía al son de la fama y que ahora pugnaba por felicitar al maestro. El Litri no se había olvidado de la inglesa: le entregó el trofeo prometido y una sonrisa. No sé qué se dijeron, si se volvieron a ruborizar. Decenas de ojos se clavaron en ellos en espera de un tic que permitiera construir un cotilleo. No sucedió nada. Otra oportunidad perdida de ser otro.

Al llegar al trabajo, Maud entró en la oficina de Azamón como un matador en su paseíllo y lanzó la oreja del último toro de Miguel Báez a la mesa de su jefe inmediato. Lo hizo con insolencia torera, casi en media verónica. La oficina se arremolinó en torno al resto animal. Hubo murmullos, gritos, aplausos y alguna admiración, hasta que un aguafiestas pronunció la frase fatídica: «¿Cómo sabemos que es verdad y no se trata de la oreja de una vaca?». Mi madre quedó consternada. Escribió a El Litri, o al apoderado, para explicarle lo ocurrido. Semanas después le llegó una carta de El Litri autentificando el origen del trofeo y las circunstancias en las que lo había obtenido. Fue la reina de Azamón.

Maud no sabía que el dueño de la empresa era el padrino de bautismo del maestro. Llegó a sus oídos la hazaña del hotel de Valencia y llamó a mi madre a su despacho: «¿No serás tú la inglesa de la que me habla Miguel Báez?» Mi madre confesó y presumió de oreja. Un año después, el dueño de Azamón la invitó a una tienta a las afueras de Madrid a la que iba a asistir El Litri. Maud, ya comprometida con mi padre, se encargó un traje campero en un sastre de la calle Montera. Le estaba tan justo que le costaba respirar. El atuendo tuvo un enorme impacto entre mis primos mayores. Ramón Aymerich recuerda que le pedían que se lo pusiera todos los días.

Su futuro marido estaba en Venezuela concentrado en acumular méritos. No tuvo noticias de la tienta hasta que sus consecuencias llegaron al otro lado del Atlántico. Mi madre había toreado mano a mano con El Litri. Estaba embelesada, más atenta al diestro que al becerro. Se dejaba hacer, confiada en la maña de Miguel Báez. Luego se empeñó en probar sola. La vaquilla pasó como un ciclón bajo la muleta que mantenía en alto, con las botas recién estrenadas firmes en el albero. Escuchó algunos elogios desde la grada, y se olvidó de que la vaquilla, el becerro o lo que fuera, tenía recorrido de ida y vuelta como los bumerán. Su problema fue la vuelta. El animal la sorprendió en posición de saludo, y no de concentración, y la levantó por los aires. El golpe fue tremendo. Tenía un desgarro en el pantalón que dejaba a la vista su muslo británico, blanquísimo, salpicado de arañazos sanguinolentos. Al día siguiente, apenas podía moverse de la cama. Decía que le había atropellado un autobús. El moratón le duró seis meses. Las noticias del incidente corrieron por la casa de Atocha, donde las arpías las repicaron hacia Venezuela. El relato cándido de

Maud, enviado en una de sus cartas diarias a su prometido, no podía competir con la misiva firmada por su inminente suegra. A mi abuela le escandalizaba la idea del muslo a la vista de unos desconocidos, algo que mancillaba el decoro de la familia. También le pareció mal la presencia de Maud en una tienta repleta de hombres, entre ellos un torero bien parecido y de moda, al que había ido a ver a Valencia el año anterior. No sé de cuánta información disponía mi abuela sobre el asunto del hotel y la oreja, pero conociendo a mi madre, un libro abierto, supongo que toda. Ramón, enterado de las novedades, mandó respuesta con sus órdenes: «Te cortas la coleta. Se acabó torear».

Pese a la pasión de mi madre por los toros, que se mantiene orillada a la suerte del rejoneo, nunca he ido a una plaza. Sé que no soportaría los mugidos de dolor del animal ni el miedo por la integridad del torero y los banderilleros. No me gustan los espectáculos de sangre ni de violencia contra los animales. Pero hay algo que me atrae, tal vez sea la poética del heroísmo, del riesgo. Me sucedía con el boxeo, pero con el boxeo de los Alí, Frazier y los grandes pesos ligeros y welter de los ochenta: Roberto Durán, Ray Sugar Leonard, Marvin Hagler, Thomas Hearns. Recuerdo caminar con mis padres por el bulevar del general Mola (hoy Príncipe de Vergara) mientras decenas de personas escuchaban la retransmisión por radio de una corrida de toros. Una vez saltó un maletilla al ruedo, y el animal le corneó con saña dejándolo medio muerto. Esa misma poética del heroísmo atrajo a decenas de intelectuales a las trincheras de la

Gran Guerra porque necesitaban saber qué se sentía, qué era el miedo absoluto. Vincular los toros al franquismo como argumento para su prohibición carece de rigor histórico. Los toros son Federico García Lorca, Picasso y Rafael Alberti, Creta y el Mediterráneo. Fue el franquismo el que se apropió de su simbología, como se apropió del flamenco, de la copla y del Real Madrid de Alfredo Di Stéfano. Sin ser un antitaurino militante, no movería un dedo en su defensa. La oreja y la carta de El Litri, con la letra desvanecida, están mi casa, guardadas en un baúl sin que encuentre el momento narrativo para colgarla en una pared. Es un riesgo político y emocional que, de momento, no estoy dispuesto a correr.

Del tercer viaje de mi padre a Inglaterra conservo la memoria precisa de un incidente familiar, pero no tanto de la fecha. No pudo ser el año del aplastamiento de la Primavera de Praga porque lo pasé en el colegio Chamberí en unas clases de recuperación de Matemáticas. Ni 1969, porque estuve solo con mi madre. Recuerdo que ella me despertó en la madrugada del 21 de julio para que viera el instante en el que Neil Armstrong pisaba la superficie lunar. «Es un momento histórico, te alegrará recordar que lo viste en directo», dijo. Fue un regalo que no valoré. Escuché el «hoy es un pequeño paso para el hombre, un gran paso para la humanidad» con cara de desagrado y sueño. Tenía 14 años y padecía de adolescencia aguda. Tras consultarlo con mis hermanas, creo que el incidente sucedió en el verano de 1973, poco antes de mi ingreso en Izarra.

Mi tía Pauline había adquirido, como cada semana,

la revista de la programación televisiva. Apoyada en su mesita de té egipcia, que he heredado, marcaba aquello que, a su juicio, merecía la pena ver. Descubrí que el miércoles emitían un reportaje sobre la Guerra Civil, y le pedí que lo señalara. No sabía demasiado sobre ella, y menos de cómo la vivió mi familia, la división entre golpistas y republicanos en Atocha 66. Eran asuntos silenciados. Sabía de la existencia de una dictadura exterior unida a la interior, pero desconocía el origen, los detalles y la extensión de la represión.

Mi abuelo Marcel aprobó mi propuesta, ventajas de ser el favorito. En la noche del miércoles nos sentamos ante el aparato de televisión: abuela, abuelo, madre, padre, tía Janine, tía Pauline y yo para ver el reportaje. No llevaba la emisión ni cinco minutos cuando Ramón se incorporó de la silla de un salto y dijo a gritos que se trataba de propaganda comunista, que era intolerable que un país supuestamente amigo emitiera un documental de ese tipo, y que presentaría sus quejas al embajador de España. Dicho esto, en castellano, claro está, abrió la puerta y abandonó el salón entre improperios antes de dar un portazo. La *britaniedad*, una forma de saber estar en el mundo, jugó un papel decisivo para que el incidente no acabara en una primera guerra mundial familiar. Seguimos viendo el programa como si nada hubiera pasado hasta que, un minuto después, mi madre se levantó airada también, y al pasar por mi lado me espetó un «mira lo que has hecho, estarás contento», dejó el salón con similar empuje y dio un segundo portazo, algo más suave. La *britaniedad* de la que me estaba contagiando volvió a dejarnos mudos y apaciguados durante el resto de la emisión. Fue como si el zumbido de dos moscas cojoneras hubiera perturbado ligeramente el ambiente. Al terminar, mi abuelo se incorporó de su butaca, apagó el aparato de televisión y nos dio las buenas noches. Nos disolvimos en un ambiente de educado silencio. No se habló del asunto hasta 1981, cuando pasé diez meses en Londres como camarero del The Penn Club.

Bajaba a verles desde Londres cada vez que disponía de un fin de semana largo. Me gusta el tren, la estación de Goring by Sea, respirar los olores mientras camino por el sendero hacia su casa. He realizado el mismo recorrido dos veces en los últimos cinco años para sentir la resurrección de la porción feliz de la infancia que tanto me colma. En una de esas escapadas desde el Penn regresó el incidente de 1973. Estábamos los tres en el salón de Ferring después de tomar el té. Mi abuelo extraía fotos familiares de un aparador antiguo de estilo francés y se las pasaba a mi abuela, quien narraba la historia de la imagen. Así descubrí la existencia del tío Edmond Billiard, hermano de Delfine, la madre de mi abuela. «Siempre me recordaste a él», dijo Germaine. El padre de Edmond y Delfine, Jacques Joseph Billiard, era un hombre estricto y religioso. Me lo imagino como esos calvinistas implacables que salen en las películas de Ingmar Bergman: un hombre sin sonrisa. Se casó tres veces tras enviudar las dos primeras. Un domingo de misa, el joven Edmond leía con tal pasión el misal que levantó las sospechas del padre, quien al salir del templo se lo arrebató. Edmond había sustituido el misal por un libro de Voltaire, escritor prohibidísimo por la Iglesia, lo que interpretó como un doble desafío: a dios y a él mismo. Edmond tenía 16 o 17 años. Al llegar a la casa, le requisó sus libros, los reunió en el patio y los quemó en una pira purificadora. Al ver la hoguera, el hijo exclamó: «¡Un dios que quema mis libros jamás será mi dios!» Mi abuela Germaine mantuvo la foto de Edmond entre los dedos mientras desgranaba el origen de su ateísmo, una forma de pensar y vivir que prolongó más allá de la muerte, pues en su caso no aparecieron sacerdotes-cuervos dispuestos a carroñear sus ideas y violar la intimidad del moribundo. Inglaterra, con sus defectos y rigideces victorianas, aún perceptibles, no tenía nada que ver con España, estaba al norte de los Pirineos, esa frontera real entre la inteligencia y el vivan las cadenas de la época de Fernando VII.

Cuando se hizo el silencio, y Germaine guardó la foto de Edmond, mi abuelo dijo: «Queremos pedirte disculpas por no haber podido intervenir en tu educación. Estábamos completamente en desacuerdo con la manera de actuar de tus padres». Me resultó emocionante, una prueba de su querer, pero me quedé petrificado en el sofá, incapaz de levantarme y abrazarles. También soy una víctima de la dificultad familiar de mostrar sentimientos. Marcel propuso a mis padres educarme en Inglaterra, en algún internado próximo a su casa para que pudiera verles los fines de semana y pasar en España los puentes, el verano, las Navidades y la Semana Santa. Mi padre rechazó la oferta que consideraría indignante. No por la idea de separarse de su hijo primogénito, para quien tenía tantos planes, sino por el riesgo de que aquella enseñanza extranjera me transformara en un enemigo de su España una, grande y libre.

Este no-internado es un río no navegado. Hoy hablaría y escribiría en perfecto inglés, podría colaborar en *The New Yorker, The Guardian*, Associated Press y otros medios de comunicación angloparlantes; o tal vez esa enseñanza habría destruido o hecho innecesaria la rebeldía que bullía en mí, el inconformismo y la curiosidad que me han empujado a ser periodista. Tendría el idioma, la herramienta universal, pero me faltaría la pasión. Enredarse en la fantasía de los ríos no navegados, en la visión melancólica de lo que pudo ser, es una ruta peligrosa que no conduce a ningún puerto.

Tras pedirme disculpas por no haberme defendido de una educación militarizada, mi abuelo recordó el incidente del reportaje sobre la Guerra Civil. «Lo que hizo tu padre no estuvo bien. En una situación así, en Inglaterra, nos disculpamos con una excusa banal, por ejemplo estoy cansado, y nos retiramos de manera discreta. Al hacerlo enfadado nos colocó a los demás en una situación difícil, como si fuésemos culpables de algo por no apagar la televisión. Además, debo decir que aquel reportaje era excelente». Nada más soltar la puya, estalló en una carcajada contagiosa. Mi abuela, que también se rio con el ingenio de su marido, añadió: «Maud tampoco estuvo bien. Nunca debió echarte la culpa, porque no la tenías».

Tengo grabada una escena en la casa de María de Molina: el profesor particular de Matemáticas que me ayudaba en Primero de Bachillerato había abandonado la habitación terminada la clase. Mis padres salieron a su encuentro, le preguntaron si progresaba. Él dijo que no, que era un alumno distraído y difícil. Le dieron los buenos días en la puerta principal como si fuera un deudo en un entierro. De regreso por el pasillo, se dirigieron a mi habitación, donde me había refugiado tras asistir a escondidas a la escena de la despedida. Mi padre me introdujo a empellones en el cuarto de baño, me bajó los pantalones y me pegó con el cinturón. No recuerdo los golpes, su número, si me dolieron; solo recuerdo que mi madre me sujetaba por los brazos. No sé si se repitió otros días. Es una memoria suprimida. Esa santa alianza matrimonial me dejó averiado en la construcción de la confianza, los afectos y la seguridad en uno mismo hasta que llegó al rescate mi trabajo de reportero. Salvé a mi madre por ser una Leyder, consecuencia de la santificación de mis abuelos, tías y primos ingleses. Quiero mucho a Maud, aunque tampoco se lo he dicho nunca. De ella heredé parte del carácter; también tengo deudas genéticas con mi bisabuelo y mi abuelo republicanos. La suma ha debido de ser demoledora para mis parejas y mis jefes.

El cuarto viaje de Ramón Lobo Varela para asistir al entierro de mi abuelo Marcel fue el último. Era julio de 1982. Mi padre me dio la noticia al salir de la ducha: «Ha muerto tu abuelo». Cada muerte representa una sacudida difícil de compartir y medir; las hay más fuertes, más leves e insignificantes, como la de mi abuela Pilar. La de Marcel me afectó profundamente. Era más que un abuelo. Cuando la muerte es prematura, como la de mi padre al final del año siguiente, queda el sabor amargo de la marcha sin despedida, la desaparición abrupta de una conversación que ya nunca podremos tener. Si la muerte te alcanza viejo, a los 93 años, como a mi abuelo, la sorpresa procede del olvido de la muerte, de que esa persona que te ha acompañado toda la vida no es inmortal, que también tiene derecho a descansar de haber vivido.

Trato de recordar situaciones divertidas con mi padre, y me cuesta encontrarlas. Está lo escatológico, claro; si había pedos de por medio, la risa y la distensión estaban aseguradas. Fuimos al cine los tres juntos, padre, madre e hijo adolescente a ver en el cine Albéniz, la película *2001: Una odisea del espacio*, de Stanley Kubrick. No sé qué les movió a elegir este filme. Les pareció un horror. Yo, que tampoco entendí demasiado el final, dije que me había parecido extraordinaria.

No teníamos aficiones, gustos ni ideas comunes. Éramos dos desconocidos. Meses después de su muerte a finales de 1983 conversé con Gustavo Manilow, abogado argentino a quien trató en los últimos años en busca de un negocio salvador que nunca llegó. Manilow había defendido en su país a guerrilleros montoneros y *santuchos*, que así se llamaban los del Ejército Revolucionario del Pueblo de Mario Roberto Santucho. Pertenecía a un equipo de veintitantos letrados, de los que sobrevivieron tres, los que se escaparon del país; el resto permanece desaparecido. Mi padre y Manilow se llevaron muy bien, por encima de las diferencias ideológicas. Un día, Gustavo le espetó: «¡Si represento todo contra lo que luchaste!». Él respondió: «Pero eres mi amigo». Ramón le avaló para que pudiera conseguir la residencia. ¿Por qué podía respetar a Manilow y no a su hijo? Quizá le pasaba como a mí con los afectos, que le resultaba más sencillo mostrarlos con personas de paso, y no con los más cercanos.

En una cena en su casa, Manilow me informó de que mi padre estuvo preocupado cuando dejé el PSP de Enrique Tierno Galván junto al grupo de la universidad y de la revista del partido, cansados del secretismo de los pactos con el PSOE y tras fracasar en nuestro intento de expulsar a José Bono del partido. Fuimos los primeros en darnos cuenta de que Bono no era de izquierdas. Ramón sintió pánico de que me apuntara al PCE. Jamás me confesó sus temores, ni que, puestos a elegir un mal menor, Tierno Galván le parecía excelente. Le faltó vida para evolucionar, para conseguir su contexto, y a mí inteligencia y diplomacia para distinguir lo importante de lo accesorio.

Cuando llegó la noticia de la muerte de mi abuelo, acababa de regresar de una estancia de siete semanas en Londres, adonde había ido con un plan extravagante: ver a Celina y escribir reportajes ecologistas para una agencia aún inexistente de mi amigo Ricardo Ciudad. Quería embarcarme en el *Sirius* de Greenpeace, que se disponía a participar en una campaña contra los vertidos nucleares en el Atlántico Norte. Había vuelto a España tras diez meses en The Penn Club para buscar trabajo. Pasé unas pruebas en Radio 80 en abril de 1982, y ante la ausencia de noticias regresé al Penn, un lugar que me exige una novela. La aprobación de Greenpeace llegó un par de días antes de una llamada telefónica del jefe de programas y emisiones de Radio 80, Félix Gallardo: «El lunes te incorporas en Madrid», me dijo. Cuando le expliqué que había conseguido permiso para viajar en el *Sirius*, que me disponía a volar a Holanda para embarcarme, que podía ser un gran reportaje para la nueva radio, escuché su voz directa: «Ramón, llevas años dando tumbos. El lunes tienes una mesa de trabajo y una máquina de escribir en Radio 80. Tú decides, un trabajo fijo o la aventura». Decidí regresar a España. El trabajo fijo consistía en una paga de algo menos de 30.000 pesetas que casi nunca cobrábamos a primeros de mes, doce horas de trabajo, ningún contrato laboral ni pagos a la Seguridad Social. Detrás de Radio 80 estaba la Editorial Católica, que fue poco cristiana con nosotros. Dos años después la vendieron a Antena 3. Al menos me llevé el cartel de la puerta. Fue mi primer despido. En los años 90 llegó el cierre de *El Sol* y una indemnización que me permitió comprarme la casa en la que vivo en el centro de Madrid; después, en noviembre de 2012, el despido colectivo de *El País*. Un despido es otro tipo de muerte.

Mi abuelo Marcel murió en la víspera del arranque de las emisiones de Radio 80, que tenía su sede cerca de la Plaza de Castilla. Me dieron permiso para ir al entierro. Fue un viaje corto, apenas tres días. Recuerdo el coche fúnebre repleto de flores, los automóviles reservados para la familia detrás, en una comitiva negra. Eran coches grandes, de película americana. Recuerdo mis lágrimas y el gesto de mi padre al tocarme el hombro, y mi respuesta insolente, «déjame en paz». Fue una expresión de cariño que percibí como una intromisión en el diálogo de dolor que mantenía con el abuelo difunto, como si él no tuviera derecho emocional ni político de inmiscuirse en aquella conversación subterránea. Fui injusto, como tantas veces en los últimos ocho años de su vida, cuando decidí cobrarme el tiempo robado. Debería ir al cementerio de San Isidro y pedirle perdón, decirle, «lo siento, padre». Quizás ese sea el camino.

9

Quiénes son los héroes

La Falange de Ramón y de su hermano José Luis estuvo en primera línea de la represión que se desató en Madrid tras la entrada de las tropas franquistas, el 28 de marzo de 1939. Este grupo paramilitar fue responsable de numerosos crímenes cometidos en Andalucía, Castilla-León, Canarias, Galicia y otros lugares bajo control de los nacionales en los primeros meses de la guerra. Era una fuerza brutal que actuaba sin límites y con total impunidad. El Ejército se hizo cargo de las tareas represivas, incluidos los fusilamientos, a partir de agosto de 1940. La FET y las JONS, que así se llamaba la Falange tras la fusión con los Tradicionalistas, decretada por Franco con el objetivo de anular a los dos, mantuvo un papel relevante en el aplastamiento de los llamados «enemigos de España». Aquellos diecisiete meses de protagonismo en el hostigamiento de los derrotados son un agujero negro en la memoria de la familia: nadie sabe nada, nadie oyó nada, nadie recuerda nada. No quedan vivos ni registros que ayuden a resolver el enigma. La mayor parte de los archivos fueron destruidos en 1977 por orden del ministro de la Gobernación, Rodolfo Martín Villa. Se trataba de documentos comprometedores sobre el papel de la Falange y de otras organizaciones en la represión y violencia ejercidas en España durante la postguerra. Se quemaron en el cuartel de la Guardia Civil de Guzmán el Bueno. Martín Villa, un ex falangista, ministro de Relaciones Sindicales durante la matanza de Vitoria, ocurrida el 3 de marzo de 1976, ha disfrutado de una plácida vida política y empresarial. Nunca fue molestado por la justicia más allá de un intento desde Argentina de la jueza María Servini. Igual que Manuel Fraga, ministro de Gobernación cuando la calle solo era suya. Les ha protegido el pacto de desmemoria firmado por Alianza Popular (PP), la UCD de Adolfo Suárez y el PSOE.

Mi padre era el jefe provincial de Prensa y Propaganda del SEU en 1939, sindicato universitario falangista en el que se había inscrito antes de la Guerra Civil. Aquella insensatez empezaba a rendirle réditos. Ser jefe de algo a los 19 años, aunque fuera de poca cosa, debió hincharle la vanidad. El SEU celebró el Día del Libro de 1939 con la quema de miles de ejemplares en la Universidad Central. Supongo que debido a su cargo estuvo en primera línea purificadora. ¿Qué Ramón Lobo Varela se impuso en aquellos diecisiete meses de represión? ¿El bonachón del que me hablan todos o el que insultaba a una caravana de coches del PCE que celebraba su legalización en 1977? Ignoro si esa jefatura de censura y mentiras, como debería llamarla, le obligó a horas extra fuera de la oficina. Desconozco si apalizó a rojos y maricones, como les llamaban, si asistió o tuvo conocimiento de los fusilamientos en el cementerio de la Almudena. Hay más preguntas que respuestas.

Eduardo Del Río de la Iglesia, que estuvo con mi padre en Rusia, en la misma compañía, fue la fuente viva más antigua a la que he accedido. Mantuvimos una larga conversación centrada en los años de la Guerra Civil. Fue clarificadora. No hubo posibilidad de una segunda sobre Rusia: falleció en noviembre de 2014. Se conocieron en el mes de la victoria, abril de 1939, en la sede del SEU de la calle Nicasio Gallego, 12, cerca de la glorieta de Bilbao. «Tu padre era un presumido», dijo nada más sentarnos. «Se presentó con camisa azul, pantalón marrón y botas negras de montar hasta la rodilla. Me hizo gracia porque no tenía caballo.» Le pregunté por su carácter, sus ideas en aquellos años: «¡Uh! Era muy vehemente», exclamó levantando las dos manos a la altura de la cabeza.

Medito sobre las diferentes acepciones de este adjetivo en un contexto franquista y de represión generalizada. El diccionario de la Real Academia de la Lengua no ayuda demasiado porque los diccionarios no suelen efectuar valoraciones políticas de las palabras ni de los contextos en los que se pronuncian. Sostiene que es aquel que «actúa de una manera impetuosa», «ardiente y lleno de pasión», pero también «que obra de forma irreflexiva, dejándose llevar por los impulsos».

No sé qué hizo la noche del 26 al 27 de marzo, cuando la Quinta Columna se movilizó para ocupar lugares estratégicos de la ciudad, garantizar el orden y facilitar la entrada de las tropas nacionales el 28 de marzo. Desconozco si le asignaron alguna misión concreta o tuvo que conformarse con recibir en la calle a sus camaradas, profiriendo gritos brazo en alto en favor de su caudillo y en contra de los rojos, entonando himnos como el *Cara al sol*. Desprecié el relato familiar de los vencedores porque estaba contaminado del reverso de su mismo odio, laminado por el virus que, de alguna manera, nos sigue aplastando. He alcanzado una cierta transversalidad con los años, cuando ya es tarde para rescatar lo perdido. No sé si se cruzó con su padre al salir de su casa uniformado, mitad falangista, mitad aspirante a militar de caballería. Mi abuelo pasó el día encerrado en su despacho, un territorio seguro; tal vez visitó a su padre, con quien compartía profesión, ideas y derrotas políticas. Desconozco de dónde salió el uniforme; quizá lo escondía en algún armario secreto para no ponerse en riesgo, porque eran habituales las visitas de milicianos y los registros. Emilio Silva, uno de los fundadores de la Asociación para la Recuperación de la Memoria Histórica, asegura que existen casos de familias que años después de terminar la guerra hallaron escondrijos sellados donde se guardaban armas de fuego.

Me inquietan también sus actividades antes de acabar la guerra, si pertenecía a los *pacos* de los que habla Arturo Barea en *La llama*. Forma parte del padre desconocido e inalcanzable. Es más territorio de novela que de ensayo. Mi hermana Mónica, que hablaba más con él, está convencida de que realizó labores de espionaje. No

296

se refiere solo al periodo de la guerra, también al posterior, antes de emigrar a Venezuela. ¿A quién espiaba, qué tipo de informaciones acumulaba, para qué servían? Augusto Ferrer-Dalmau, pintor de temas militares y experto en la División Azul, y que ha resultado una fuente esencial para descubrir la verdad sobre mi tío Julio Antonio, el pequeño de los tres hermanos, me lanzó un salvavidas: «Las actividades de la Quinta Columna son un mito, la mayoría de sus miembros estuvo bastante escondida». «Entonces debe de ser como la resistencia francesa en los primeros años», respondí.

Si todos los franceses que presumieron después de 1945 de haber participado en ella dijeran la verdad, los nazis no habrían durado ni dos meses en París. Es fácil reconstruir la historia personal si los que te rodean hacen lo mismo con la suya, si existe una voluntad de amnesia general. Así, de uno en uno, se construye un nuevo relato en el que el colaboracionismo y el asesinato de decenas de miles de judíos franceses fue obra de un puñado de renegados. Por eso me gusta el escritor Patrick Modiano: él es, en sí mismo, una resistencia que dificulta la invención colectiva y la creación de una desmemoria nacional. Él es la denuncia permanente de un pasado no resuelto.

Los exiliados republicanos tuvieron un peso decisivo en los primeros años de la resistencia francesa, los más heroicos, peligrosos y solitarios; eran los que tenían la experiencia de combate. Al final de la guerra, fueron los de *La Nueve* los primeros en entrar en París el 24 de agosto de 1944. Su gesta como avanzadilla de la División

Leclerc fue silenciada durante años por todas las memorias, la franquista y la francesa que no quería ceder un centímetro de *grandeur*. En 2015, setenta años tarde, recibieron el reconocimiento que se merecían.

En Italia hubo partisanos, pero, como en Francia, la lucha contra el nazismo y el fascismo fue el empeño de una minoría extraordinaria, no de la mayoría. Después de la guerra, las autoridades democristianas erigieron miles de estatuas en cada rincón del país como si las estatuas pudieran suplir las carencias de la verdadera historia. Sucedió en Argentina, Brasil y Chile, y en España: la dignidad dependió del coraje de muy pocos. Tras la muerte de Franco brotaron decenas de miles de antifranquistas de toda la vida, de resistentes, cuando en España, como en la Italia fascista y en la Francia ocupada, lo que hubo fue miedo, mansedumbre e instinto de supervivencia. Aquí ni siquiera tenemos monumentos oportunistas; los que hay son los equivocados, pruebas de que no hemos avanzado tanto, de que nos mantenemos enfangados en un postfranquismo insufrible. En Italia filmaron *Novecento*, aquí seguimos con Cine de Barrio. Tenemos *Los santos inocentes*, *Pa Negre* y algunas más, pero son excepciones. Nos falta el gran relato de lo que somos, de lo que nos gustaría ser.

Mi tía Marthe Leyder, la hermanastra de mi abuelo Marcel, fue una de esas personas extraordinarias que luchó contra el nazismo. Participó de manera activa en la resistencia belga. Pertenecía a una red que salvaba pilotos aliados derribados sobre Europa: los escondían y los reenviaban a Inglaterra para que pudieran seguir luchando. Fue una mujer soberbia. Hablaba inglés, francés y alemán. En una ocasión detuvieron el tren en el que viajaba con dos maletas; en una llevaba su ropa, en la otra material y documentos. Esperó en su asiento la llegada de los soldados alemanes que efectuaban el registro. Cuando entraron en su compartimento, el oficial al mando le exigió la documentación y que identificara su equipaje. Marthe señaló los dos bultos. «Ábrala», ordenó. Ella se dirigió a la maleta en la que guardaba los documentos. El militar la detuvo, «no, esa no, quiero que abra la otra». Al terminar la guerra, Marthe viajó a Londres para recibir un homenaje de algunos de los pilotos a los que había ayudado a salvar. Lo que iba a ser una fiesta se convirtió en su funeral. La noche anterior sufrió un derrame cerebral y murió. Demasiadas emociones, demasiada vida concentrada. Era el 10 de noviembre de 1946. Tenía 46 años.

Cuando telefoneé a Eduardo del Río para pedirle una cita, se emocionó al escuchar mi nombre y apellido: me tomó por su viejo compañero de armas. Quería saber cómo había sido su Madrid en guerra y, a través de él, imaginar el del quintacolumnista Ramón. Me contó que vivía junto a sus padres y hermanos en el último tramo de la Gran Vía, el que se extiende entre Callao y la plaza de España, el más peligroso al comienzo de la guerra. Los Del Río se mudaron a la calle Pelayo. Su padre tenía una agencia de negocios; era de derechas pero, según él, sin relevancia política. Una tarde les siguieron dos vehículos. Antes de entrar en el portal de la nueva casa, detuvieron al padre, a Eduardo y a su hermano. Les condujeron a la checa de Fomento, así llamada porque se había trasladado en octubre de 1936 del edificio de Bellas Artes a un local en el número 9 de la calle Fomento. Allí se presentó Vicente Girauta Linares, subdirector general de Seguridad, con el fin de saludar a su padre. «La amistad antes que las diferencias políticas», dijo, según cuenta Del Río, que se hallaba presente. Ambas familias estaban tan unidas que desde la suya le pasaban ropa a la del futuro subdirector general de Seguridad, como si se tratara de un hermano más. Liberaron a los hijos porque eran menores de edad, y al padre lo trasladaron a la cárcel Modelo. Cuando pronuncia el nombre del presidio se detiene en el relato, suben las emociones hasta la barbilla. «Fusilaron a mi padre en Paracuellos del Jarama el 7 de noviembre de 1936. Tenía 42 años. Vicente Girauta firmó la orden. En su descargo diré que es posible que no supiera que mi padre estaba en la lista de los que envió a la muerte.» Cuando lo escuché de labios de un hombre que había sido gobernador civil de Lugo, director general de Hunosa y que tuvo otros puestos de responsabilidad en el régimen, me pareció sincero. Podía haber corregido la historia a su favor.

Las *sacas* de las cárceles de Madrid terminaron el 4 de diciembre de 1936. El mérito hay que atribuírselo al nuevo ministro de Interior, Juan García Oliver —ex pistolero de la CNT en Barcelona en los años 20— y a su delegado de Prisiones, el también anarquista Melchor Rodríguez García, que se ganó el apodo de *El Ángel Rojo* por su defensa de los presos, fuera cual fuese su ideología. Este tipo de personas, capaces de imponer cordura donde reinan las tripas, demuestran que no todo está perdido, que en las peores situaciones, en las que surge la bestia que llevamos dentro, hay quienes son capaces de sostener los principios. Este anarquista sevillano es uno de los héroes que deberían poblar el frontispicio de nuestro relato colectivo, personas que nos mejoran como comunidad. Se le atribuye una frase sencilla de pronunciar, difícil de aplicar: «Se puede morir por las ideas, pero no matar por ellas».

No hay unanimidad sobre su figura y sus méritos; como anarquista de la FAI y la CNT no contaba con simpatías del PCE, que le acusó de haber actuado como defensor de franquistas, casi como un infiltrado de su causa. Fue el encargado, como alcalde designado por el coronel Modesto, de entregar Madrid al final de la guerra. Sufrió cárcel y reducción de pena por intervención personal del general Agustín Muñoz Grandes, el primer jefe de la División Azul y el favorito de Hitler para reemplazar a Franco si llegaba la oportunidad. Muñoz Grandes fue uno de los destacados jerarcas franquistas, junto a Raimundo Fernández Cuesta, Valentín Gallarza, Rafael Sánchez Mazas o los hermanos Luca de Tena, a los que Rodríguez García salvó la vida el 8 de diciembre de 1936, cuando una turbamulta quiso asaltar la prisión de Alcalá de Henares para vengar unos bombardeos sobre objetivos civiles. Entre los salvados por el coraje de este anarquista, que se personó en la prisión y desde sus corredores impidió el linchamiento, estaba Bobby Deglané, la futura estrella de la radio en la postguerra y de nuestro aparato Telefunken Gran Orquesta que presidía el salón de María de Molina.

El Ángel Rojo compartía matriz ideológica con el Doctor Muñiz, pistolero cenetista de la checa de Fomento, organizador del asalto a la cárcel Modelo en agosto de 1936 y responsable de cientos de crímenes. Fueron expresiones antagónicas de la misma utopía. No son las ideas, las religiones, las razas, los países y las organizaciones los responsables de los crímenes, sino las personas.

Tras ver *El honor de Las Injurias*, el documental de Carlos García Alix sobre la figura de Felipe Sandoval (doctor Muñiz), es fácil dictar una condena rotunda de un hombre que fue repudiado incluso por sus compañeros, pero este tipo de sentencias tajantes llevan implícito el salvamento automático de quien las emite. El Doctor Muñiz fue un producto de la época, un mal producto. Eligió ser demonio porque, nacido en la pobreza extrema en el barrio de Las Injurias, cultivado en el rencor y en el hampa, no supo que tenía elección. ¿La tuvo? Me recuerda a Borislav Herak, un asesino serbobosnio condenado a la pena de muerte a quien entrevisté en la cárcel de Sarajevo. Había matado, degollado y violado. No sé cómo era la personalidad de Sandoval, pero Herak era un tipo débil, sin formación, poseído por un odio simple, primario.

La razón del traslado, el 7 de noviembre, de 1.500 militares franquistas de la cárcel Modelo a Paracuellos fue la proximidad del frente, apenas unos cientos de metros, y el temor a que un ataque nacional los liberara. Aún se debate sobre la responsabilidad intelectual de aquellos fusilamientos extrajudiciales, sobre el papel de Carrillo:

si supo o no supo, si pudo pararlo. Hay libros y documentos suficientes para saber qué pasó. La ausencia de una memoria histórica basada en hechos demostrables fomenta la emoción y la manipulación, y dificulta una verdadera reconciliación más allá de las palabras.

Me contó Del Río que, tras aquella detención y traslado de su padre a la cárcel Modelo, la familia se mudó de nuevo por temor a una segunda redada. Se refugiaron en la casa de unos amigos de su madre en la calle Velázquez 27. Él, Ramón Pujol, era médico, casado con Concepción Prats, otra aventurera. Tuvieron la suerte de viajar a Moscú en 1934 para participar en un congreso médico. Se trajeron de vuelta una variedad de reliquias comunistas: banderas rojas con la hoz y el martillo, fotos en la Plaza Roja y una especial junto a Stalin que incluía una dedicatoria, y de la que estaban orgullosos, no por ideología, sino porque le consideraban un personaje histórico. Esta foto fue el salvoconducto que evitó la confiscación de la casa y el saqueo de sus bienes, que les permitió salvarse y salvar al resto de la familia Del Río. Poco después de estallar la rebelión franquista, se presentó en Velázquez 27 un grupo de milicianos. Ramón Pujol les enfrentó señalando la fotografía dedicada en la que estaba junto a Stalin: «No saben ustedes quién soy. Esto les va a traer problemas», dijo. Se retiraron asombrados por la foto y la firma. Tuvieron una escolta armada en el portal durante la guerra. Deben de existir cientos, tal vez miles de historias similares que cruzan las trincheras. Muchas de ellas siguen calladas o están desaparecidas.

La memoria histórica no solo supone desenterrar a los más de 100.000 desaparecidos —o no localizados, como prefiere decir el historiador Santos Juliá—, también exige rescatar los relatos de personas ejemplares que lograron anteponer la decencia a la tribu. Memoria histórica es saber qué empresarios se beneficiaron del trabajo esclavo. Son ellos los que deberían aportar fondos para las excavaciones y la devolución del nombre y la dignidad a quienes fueron arrojados a fosas comunes y cunetas. Mientras exista un desaparecido forzado, sea cual sea su ideología, este país no podrá ser decente.

Soy responsable de mi vida, de mis acciones y omisiones, de mis errores, pero de nada más. Me molesta cuando escucho descalificar, «su padre era falangista», como si fuese un defecto que mancilla a toda la estirpe. Da por seguro que la ideología de los que nos precedieron se transmite íntegra y sin posibilidad de rechazo a la siguiente generación. Me siento indefenso. Ramón y sus hermanos escaparon: ellos no mantuvieron los ideales de su padre y de su abuelo, tampoco su talante, educación y cultura. Es más fácil bloquear la transmisión de las ideas políticas que eludir la herencia de las carencias afectivas.

Si fuera hijo o nieto de un criminal de guerra, arrastraría el peso de sus crímenes como una víctima más. Sería un dolor aplastante, inasumible. Es lo que le debió suceder a Ana Mladić cuando se disparó en la cabeza el 24 de marzo de 1994 con la pistola favorita de su padre, el general serbobosnio Ratko Mladić. Fue un acto desesperado tras la pérdida súbita de la inocencia al descubrir sus crímenes. Él, que aún niega los delitos más atroces, como los de Srebrenica, cometidos hace veinte años, tampoco acepta la versión del suicidio. «No había carta, la mataron mis enemigos», se justifica. ¿Para qué diablos quiere una carta? ¿No le basta el mensaje directo del arma elegida? Estuve ante la tumba de Ana Mladić en el cementerio de Topčider en Belgrado. La lápida es de mármol negro, el color de la historia reciente de los Balcanes. Tenía 23 años, una vida por delante, como las víctimas de su padre. Antes de volar a La Haya, donde le juzgan por crímenes de guerra, crímenes contra la humanidad y genocidio, el general serbobosnio pidió detenerse unos minutos en Topčider. No lejos de Ana Mladić está el sepulcro de Isadora Sekulič, una gran mujer que escribió sobre la condición humana. Es célebre en Serbia su libro *The Chronicle of a Small Town Cementery* que narra sus personajes hacia atrás, desde el entierro a la vida.

La primera vez que pisé Belgrado en 1996, tras la guerra de Bosnia-Herzegovina, vi una ciudad sin color, como la España de los años 40. Las personas, las miradas, los edificios, las esperanzas, las calles, el lenguaje, los perros, incluso los estudiantes que se habían rebelado contra Milošević, a quien acusaban, con razón, de fraude electoral, estaban en blanco y negro. Con el paso de los años y los viajes, empecé a ver trazos de color, y así se lo hacía ver a mi intérprete y amiga Jasmina Nikolić. «Mira, esa mujer ya está en color; y aquel edificio, también; y aquella orilla del Danubio.» Sé que ese tránsito entre la negrura y la luz era parte de mi reconciliación con la Serbia que pugnaba por emerger del sótano de *Underground*, la película de Kusturica. De los Balcanes me queda la alergia a cualquier nacionalismo.

A los Lobo actuales nos afectó, como al resto del país, la destrucción del tejido intelectual de España y el de nuestra familia. Desapareció una sociedad civil entusiasta, emprendedora, brillante y generosa que en los treinta primeros años del siglo XX aspiraba a modernizar las Españas —las machadianas y las periféricas— en todos los campos, fueran científicos o humanísticos. Tras la guerra, el exilio de los más preparados, la represión evidente y la subliminal, y la religión en su transcripción más castradora, quedó un país exhausto, temeroso, sin latido y en blanco y negro, como la Serbia de Milošević. Tuvimos una extraordinaria oportunidad de regeneración tras la muerte del dictador, en noviembre de 1975, y la perdimos al sustituir memoria histórica por amnesia ética, valores democráticos por pelotazos económicos. Perdió el profesor Luis Gómez Llorente, ganaron la *beautiful people* de Carlos Solchaga y sus amigos renovadores al mando de Felipe González. Ahí empezó el declive del PSOE, de la prensa y de la Transición como modelo espiritual. Ahí nace la inmoralidad sistémica que nos ha arrasado de nuevo.

El problema no reside en «el régimen del 78» sino en las personas que han ocupado las instituciones para saquear cada centímetro de decencia, entregándolas al servicio obsceno de partidos secuestrados por una minoría depredadora. Somos una sociedad indefensa, sin herramientas para contraatacar, sin capacidad de respuesta. Es otra consecuencia de la dictadura y de la falta de honestidad colectiva. Pasamos de la cultura de la pobreza a la cultura de la riqueza, sin transitar por la del esfuerzo. Es lo que me dijo el escritor Petros Márkaris refiriéndose a Grecia en una entrevista en 2007 junto a la plaza Syntagma. Nos creímos un ejemplo de eficacia y modernidad. Exportábamos el mito de la Transición, el milagro económico de los Pactos de la Moncloa, la Movida madrileña y el cine de Pedro Almodóvar. Parecíamos otra vez un país preñado de energía e ilusión, y tal vez lo estábamos. Fallaron los líderes y falló la sociedad civil. Ese tránsito súbito de la pobreza a la riqueza dio lugar a un país sin pasado ni raíces aparentes. Confundimos el decorado con la realidad. Transitamos de Las Hurdes al AVE sin darnos cuenta de que no éramos ricos, solo estábamos endeudados. La crisis de 2008 dejó al descubierto el mecanismo de las sombras chinescas y, de repente, se esfumó la magia, cesó la música. Como aficionados a los extremos, saltamos de la prepotencia de los nuevos ricos a la pérdida radical de la autoestima, a sentirnos un deshecho. Con la excusa del desplome económico y del rescate bancario empezaron los recortes, la austeridad, el saqueo de lo público y de los avances sociales. Nos faltó coraje para impedirlo.

Después de casi cuarenta años de democracia no hemos sido capaces de construir una exigencia ética que rechace la corrupción y la mentira como formas de hacer política o de ejercer el periodismo, que penalice a los estafadores y a los simuladores. Permanece en nosotros el espíritu del nuevo rico ignorante que compra falsificaciones a precio de originales. Nos ha faltado valentía para revolucionar la Educación, cumplir el sueño de Azaña y de la Institución Libre de Enseñanza. La Educación es la única esperanza de llegar a comprender el pasado y ganar el futuro. Una sociedad inculta y mal informada es más fácil de manipular. Nos faltó vivir un proceso generoso de memoria, verdad y reconciliación, como el de la Sudáfrica que emergía del apartheid. Nos faltaron Nelson Mandela y Desmond Tutu.

Puedo leer, preguntar, investigar, imaginar qué hizo mi padre en aquellos años de arrebato y muerte tras la victoria franquista en 1939; puedo pensar en Sarajevo y Grozni, dos ciudades similares a Madrid, o en Irak, Afganistán y las Áfricas. Resulta difícil ser ejemplar en las cloacas de la vida. El heroísmo es, a menudo, un error de apreciación: héroes que corren en dirección equivocada impulsados por un miedo similar al de los que huyen hacia la retaguardia. El miedo no siempre se expresa de manera idéntica y en el mismo sentido. Existen locos ejemplares como August Landmesser, que se negó a levantar el brazo en un acto de exaltación nazi en 1936 durante la botadura de un barco en Hamburgo, y locos suicidas como Juan Belmonte, el torero de los intelectuales.

De la lectura de los diarios del cónsul chileno Morla Lynch, las conversaciones con Jorge Martínez Reverte —que me ha ayudado mucho en la investigación— y testimonios como el de Eduardo del Río, deduzco que Ramón estuvo bastante escondido, y más a partir de abril de 1938, cuando movilizaron a la llamada Quinta del Biberón, unos 30.000 jóvenes que empezaron en labores de apoyo logístico para acabar en primera línea del frente de Aragón ante la escasez de efectivos. Existe un relato familiar que asegura que movilizaron a mi padre para enviarlo al frente con el Ejército republicano. Como no quería disparar contra los suyos ingirió un bote de medicamentos, enfermó y acabó en un hospital del que escapó. Él era de octubre de 1920. Los nacidos en aquel año fueron movilizados por orden del presidente de la República, Manuel Azaña. En medio del desastre de la guerra, de los reveses y las frágiles esperanzas de lograr la ayuda de Inglaterra, Francia y Estados Unidos, de poco serviría el parentesco con los De Rivas Cherif. No parece creíble que obtuviera una exención.

Desconozco qué grado de organización tenían la Junta de Defensa de Madrid y las instituciones dependientes de ella, pero debería ser más bien escaso en una ciudad desbordada por los desplazados, sin capacidad de ir casa por casa, lista del último censo en mano, para movilizar a los quintos cagones y capturar a los desertores. Porque eso es lo que fue: un desertor ideológico. Debió sobrevivir escondido en casa de sus padres, en la de su padrino Pepe Pardo o en la de su abuelo, todas a pocos números de distancia en la misma calle Atocha. Mi tía Josefina presumía de que su hermano era un héroe por haberse negado a luchar contra los nacionales. Es posible que la medalla de quintacolumnista se deba al acto de negarse a disparar contra los suyos y que el resto sean fantasías del narrador. Sé que no busco respuestas, anhelo absoluciones.

Ramón debió de pasarse en su escondite los días y las noches pegado al transistor, escudriñando avances franquistas como yo escrutaba en noviembre de 1975 las noticias del World Service de la BBC sobre la salud del dictador. Cada noche cruzaba solemne el salón de la casa de Arturo Soria con mi aparato de onda corta en la mano en dirección a la terraza, el punto óptimo de escucha. Al retornar a la habitación Número 13, mi padre ironizaba. «¿Qué dicen los ingleses? ¿Ha muerto ya?» Lo que no podía sospechar es que además de la BBC escuchaba Radio España Independiente del PCE, llamada *La Pirenaica*, y Radio Tirana. Tampoco podía imaginarme yo que una de sus locutoras, Rina, sería años después mi interprete en la Albania postHoxha.

Mis hermanas Mónica y Patricia tienen memoria de otro padre, cariñoso y apacible. Hubo uno militar para el primogénito y otro civil para las mujeres con quienes no tenía la carga de convertirlas en un hombre de verdad. Mis primos de Córdoba, José Luis y Álvaro Lobo, conservan un buen recuerdo del suyo. ¿Me habré inventado el dictador que me pegaba y castigaba, que se relacionaba desde las órdenes de obligado cumplimiento? Es posible que mis primos andaluces hayan perdonado al suyo porque han sabido reconocer que la educación recibida era la de la época, en la que a todos nos caían bofetadas. Pero no eran solo los golpes y los castigos y mi sensibilidad para vivirlos con una humillación permanente, era la distancia emocional que existía entre el *generalísimo* Lobo y un soldado sin derechos ni reconocimiento.

Mi primo Jesús Aymerich, que está inmerso en una difícil batalla contra el cáncer, también afirma que mi padre era una buena persona, y más en comparación con los suyos, Josefina e Ignacio, a los que tilda de «miserables». Le mandaron interno al Colegio Episcopal de la Sagrada Familia en Sigüenza, por aquel entonces uno de los peores de España, más cercano al correccional que a un centro de educación. Estuvo de los 11 a los 13 años. «He tenido que luchar mucho toda mi vida para quitarme el odio de aquellos tiempos y llegar a ser la persona de paz que soy en este momento.»

Parecía que telefoneaba para despedirse. Su tono sonaba cansado, colgado de un hilo. En cuanto le dije que estaba escribiendo un libro sobre la familia, se le iluminó el timbre y empezó a enlazar anécdotas desde una voz potente, llena de sentido del humor. «Tienes que escribir uno sobre los Aymerich, de lo que mis padres hicieron a mi hermano Nicolás, de lo que nos hicieron a todos.» Cuando escucho el nombre de Nicolás me asaltan los recuerdos y la rabia, de cómo una epilepsia menor se transformó por un error médico y de medicación, y a su abandono en un manicomio de Bilbao, en una enfermedad incurable. Nicolás pasó veinte años rodeado de locos de verdad. De Bilbao a Cienpozuelos; de Cienpozuelos al San José de Málaga. Nicolás dejó de hablar y de caminar hasta que se le anquilosaron los músculos. Le gustaba el ajedrez, la Fanta de naranja y escuchar zarzuelas, como a su bisabuelo. Era la película *Alguien voló sobre el nido del cuco*, pero con él de protagonista. Murió a los 42 años. Cuando su hermano mayor fue a recoger sus pertenencias, el sacerdote encargado le entregó el DNI. Era lo único que tenía, porque la pensión de invalidez permanente la cobraba desde hacía años La Pepa, su madre, quien jamás fue a verle.

«Recuerdo tu habitación en Arturo Soria, primo», dijo Jesús. «Tenías colgado un póster de Víctor Jara.» Le corregí: uno de Miguel Hernández y otro del Che Guevara. «Eso, del Che. Y escuchabas a Quilapayún. Me parecía hermoso que tuvieras decorado el cuarto de esa manera mientras que tu padre mantenía el retrato de Franco en el salón. Era un ejemplo de convivencia.» Reprimí la protesta, las ganas de explicar los motivos; decidí escuchar su punto de vista, tenerlo en cuenta. Quedamos en hablar en una semana o dos: «Bueno, si no sigo por aquí, ya te lo contarán», dijo antes de colgar.

Me sentí sacudido por él, pues tenemos la misma edad, y porque la conversación me ayuda a situar las cosas en un contexto que, de alguna manera, ya estaba implícito en este libro, pero no con tanta rotundidad. Mi padre era un producto de una mala época, que recibió tres pésimas influencias: su madre, la Falange y un Ejército fanatizado. Frente a él, un tipo equivocado en sus métodos y en sus fines, pero tal vez bien intencionado, se erguían mis tíos Ignacio y Josefina, representantes del mal absoluto descrito por Conrad en *El corazón de las tinieblas*. Tuve suerte. Pudo ser peor: no soy un Aymerich. Pasé la segunda infancia y la primera juventud en un campo de reeducación, pero nunca pisé uno de exterminio.

En la guerra, los Lobo pasaron hambre, lo mismo

que en la primera postguerra. Mi abuelo crio en secreto conejos en la azotea, y es probable que los mantuviera en los primeros años de paz. Conocí a una familia de Sarajevo que criaba palomas. No eran mensajeras, como parecía, sino su alimento secreto, la despensa familiar. Escribo «hambre» y me llegan las Áfricas arrastrando olores a pescado en salazón, sudor, bullicio de mercado y, en la época de lluvias, a tierra mojada. Soy un turista de la desgracia ajena con derecho de retorno a la civilización. Nunca pasé hambre física más allá de cinco semanas de raciones magras en el norte de Kabul, pero he pasado hambre emocional que también deja huellas profundas, a menudo no tan visibles. Las Áfricas me traen a Kapuściński. Pienso en su juventud cuando trabajaba a destajo para comprarse unos zapatos, los únicos que tendría durante años. Quedó atrapado en aquella carestía traumática porque siempre hablaba de zapatos. En el Tercer Mundo conviven varios niveles de pobreza separados por abismos que resultan casi imperceptibles para un blanco. Uno de esos abismos es el que divide los calzados de los descalzos. Bastan una chanclas sucias y rotas para sentirse el rey del universo. Sucede con las bicicletas y las motos chinas, y con la esperanza de migrar a Europa, de ser Samuel Eto'o.

No sé si, tras la derrota de la República, mi padre fue respetuoso con el suyo. Un día llegó a Atocha vestido de uniforme militar con su flamante estrella de alférez. Se desplomó delante de su plato como si acabara de ganar la guerra él solo. Mi abuelo lo miró, tal vez desde la misma mirada glacial que heredó su hijo, y dijo: «En esta casa se come de civil, váyase a su cuarto a cambiarse o váyase al Pardo y que le dé de comer su amigo». Se levantó y se cambió de ropa. La escena me llegó a través de Ramón; la contaba con un halo de admiración hacia el suyo pese a que nunca se llevaron bien. Tal vez era la pauta de la relación entre ellos o una excepción para escapar de mi condena moral. Alguna vez, cuando me rebelaba contra algún castigo, decía: «Jamás me hubiera atrevido a hablar así a mi padre».

Los ocho años que median entre su marcha a la División Azul, en agosto de 1941, y su salida del Ejército en 1949, fueron los mejores de su vida. Vestía el uniforme soñado pese a sus limitaciones en los ascensos; se sentía parte de algo importante aunque no tuviera relevancia alguna en el engranaje de la dictadura, salía con sus camaradas, presumía de batallas y alternaba con mujeres. Detrás de esa fachada de alegría se escondía la sensación de que le habían robado la infancia, los juegos, los estudios, la posibilidad de ser otro, tal vez. No culpaba a Franco, sino a la República.

Tras dejar el Ejército, trabajó de enero a diciembre de 1950 en la compañía Aerovías Venezuela Europa, una filial de Aeropostal Alas de Venezuela, creada ese año para unir Caracas, Madrid y Roma con el fin de trasladar peregrinos adinerados del Caribe a Roma en el Año Jubilar decretado por el papa Pío XII. Su misión era recibir y acompañar a las autoridades y personalidades venezolanas de paso por la capital de España. Así conoció a Lara Peña, ministro de Agricultura, quien le ofreció trabajo en su departamento si decidía dar el salto a Caracas. En los días en los que ejerció de guía y ayudante del ministro presumió de experiencia bajo las órdenes de Miguel Primo de Rivera. Su lucha en Rusia debió de ser una excelente carta de presentación ante otro gobierno autoritario.

Aerovías Venezuela Europa se extinguió tras cumplir su misión. Según su historia oficial, el jefe de la aerolínea en Madrid le ofreció como compensación un asiento gratis. No dejó pasar la oportunidad. Ramón viajó en el último vuelo el 3 de diciembre de 1950. Existe una foto suya en las escalerillas del avión junto a dos azafatas. Llegó a Caracas sin excesivo equipaje, con un Bachillerato aprobado en los exámenes patrióticos y unas inmensas ganas de hacer las Américas. ¿Fue así? ¿Un hombre con 30 años que acaba de renunciar a su sueño de ser militar acepta este tipo de ofertas y se lanza al vacío?

Hubo un tiempo en que me gustaba fantasear con la idea de que el viaje a Venezuela se debió a algún asunto turbio: una amante equivocada, una pelea con un superior, quién sabe si un crimen. En algunas fotografías que conservo está rodeado de amigas. Hay una, llamada Carmen, guapa y aspirante a actriz, que le firmó una dedicatoria muy cariñosa. Resulta llamativo que prohibiera a mi madre recibir cartas de un antiguo compañero de pensión y bañarse en la piscina, pero conservara las fotos de sus amigas y novias. Por más que indago, no hubo nada extraordinario, no hay material para una trama alternativa. Fue un exilio económico, como el de tantos, en el que fue paseador de perros durante un tiempo hasta que Lara Peña cumplió su promesa. Tuvo que ser difícil dejar atrás el país por el que tanto había luchado, pero jamás le escuché un reproche que permitiera intuir una decepción con el régimen.

En las dictaduras, la mayoría se camufla en una masa amorfa en la que nadie destaca, nadie se individualiza. De ahí surgen los «no te distingas», «que no te oigan». Es la mediocridad elegida, un yo-claudismo que pretende engañar al poder, decirle «no soy importante»; en ese juego de desapariciones se esfuma la esperanza del cambio. Es una dictadura paralela a la dictadura visible en la que se asume como una orden que la altura máxima permitida es el metro y medio. Los más altos caminan agachados para no sobresalir. De esta manera, entre silencios y soledades, se construyen las ciudades sin memoria.

Necesito regresar despacio de los países en guerra y de los viajes emocionalmente duros, darme tiempo, sedimentar. Soy como el submarinista en ascenso lento para ajustar su cuerpo a los cambios de presión. Al dejar atrás Sarajevo conducía por la costa dálmata hacia Italia. Necesitaba regalarme un tiempo de descompresión, no demasiado, apenas un día. A la ida alquilaba en Trieste un coche, siempre de color blanco, el de la suerte, el de la ONU, el que desconcierta a los francotiradores que observan desde una mirilla porque les obliga a pensar, a asegurarse, y ese tiempo de duda salva vidas. Lo alquilaba en el aeropuerto de esa ciudad que huele a Claudio Magris y a fronteras errantes, y tras firmar un documento, en el que me comprometía a no introducir el vehículo en una zona de guerra, me dirigía a la frontera de la antigua Yugoslavia. El papel era una formalidad burocrática, una garantía de pago, porque la dependienta de Avis sabía cuál era mi trabajo y mi intención, por más que me declarara escritor de camino a Suiza para terminar de escribir una novela. Nunca lo usé para moverme por la Bosnia central, porque no era un cuatro por cuatro, ni para viajar a Sarajevo, porque no estaba blindado. Me gustaban los Lancias Dedras con radiocasete multibandas; al menos, suenan bien.

Lo dejaba un mes, el tiempo de cada relevo, en el aparcamiento del Hotel Split o en el del Esplanade de Zagreb, mientras volaba a la capital bosnia en un avión de la ONU o entraba por el monte Igman en una caravana de todoterrenos blindados de medios extranjeros, los que gastaban en la seguridad de sus periodistas: agencias de noticias y televisiones extranjeras. Meter un coche alquilado en una ratonera como Sarajevo era una estupidez porque incluía la obligación de sacarlo. El coche alquilado en Trieste era un seguro mental, una garantía de poder elegir en cada momento lo que más me convenía. Si los vuelos desde Split estaban llenos, conducía hasta Ancona, donde el número de aviones era mayor. El coche me permitía acercarme a Mostar e informar sobre los *cascos azules* españoles o ir a Zagreb para renovar las acreditaciones de la ONU, pero sobre todo servía para salir despacio de Bosnia-Herzegovina, para regalarme una pausa mental y emocional antes de volver a Madrid.

El viaje de regreso a Italia por una carretera hermosísima repleta de curvas, desvíos y baches, con la visión del mar y las islas a la izquierda y el aire puro que respiraba por la ventanilla entreabierta, eran parte esencial del tránsito de la guerra a la paz, de la escasez a la abundancia, del ruido de la muerte al ruido de la vida. Me gustaba poner música alta y hablar conmigo mismo sobre los asuntos más variados. En esas conversaciones para mantenerme despierto he tenido unas cuantas discusiones con mi padre muerto. En la ciudad fronteriza de Trieste me hospedaba en el mismo hotel, pedía una habitación con bañera grande para sumergirme hasta el cuello en agua caliente como si fuera un ciclista tras subir el Tourmalet, y cenaba pasta en el mismo restaurante del paseo marítimo. Era un ritual, el de los supervivientes.

Me traicioné una vez, al final de la guerra, en las navidades de 1995. Partí temprano de Sarajevo por carretera con un equipo de Canal Plus España, y aterricé en Madrid por la noche. Salí de una ciudad herida, oscura, callada, y llegué a otra repleta de luces de colores y alegría impostada. Me sentí un traidor. Hace unos meses regresé demasiado rápido de la República Centroafricana. Por la mañana subí a un avión en Bangui, aterricé en Casablanca a mediodía, y a las ocho estaba en Madrid-Barajas. Al llegar en el tren de cercanías a Sol me llamaron la atención el exceso de iluminación y la bulla. Decenas de jóvenes iban y venían cargados de bolsas de plástico repletas de botellas de alcohol, hablándose a gritos sin tener en cuenta la proximidad física del interlocutor. Una ciudad sin memoria vota como vota, calla como calla. Nadie parece tener el mapa de lo que somos.

Mi padre anhelaba verme de teniente de Infantería vestido de gala en la fiesta de la graduación tras cinco años de Academia General. Era su ilusión, que llegara adonde él no había podido. Preparó el terreno de manera sibilina. De niño me llevaba a ver los desfiles de la Victoria en el paseo de la Castellana para engolosinarme con aquel mundo de orden, armonía y disciplina. El general Carlos Díaz-Varela, padre de una amiga de mi madre, Carmen Díaz-Varela, una mujer insoportable y estirada que nunca mostró respeto por Maud, a quien trataba como una inferior, nos facilitaba los asientos en las gradas. En la adolescencia se me agotó la fiebre por este ceremonial, como se me agotó años después el gusto por la Semana Santa sevillana. Siento prevención por las profesiones que se disfrazan para imponer su autoridad.

A los 14 años decidí ser periodista. Fue un flechazo, un enamoramiento súbito que aún perdura. Soy un privilegiado: trabajo desde los 20 en lo que ha sido y es mi pasión. García Márquez dijo que era «la profesión más hermosa del mundo». Me gusta también la cita de Hemingway, pese a su inevitable toque de cinismo, «es la mejor profesión del mundo si sabes dejarla a tiempo».

Al rastrear la causa que me empujó a una vocación tan temprana, no encuentro el abracadabra, la aparición mariana que pudiera explicar mi entusiasmo. Fue una suma de influencias. Puede que me ayudara el padre de Jesús Álvarez, a quien conocí a los 12 años, pero jamás hablé con él de periodismo ni tengo recuerdos nítidos de haberle visto en TVE; tampoco me ha interesado trabajar en televisión. El escritor y periodista Bernardo Arrizabalaga, quien me transmitió la pasión por la lectura y por escribir historias, fue director de *Hermano Lobo* y colaborador de la revista *Triunfo*. Debió de ser esencial. Igual que mi abuelo Marcel, que me hablaba de la Europa anterior y posterior a la Segunda Guerra Mundial y me enseñaba las primeras páginas del *Evening Standard* sobre el *D-Day* y de *La Victoire* sobre el final de la Gran Guerra en noviembre de 1919, portadas que tengo colgadas en mi dormitorio gracias a Maud, que me las consiguió en herencia. Cada mañana, al despertar, veo a la izquierda el Desembarco de Normandía: «*Churchill Announces Successful Massed Air Landings Behind Enemy in France*», y a la derecha, los libros de fotografía de Gervasio Sánchez. Duermo entre guerras y sueños de paz. Cuando pienso en Arrizabalaga, *Arri*, como le llamaba todo el mundo, incluida su familia, no estoy seguro de haberle dado las gracias, de asegurarme que supiera en vida lo importante que fue en esos años de formación. Murió en 2008, a los 85.

Llevo 40 años dedicado a mi hobby, por eso me cuesta sentirlo como trabajo, y más ahora, en estos tiempos de navegación solitaria, de emprendimiento forzado, en los que he descubierto el placer de carecer de horario y turnos de trabajo. Mi única obligación es cumplir con los plazos de entrega. Siento que estoy permanentemente de vacaciones, con pequeñas interrupciones laborales, porque me cuesta computar como obligación la lectura diaria de decenas de revistas, periódicos, webs, blogs y tuits con los que me alimento e informo. Si sigo en directo una noticia relevante en la BBC, Al Jazeera o France24, no lo percibo como trabajo, sino como la consecuencia de un vicio incontrolable. Haría lo mismo aunque no me pagaran por ello.

El día que informé a mi padre de mi vocación, «quiero ser periodista», él se encendió en tres colores: rojo en el rostro, morado en los labios y azul en sus ojos azules: «¡Periodista, de ninguna manera!», exclamó. «Si le molesta y a mí me gusta, perfecto: seré periodista», me dije reprimiendo la carcajada. Él no se preocupó porque creyó que se trataba de otra ocurrencia juvenil. Antes había anunciado mi intención de ser misionero, torero, astronauta y bombero.

La aspiración taurina tenía que ver con un vecino de María de Molina, Ángel Luis Bienvenida, que nos enseñaba a manejar la muleta en la piscina de la azotea; también con las hijas de Antonio Ordóñez, Belén y Carmina, que venían a menudo, y que nos gustaban a todos. Un día le dije, «Ángel, quiero ser torero», y él se sacó la camiseta y me mostró las cicatrices: «¡Esto es ser torero!», respondió. Pasé de forma automática a querer ser bombero. Una mañana quemé una estera de paja doblada en una esquina de la piscina para verles actuar. Ramón apagó el fuego en sus inicios y me soltó un par de bofetadas. Así que, dadas las dificultades ambientales, me quedé con el periodismo. En COU, un año antes de iniciar la Universidad, mi padre hizo un último intento en favor de Derecho. Su rechazo por el periodismo era político, herencia de sus tiempos de jefe provincial de Prensa y Propaganda del SEU. Para él, se trataba de una profesión de rojos y personas de malvivir.

Convencido de que jamás sería abogado ni general,

me sugirió la posibilidad de cumplir el servicio militar obligatorio en las milicias universitarias, que en ese momento tenían el nombre de Instrucción Militar para la Escala de Complemento. De ellas se salía, como en sus tiempos, con la estrella de alférez. Le informé de que no haría las milicias porque rechazaba tener galones en su Ejército y que acudiría al servicio militar por imperativo legal. Fui con 25 años, tras varias prórrogas universitarias. Gracias al coronel Martínez Ortiz supe que si renunciaba a la prórroga en vigor me tocaría ese año Zaragoza, un buen destino para conciliar la *mili* y 5º de Periodismo, y recuperar uno de los tres años perdidos en el colegio. Ramón se movió entre sus amistades uniformadas para que me cayera un destino duro tras el campamento; quería uno de esos que te hacen un hombre: Jaca, Sabiñánigo, el cuartel de intervención inmediata de Navas 12. Tuve la suerte de entrar en la revista *Moncayo* editada por la Capitanía General de la V Región Militar. Me presenté sin esperanzas a un examen de ingreso ideado por los periodistas-reclutas Jesús Rivasés y Agustín Valladolid, que finalizaban su servicio militar. Su objetivo era bloquear a los enchufados; puntuaban alto al elegido y muy bajo a quien traía recomendaciones, para bloquear su selección. A Valladolid le gustó mi currículo, y mi experiencia en la agencia Pyresa en la que él también se había desempeñado. Le gustó más, según me confesó, que no explotara la coincidencia, que me limitara a hacer el examen y a despedirme de manera educada. Antes me había entrevistado un comandante de las COE, un cuerpo especial de alta montaña, aunque nunca supe qué habilidades escaladoras pudo ver en mí que soy de sofá. Tuvimos una exhibición de paracaidistas para ganar adeptos y no sé cuántas cosas más. Valladolid y Rivasés fueron dos ángeles caídos del cielo, como diría mi familia. Me evitaron las guardias y las maniobras. Así esquivé los manejos de mi padre, y pasé un servicio militar plácido y útil: pude estudiar, asistir a los exámenes, aprobar el curso y realizar prácticas en *El Heraldo de Aragón*, donde descubrí mi vocación dentro de la vocación periodística. Una tarde, el redactor jefe José María Doñate, un maestro de periodistas, se acercó a la sección Internacional compuesta por un señor mayor con tirantes que subrayaba teletipos y un jovenzuelo asustado con el pelo ralo que hacía lo que le mandaban. El redactor jefe depositó su mano izquierda sobre mi hombro y preguntó en voz alta: «¿Alguien sabe dónde está Afganistán?» Noté el fuego crecer en el perímetro de mis orejas, pero no me atreví a responder. Clavó sus dedos sobre mi clavícula y repitió la pregunta. Dije en un hilo de voz: «Creo que en Asia central». Doñate, henchido de satisfacción, exclamó: «¡Tenemos un especialista! Ven a mi despacho». Le seguí hasta el centro de mando, y allí a solas me informó de que me iba a enviar a mi primer viaje. Esas fueron sus palabras. Me disponía a recordarle que no era posible, porque carecía de pasaporte debido al secuestro por parte del Estado, cuando añadió: «Vas a ir a la facultad de Derecho, que está aquí al lado, a entrevistar a Leandro Rubio, profesor y experto en la URSS».

El motivo era Afganistán, la invasión soviética que

se había producido el año anterior. Entré en un despacho desordenado, di las buenas tardes, y un tipo con pinta de sabio de película comenzó a hablar de la Unión Soviética, la India y el Imperio Británico. Se ayudaba de libros, mapas y papeles. Estuvo dos horas de pie, sentado, gesticulante, entusiasta ante un único y boquiabierto alumno. Cuando terminó, le pregunté: «¿Qué hay que hacer para saber tanto?» El profesor resopló, miró a un lugar recóndito de la galaxia y respondió condescendiente: «Tener claro el marco, lo demás son perchas». Fue una lección de vida.

10

La gran mentira

Los Leyder eran una alternativa razonable y sencilla de ser otro: ellos ya lo eran; bastaba con imitarles y convencer a los demás de mi pertenencia al clan. No sería necesario matar literariamente a mis padres en un accidente de aviación en Maracaibo, ni escaparme a Argentina como polizón —primero en tren, luego en barco—, una de mis fantasías adolescentes. Para ser el Leyder que ambicionaba, alejado de toda contaminación franquista y nacional-católica, debía saltarme a mi madre, conectar directamente con mi abuelo Marcel, el gran referente. Aunque parezco inglés, he cultivado costumbres, gustos y excentricidades que reforzaban mi extranjeridad, algo tan banal como desayunar o merendar tostadas untadas de mantequilla y Bovril, marca de un extracto de carne muy popular en el Reino Unido, y que la mayoría utiliza para condimentar guisos. El espectáculo completo de mi merienda extranjera incluía la inmersión de la tostada en una taza de colacao, ahora de café o té, antes de devorarla con placer. Varios miembros de la pandilla subieron a la casa de mis padres para verlo en directo, porque no daban crédito. Uno llegó a decir: «es como chupar una pastilla de Avecrem». También encanta el Marmite, un extracto de levadura apto para vegetarianos. Son costumbres inglesas transmitidas a los países de la Commonwealth y a Portugal; el Bovril aparece mencionado en *El año de la muerte de Ricardo Reis* de Saramago. Lo que me gusta de los ingleses, más allá de sus manías y gustos estrambóticos, es su enorme capacidad de autocrítica, saber reírse de sí mismos frente a la transcendencia e intensidad de lo español. También me gusta su nulo sentido del ridículo. En eso, los estadounidenses son los mejores, los más desinhibidos.

Nací en Venezuela donde rige el *ius solis*, el derecho de suelo. Mi padre era de España, donde manda el *ius sanguinis*, el derecho de sangre. Si mi madre hubiese sido varón, lo que habría representado algún inconveniente para mi existencia, podría haber tenido la posibilidad de ser británico, una oferta tentadora. Pero nací en tiempos de leyes machistas: no bastaba ser mujer británica para engendrar británicos nacidos lejos de las islas. En una cena en el Palacio de El Pardo de Madrid con Hugo Chávez y otros cuatro periodistas, el presidente de Venezuela, advertido de mis circunstancias, dijo al estrecharme la mano: «yo te voy a dar la nacionalidad». Se lo agradecí, aunque le recordé que ya la tenía por derecho de nacimiento, que lo único que me faltaba era el pasaporte, gestión que sería bien recibida debido a mi repulsión al papeleo.

Sueño con un viaje a Venezuela, a mis orígenes maracuchos, a ese país que me llega desenfocado, sin grises, en guerra entre buenos y malos y entre malos y buenos, navegar por el gran lago, pisar la ciudad de Maracaibo, uno de los nombres más hermosos del mundo, y ver las casas alzadas sobre postes en el campo petrolero de Cabimas, en el que viví de niño, y que ahí sigue, sin otro cambio que el de la propiedad, de la Shell a la empresa pública Petróleos de Venezuela. Sueño con salir por el aeropuerto de Maiquetía de Caracas con el pasaporte venezolano en la mano y probar a ser otro, aunque sea burocráticamente.

Italo Calvino sostenía que el objetivo de la vida es descubrir el lugar en el que uno se siente mejor como extranjero. La extranjeridad permite el disfrute completo del país, liberado del peso de su historia y de las declaraciones de sus políticos. Ser extranjero es como vivir de alquiler: las derramas y los gastos de la comunidad las paga el propietario. Si tuviera que escoger, optaría por Italia, un caos que funciona; o Grecia, un caos que no funciona. Dentro de las Italias, me cautiva el de Nápoles, pero el de *Nápoles 1944* de Norman Lewis, un libro fascinante que relata el proceso de transformación del narrador hasta ser capaz de ver y respetar al otro. Llega Lewis como oficial de inteligencia de las tropas aliadas a una ciudad quebrada por la guerra, desconchada por el tiempo y el descuido, ruidosa y embrollada. No oculta desde las primeras páginas su rechazo, casi químico, a la población local, que considera sucia, incivilizada, de poco fiar. El texto es la historia de la lenta conversión de un inglés del norte de Londres, cargado de prejuicios, a la persona tolerante, abierta y curiosa que le permitió ser uno de los grandes autores de la literatura de viajes del siglo XX. Tras algo más de un año en Nápoles, Lewis reconoce su enamoramiento, su fascinación por la gastronomía, la cultura y sus habitantes. Ha aprendido a amar lo opuesto. Al final, afirma que si tuviera la posibilidad de nacer de nuevo y escoger, elegiría Italia sin dudarlo.

Nápoles sería un buen continente para «mi lugar Calvino», también lo sería la Roma decadente de *La gran belleza* de Paolo Sorrentino. Pero mi patria, otra palabra que araña, se compone de muchas patrias robadas: plazas, monumentos, calles, parques, bancos de madera, librerías, bares, porciones de ríos y mares, restaurantes, personas, museos y momentos que se barajan y cambian. Un día, reaparece de improviso la maravillosa plaza Skanderbeg de Tirana y desaloja a la última favorita, la de Oriente de Madrid, o la entrada entre brumas en Mantua sustituye a la primera impresión de Ferrara, la ciudad más melancólica de Italia. Sucede en cada una de las categorías: entran unos ríos y salen otros, entran unos bares que desplazan a otros. Este carrusel de «lugares Calvino» se parece bastante a mi película de los momentos esenciales de la vida. Se trata de una tarea agotadora: todo el tiempo quitando y poniendo para que cuadren los metrajes.

Si alguien me dice: «¡cómo te pareces a tu padre!», siento la rabia escalar por la garganta en dirección a la boca, donde se pulen las palabras que llegan vírgenes desde las tripas. Aprovecho el instante de demora para censurarme y no parecer maleducado. Cuando lo escucho trato de argumentar mi rechazo: no tenemos nada que ver, parezco extranjero, soy más alto, tengo ojos verdes, llevo barba desde los tiempos de la universidad, que él desaprobaba porque era «cosa de comunistas y no de señores como en la época del bisabuelo». Aseguro que estoy en sus antípodas políticas y religiosas, pues soy ateo, y en sus gustos en el vestir, siempre con mi pantalón vaquero, sin energía para cultivar una elegancia de la que carezco. Mi única concesión al glamur son los calcetines. Empezó en la época del Penn Club, en Londres; así no tenía que pensar si combinaban con la ropa. Cuando los llevas extravagantes queda claro que es porque te da la gana, y ahí se acaba la discusión cromática. María, siempre con la escopeta cargada, sostiene que tiene que ver con mi exhibicionismo, la necesidad patológica de llamar la atención. ¡Sueño con una chaqueta de patchwork como la de Bill Murray en el Festival de Cannes en 2012!

Mi primo Álvaro, primogénito de José Luis, el hermano de mi padre, dijo, nada más verme en Sevilla: «¡Cómo te pareces a tu padre! Tienes la misma nariz». Al llegar a su casa para recoger a Victoria, su esposa, y salir a cenar los tres, ella dijo: «Eres Lobo, no lo puedes negar»; lo mismo que su hermano José Luis y su mujer Encarna: Lobo-Lobo. Ya no opongo resistencia, me he rendido. Siempre he sabido que, por mucho Bovril que tome y mucha cara de inglés que tenga, soy más Lobo que Leyder. Si observo las fotografías de mi bisabuelo y de mi padre, si entro en ellas más allá de lo evidente, descubro la impronta, la huella familiar que, en mi caso, es visible más allá de «un podrido carácter de mierda», como le gustaba decir a Carmen, una amiga sevillana que me soportó durante ocho años. Tengo más ardor ibérico que flema inglesa, lo que, sin duda, resulta bastante molesto.

Mis padres evitaron el conflicto tras mi decisión de dejar de ir misa, aconsejados por Ángel García Dorronsoro, un sacerdote del Opus Dei que salía en TVE. Siempre les gustaron los curas que hablaban en la radio y en televisión, fuera para resolver el asunto de mi abuela en la casa de María de Molina o para salvar mi alma. Me dejaban hacer, convencidos de que se trataba de una moda pasajera, una pose, una reacción pendular, y que todo volvería a ser «como debe ser» cuando sentara la cabeza, que los años de paciente adiestramiento acabarían dando su fruto. Es posible que aquellos gestos rebeldes fuesen inicialmente eso, un rechazo a la educación recibida sin más transcendencia ideológica. Con el tiempo se asentaron en lo que soy, siento y pienso.

El coqueteo de mi padre con el Opus Dei tuvo efectos colaterales en mi hermana Patricia, que se hizo monja secreta, un término más preciso que el de numeraria. Ocurrió tras una visita de su colegio opusino al Vaticano. Tenía 18 años. Según salían las niñas en trance tras ver a Juan Pablo II, les daban de alta en la organización. Estuvo 25 años. Cuando anunció que deseaba dejar la Obra, como la llaman los adeptos, la enviaron a un psiquiatra que la empastilló durante seis años. Después de trabajar media vida para ellos, logró salir, eso sí sin derecho a pensión ni paro, que la gente de dios no cotiza a la Seguridad Social de los hombres; tampoco paga impuestos. Salió libre, pero dañada, como si hubiese regresado de una guerra. Pese a esa experiencia, no ha sabido, podido o querido proteger a mis sobrinos de la repetición de sus errores. A su regreso de Roma me informó de su nueva situación en la fe. Le dije que la puerta de mi cuarto era su frontera. Nunca he sido flexible con las ideas inflexibles.

Uno de los comentarios paternos que más me irritaban, por miedo a que me ocurriera, hacía referencia a la evolución de las ideas conforme a la mejora del estatus social y la cuenta bancaria, «quien no es comunista a los 20 años no tiene corazón, quien lo sigue siendo a los 40 no tiene cerebro». Pasé de ganar el equivalente a 1,20 euros en mi primera colaboración en la agencia Pyresa en 1975, una entrevista con Antonio Gala, a viajar por el mundo con los gastos pagados como enviado especial y tener un buen sueldo en *El País* —ya extinto; el sueldo, se entiende—. Juan José Porto, mi primer director hace 39 años, me decía, «saluda a todo el mundo cuando subas la escalera porque te los vas a encontrar cuando bajes». Y así fue: bajé rodando con el ERE en medio de un gran estruendo y recogí lo que había sembrado. Perdí un trabajo, encontré otros. Soy afortunado. He crecido como persona, he tenido vaivenes emocionales y cambios, he vivido en varios países, pero soy más o menos el mismo. Creo que no he abdicado de mí. Cuando me reencontré con Celina, 27 años después, me dijo eso: «Solo tenía miedo de que hubieses cambiado». Nos vimos, paseamos, hablamos, nada más. Me gusta tener arreglados los desamores en mi familia imaginaria; con la otra, en la real, no sé por donde empezar, quizá por arreglar la tumba de mi bisabuelo, repararla es una cuestión personal, un homenaje, la primera piedra de esta segunda transición. No es por él ni por la bisabuela bohemia, es por mí; necesito crear vínculos de pertenencia, para que todo esto sea algo más que palabras escritas en un libro. Es la consecuencia emocional de un viaje íntimo y arriesgado; no tengo derecho a exigir a los demás que me sigan en lo que no han vivido. Verla restaurada, me repara, me sitúa en el lugar íntimo de la memoria en el que se extravió el niño que no pude ser.

Los problemas con la negación de la edad son parte del juego de la negación de la muerte, una manera de sentirnos eternos. Verse joven y disfrazarse de joven son exigencias publicitarias de una sociedad que no acepta a los viejos y a los defectuosos, que los percibe como un estorbo, como un sobrecoste presupuestario. En las Áfricas rurales donde no campa el Kaláshnikov que todo lo corrompe, el viejo sigue siendo un sabio. Se trata de hombres y mujeres que han vivido mucho, son portadores del valor de la experiencia y que, al estar cerca del más allá, mantienen una buena relación con los antepasados. No creo en la vida eterna ni en ningún ente metafísico superior, pero me agrada la idea de que los antepasados vivan en un espacio paralelo desde el que ayudan y aconsejan. En la relación que mantengo con mi bisabuelo y mi abuelo españoles hay mucho de africanidad.

Condené a mi padre e idealicé a mis abuelos Marcel

y Germaine, y a Pauline, mi tía favorita, que se esforzaba en llevarme de excusión y a los concursos caninos en los que era jueza de perros afganos. Llegó a tener cinco en casa de mis abuelos con los que vivió y cuidó hasta su muerte. Era una gran mujer, todo generosidad; antepuso el amor de los animales al de los hombres. Fui una de las excepciones; tuvimos mucha complicidad. Mis abuelos y Pauline no eran del tipo de personas que se besan y abrazan todo el tiempo; pese a la ausencia de roce, transmitían afecto desde una distancia anglosajona. Maud es así: fría en el contacto, cálida en la conversación.

La mayor de mis tías, Marie Claire, fue monja, un estatus que le permitió libertades insólitas para los Lobo franquistas. Gran parte del árbol genealógico que conozco de los Leyder, las diez generaciones que se hunden en el Luxemburgo profundo, se deben a ella, al trabajo que realizó junto a un primo comunista a quien trató en su etapa de superiora de un convento de la orden Marie Auxiliatrice en París. Mis padres estaban angustiados, temían el efecto que pudiera tener en su fe religiosa. Aproveché para lanzar un dardo, «¡qué poca seguridad tenéis en vuestra ideas!; yo, en cambio, no estoy nada preocupado por las del primo comunista».

El primer domingo del primer verano que pasé en Ferring tras haber anunciado que dejaba de ir a misa, plegué mi cama en el comedor y me vestí con una ropa más distinguida que de costumbre. Tenía 20 años. Marie Claire se sorprendió al verme en el salón. «¿Qué haces vestido así?», preguntó. «Esperar al resto de la familia para ir a la iglesia», respondí. Se sentó al lado, tomó mi mano y dijo, «no hace falta que vengas». «No me importa; no quiero dar un disgusto a los abuelos», contesté. Mi tía soltó una carcajada, que en ella eran tan estruendosas como en mi abuelo, «¡pero si ellos saben que no vas a misa! No tienes obligación de venir; si te entraran ganas después u otro día, me lo dices, y vamos tú y yo a otra iglesia, que la de los abuelos es bastante aburrida». Fue una emotiva lección de respeto; algo inalcanzable para mis padres.

Uno de los temores que me generaba el libro de mi madre, y por lo que aplacé su lectura dos años, era que se me rompiera la Inglaterra idílica, la de los Leyder perfectos, que alguna información perjudicara la imagen inmaculada de mi abuelo Marcel. No estaba en condiciones de bajarle de ningún pedestal, era una de mis agarraderas. En el salvamento de mi abuelo Marcel a cualquier precio, en la búsqueda de justificaciones, «es que eran otros tiempos», aplico dos varas de medir: generoso con mi madre y su familia; intransigente con mi padre y la suya, en la que ya solo salvo sin reservas a mi abuelo y a mi bisabuelo como representantes de la España dinamitada.

No sé de dónde obtuvo Maud la idea de incorporar a su libro un árbol genealógico de los Leyder, ni por qué al llegar a mi primo Martin, hijo único de su hermana Janine, la tercera de las cinco, sintió la necesidad de añadir una palabra encerrada en un paréntesis: (adoptado). A mi abuelo Marcel, y a mi madre después, les pareció la mejor opción, además de la verdad, para explicar la presencia de un primo mulato en una familia de blancos. Al traducir su libro al inglés, Maud calcó el árbol genealógico, sin pensar en Martin ni en las consecuencias. Los primeros ejemplares llegaron por correro a Barnes, donde vive mi primo. Martin, casado con Liza y padre de una niña encantadora llamada Eleonor, transitó del estupor a la conmoción, de la tristeza al enfado. Hubo cruce de correos electrónicos con mis hermanas y sobrinos, y alguno conmigo, en los que tratábamos de quitar hierro al asunto, hacerle ver la edad de Maud y sus dificultades con la memoria. No fuimos capaces de ponernos en su lugar, de sentir, aunque fuese por un instante, lo que él ha sentido y padecido durante toda su vida. No se trataba de un agravio aislado, era la resurrección de una vieja ofensa contra él y su madre.

Maud esgrimió argumentos morales para defender su acción, «tenía la obligación de proteger el honor de mi hermana». Para ella resultaba inaceptable que Janine apareciera junto a su hijo sin un marido al lado. Todos los demás familiares estaban casados «como es debido», es decir, mediante un matrimonio entre un hombre y una mujer bendecido por la Iglesia. Yo aparezco soltero, pese a haberme casado en 1983 «como dios manda» con Blanca en la parroquia del Pinar de Chamartín. Fue nuestro divorcio civil en 1991 lo que me devolvió al limbo prematrimonial, a una soltería negada por la Iglesia que exigía más dinero para completar la nulidad aprobada en primera instancia en el Tribunal de La Rota. Mi hermana Mónica sigue casada «como dios manda», pese a que su marido se dio a la fuga dejándola sola con tres hijas pequeñas, la amenaza de ejecución de deudas que había contraído y unos cuantos daños emocionales. Fue un cobarde y un irresponsable, como el bisabuelo François, el padre de Marcel, pero como no se divorció, ahí sigue en el libro de Maud, «felizmente casado» junto a mi hermana. Sentí la necesidad de pedir disculpas a Martin y confirmar con él una verdad que mis hermanas y yo sospechábamos desde hace tiempo.

Unos meses antes de morir, mi padre me contó una segunda versión: Martin no era adoptado, sino producto de una violación. Según este relato alternativo, mi tía Janine fue forzada por un varón nigeriano al que asistía como voluntaria de Acción Católica o una organización similar. Fue un tiempo de confidencias en el que nos llevamos razonablemente bien. Yo trabajaba a destajo en Radio 80, y él admiraba mi disciplina para levantarme a las dos de la madrugada para preparar el informativo de las ocho de la mañana. Nunca me dijo: «hoy, te he escuchado», «me gusta cómo lo haces». Quizá sintió que, después de todas las penalidades, no había salido tan mal: al menos era capaz de asumir responsabilidades. Tras mostrarle las notas del último curso de la carrera y decirle «ya soy licenciado», me besó y abrazó emocionado. Fue la primera vez desde la infancia del asma. Me enternece recordarlo. Había terminado una carrera, aunque fuese Periodismo, una cota inalcanzable para él y para muchos de su generación debido a la guerra. Ahora me doy cuenta de que una de mis puyas favoritas, que en su momento me pareció adecuada, fue un exceso, era echar sal en la herida. «Si tienes un hijo se llamará Ramón Lobo, como tu bisabuelo, tu abuelo y tu padre. Es la tradición», dijo de manera solemne. Le respondí que, en el caso hipotético de tener uno, jamás le llamaría Ramón, y que la tradición la había roto él porque los primeros ramoneslobo fueron médicos y él no lo era.

A la boda de Martin y Lisa, celebrada en Londres a finales de 2005, a la que no pude acudir porque estaba de viaje de trabajo por Liberia y Sierra Leona, asistió gran parte de la familia nigeriana de Martin: la segunda esposa del padre, hermanastros, primos, tías, tíos. Fue una fiesta. En el funeral de Janine, en febrero de 2008, participaron varios familiares africanos. La historia de la violación no tenía ni pies ni cabeza.

Cuando Janine se quedó embarazada a los 34 años, mis abuelos Marcel y Germaine la escondieron en la casa de Ferring, en el sur de Inglaterra, para que nadie supiese lo sucedido. Desconozco si en algún momento alguien sugirió la posibilidad de un aborto, algo contra natura en una familia católica, pero hay veces que los principios más sólidos se licúan si nos afectan personalmente. Existiera o no esa idea, Janine quería tener su hijo por encima de cualquier otra opción. Mi tía estuvo nueve meses sin pisar la calle, sin salir de día al jardín trasero por temor a que la descubrieran los vecinos y que de sus bocas brotara la habladuría dañina que mancillara el honor de los Leyder. Si venían visitas, Janine subía al segundo piso y ahí se quedaba hasta que el territorio volvía a ser moralmente seguro. El parto debió de ser en un hospital, dados los antecedentes de Germaine con la comadrona de Pantin.

A los pocos meses de nacer su hijo, mi tía Janine tuvo que entregarlo a una familia de acogida, primero, y a un hospicio, después. Ella iba a verle casi todos los días. También fue mi abuelo a jugar con su nieto, su primer Leyder, un apellido en serio peligro de extinción. Martin regresó años después con su madre bajo la figura oficial de adoptado. El día en que Martin leyó la palabra maldita en el libro de mi madre le debieron regresar todas las cárceles, la suya y la que arruinó la vida de su madre, una mujer sin autoestima, una damnificada más en esta larga lista de vidas naufragadas. Janine se refugió con los años en una visión fanatizada de la religión. Era su escape, su salvación.

En la prisión que padeció mi tía hubo varios carceleros en nombre de la sacrosanta moral y por el miedo al qué dirán. Mi madre es la última abanderada de una versión espuria que ya nadie esgrime. Hacía décadas que sus hermanas y sobrinos británicos se habían instalado en un elegante silencio. La versión del adoptado faltaba el respeto a Martin y humillaba a su madre. Ahora entiendo por qué Janine era agresiva con Maud. Veía en mi madre a la última celadora. Janine tuvo que salvar a sus padres por supervivencia, como yo salvé a mi madre de niño, pero no podía salvar a su hermana.

Los aviones en los que viajo hacia Inglaterra nunca aterrizan en un aeropuerto británico sino en una parte de mi infancia. Todo me tonifica: los colores, el idioma, los acentos, los peinados y los despeinados, los anuncios por megafonía, los puestos de comida rápida, las tribus urbanas y las futbolísticas. Me muevo como si fuera uno de ellos aunque me equivoque de tren para ir de Gatwick a Barnes, donde vive Martin. Tras un transbordo de más para corregir un error, me senté en un banco de Clapham Junction, uno de los principales nudos ferroviarios del sur de Londres. Ante mí se desplegó la Inglaterra eterna, su esencia resumida en un jefe de estación con gorra, bandera roja y silbato, que se resistía uniformado a los avances tecnológicos, empeñado en salvar un trozo de la tradición. El hombre tenía unas enormes patillas unidas al bigote y la barbilla afeitada. Pronunciaba un inglés ampuloso, de jefe de algo aunque fuera de poca cosa, preñado de una musicalidad que jamás podré alcanzar. Era un personaje de Charles Dickens. Los andenes cinco y seis estaban repletos de multiculturalidad: británicos, nigerianos, bangladesíes, paquistaníes, sijs, españoles, latinoamericanos, ugandeses, keniatas, indios... Inglaterra es un elegante Titanic que mantiene imperturbable la navegación tras el impacto con el iceberg, como si nada hubiese pasado, como si el Imperio siguiera allí, como el dinosaurio de Augusto Monterroso. Siempre me ha parecido un país admirable.

La casa de Martin y Lisa es amplia y luminosa, con un pequeño jardín trasero típicamente inglés. Me gusta ese reparto democrático del verde: la posibilidad de salir a un espacio más o menos abierto y respirar los centímetros cúbicos de aire que corresponden a cada uno, cortar el césped, mimar las plantas, sentirse útil con las manos. Está situada en un barrio elegante de Barnes, cerca de Putney. Le ha ido muy bien en su trabajo y en las inversiones inmobiliarias. Se parece a nuestro abuelo Marcel, que era un lince para los negocios y la Bolsa. Estaría orgulloso de su nieto Martin Leyder. Llegué a su casa a pie desde la estación. Subí una cuesta suave, pero constante, ayudado de un mapa obtenido en Google. No quise telefonear para que fuera a buscarme a la estación, como él pretendía. En eso soy muy británico: odio molestar, como detesto la impuntualidad. Tuve que preguntar un par de veces porque no acertaba con la entrada de la urbanización, más pensada para vehículos que para españoles despistados. Mi inglés aprendido de oído y a escondidas de mi padre aún causa desencuentros en la comprensión de mi acento; tengo la manía española de pronunciar las haches mudas como jotas, un defecto incomprensible.

Me dio alegría verles. Son parte de la familia aceptada, aunque no hemos tenido demasiado trato debido a la distancia geográfica y, tal vez, a la falta de entusiasmo. En un viaje anterior a Londres, de cuatro días, evité llamarle, porque si veo a un primo, los otros dos se ofenden. En aquella incursión secreta aproveché para ir a Ferring y entrar en la casa de mis abuelos, que ahora pertenece a unos amigos de unos amigos de mi madre. Fueron amables, me permitieron pasar y me convidaron a una taza de té. Al observar el jardín en el que tanto había jugado y trabajado para quitar las malas hierbas, vi dos gnomos espantosos, propiedad de los nuevos propietarios. La incapacidad para cocinar y la inexplicable querencia por lo gnomos son los dos mayores defectos de los ingleses.

Un amigo que había vivido ocho años en Katmandú me contó que regresó a la ciudad para participar en un congreso internacional de tres días, y que, como era tan breve su estancia, decidió no llamar a sus amigos. No iba a tener tiempo para todos porque en Nepal las conversaciones comienzan por tradición con un «¿cómo está tu padre?», y tras un educado silencio en el que los interlocutores se observan con afecto, el interpelado responde, «mi padre está bien, gracias, ¿y cómo está el tuyo?». Así hasta abarcar toda la familia. Se necesitan horas para salir del árbol genealógico y conocer las últimas noticias. Al segundo día del Congreso se presentaron una veintena de estos amigos en el vestíbulo del hotel, sorprendidos de que no les hubiese llamado. Se excusó con la agenda y la premura de tiempo. Uno le dijo sorprendido, «¿ya no tienes tiempo para tus amigos?» Terminado el Congreso, alargó una semana su estancia en Katmandú para poder verles, conversar y estar. Fue una enseñanza, un regalo.

Después de cenar con Martin y Lisa en un restaurante de Putney, cerca del río, mi primo apareció en el salón de su casa con una enorme caja de cartón colmada de cientos de fotografías familiares, la mayoría diapositivas, una manía que nos contagió la tía Pauline. En ellas está su historia. Parecía la caja de la memoria, su anclaje. Al escuchar mi relato, María me corrigió: «No; es la caja de su identidad». Para Martin era importante que le dedicara minutos a cada una de aquellas fotos; para mí también lo fue. Era parte de un proceso de respeto y aceptación, no de su sangre, sino del sufrimiento, y de sentir vergüenza por haber comprado durante años, sin cuestionarlo, un discurso carcelario y excluyente. En esta compra irreflexiva hay algo de lealtad hacia mis padres, a sus palabras, a sus historias. Aunque muchas se han desmoronado como mi primer relato infantil en el cuarto de la plancha, esa lealtad permanece; es parte, quiera o no, del lazo de sangre.

Tras pasar a Janine a la clandestinidad, por quedarse embarazada, mi abuelo se citó con Emanuel en un puente de Londres; allí, sobre el río Támesis, le prohibió volver a ver a su hija pese a que él quería casarse. El padre de Martin regresó a Lagos, a su Nigeria natal donde era *chief*, un jefe tradicional local. A los cinco años, Janine puso en contacto telefónico a Martin con su padre, y poco después pasaron los tres unos días en París, como si fueran la familia que pudieron ser. En las fotografías se ve a dos adultos circunspectos y a un niño feliz. Janine se arrepintió de aquel viaje: tenía miedo de que Emanuel tratara de arrebatarle a su hijo. Él intentó convencerle en varias ocasiones de que se mudara a Lagos. Era el primogénito, su sucesor, algo especial para un *chief*. Martin nunca quiso separarse de su madre. Fue de joven a Nigeria para conocer al resto de su familia, al entierro de su padre, y alguna vez más, pero siempre en viajes de ida y vuelta. Su raíz es británica.

En los días que pasé con ellos en Barnes, resucitó la infancia inglesa en cada foto, resucitaron mis tías Pauline, Janine y Tessa, sus voces y gestos. Cada diapositiva contenía una imagen en movimiento, un recuerdo agradable. Hablamos de mi madre, de las historias oficiales y las reales; de los abuelos, de las cosas físicas materiales que heredé de ellos y que a él le gustaría heredar de mí. Entre mis hermanas y Martin hay cierto consenso de que seré el primero en partir.

En agosto murió Marie Claire, tres semanas después de hacer los 94. A primeros de ese mes llegaron noticias alarmantes sobre su estado; al escucharlas mi madre empezó a hablar en francés, su idioma materno y de la infancia. Decidió viajar a Meaux, cerca de París, para despedirse de su hermana mayor. Marie Claire, que andaba extraviada en sus mundos, reconoció enseguida a mi madre; al verla dijo: «*Maud, naughty*» (Maud traviesa). No sé si estaba perdida en la infancia o se trata de un recuerdo indeleble, su trineo *Rosebud*, el hielo de Aureliano Buendía o mi primera nieve. En su libro, Maud cuenta que, tras la enésima trastada y ante el enfado de su padre, le dijo: «Siempre has querido un chico, y yo hago lo que puedo». Todos los que me antecedieron, excepto mi madre, están muertos. No sé qué se siente ante el vacío de ser el primero en la fila, el último superviviente de una época muerta.

Nunca había vinculado a mi primo Martin con las Áfricas que he pisado porque en mi cabeza estaba la versión que lo desconectaba de sus ancestros, que lo dejaba en medio de un puente. He estado varias veces en Nigeria, el país de su padre. Nunca me ha gustado Lagos. Me resulta violento, de una rudeza subterránea que corre por sus venas y que de repente estalla. Me gusta Fela Kuti, uno de los grandes músicos africanos, y me cautiva el norte musulmán, Kano y Kaduna, donde el calor es seco y la gente era amable. Allí conocí en el año 2000 a un imam que repetía como una salmodia: «el Corán es mi constitución». Traté de razonar con él, «si le dijera que la Biblia es mi constitución, no podríamos vivir en el mismo país. ¿No resulta más fácil tener una Constitución civil que nos ampare a los dos, que nos permita vivir juntos y seguir nuestras religiones sin conflictos?». En África no conviene presumir de ateísmo; les parece una broma y, a veces, una afrenta: es como si te estuvieses riendo de ellos. El imam, a quien llevaba en mi coche hacia Kaduna, donde acababan de morir doscientas personas en las luchas entre cristianos y musulmanes, repetía la cantinela, «el Corán es mi constitución». Le dije que, si seguía, le echaría del coche. Le pareció un chiste divertido aunque yo hablaba en serio. Un año después, en el norte de Afganistán, supe que esa frase era típica de un wahabí, la versión rigorista del islam de Arabia Saudí; me ponía sobre la pista, entonces no tan evidente, de la penetración saudí en el norte de Nigeria. De haberlo sabido, hubiera escrito un reportaje.

En la decisión de Marcel de alejar al padre de Martin, de negarle la oportunidad de casarse, de escoger un puente para marcar las dos orillas, la distancia social y racial, «usted está en una; nosotros, en otra», bulle un racismo sin adjetivos ni frases atenuantes, «eran cosas de la época». Si Emanuel hubiese sido blanco como John Steer, el padre de mis primos Sarah y David, no habría habido problemas. John era divorciado, tenía un hijo de cinco años llamado Peter y había embarazado a mi tía Tessa. Mi prima nació cuatro semanas después de la boda. La mancha del racismo permanece clavada en Martin. Es la que le vincula a la palabra adoptado. Cuando la escucha, o la lee, su mente grita: «rechazado».

Martin dice que Emanuel era persuasivo e insistente

y que bailaba muy bien, cortejó a su madre durante días hasta que consiguió que ella aceptara. Él tiene las dos versiones, la de su madre y la de su padre. Antes de conocer a Emanuel, Janine tuvo un novio asiático que tuvo que dejar porque mi abuelo le dijo que las diferencias culturales acabarían pesando. Mi madre renunció al aviador Paul Stein porque, según su padre, no era una buena idea casarse en esa época con un judío. Mi abuelo Marcel reinó como el patriarca absoluto de los Leyder, para bien y para mal. ¿Cómo hubiera sido mi vida de haber crecido en un internado cerca de casa de mis abuelos? ¿Cuáles habrían sido sus prohibiciones?

Un día me pegué por Martin en un parque de Ferring. Yo debía de tener 12 años, y él, ocho. Jugábamos al fútbol. Nuestras madres hablaban sentadas en un banco cercano. Un pelirrojo, más o menos de mi edad, se acercó y alejó la pelota de un chut. Martin se enfadó, le pedí que no se preocupara, y fui a recogerla. La segunda vez que el inglés golpeó la pelota dijo algo que me encendió la sangre: le llamó helado de chocolate. Me lancé furioso sobre él, le arrojé al suelo, le insulté en castellano, puse mis rodillas sobre sus brazos y le golpeé con los puños. Tras separarnos, el pelirrojo preguntaba desconcertado en qué idioma hablaba, sin preocuparse por la sangre de su nariz. Janine se echó a llorar.

Maud es incapaz de aceptar que su hermana tuvo una relación libre y consentida con un hombre negro. Tras el incidente del árbol genealógico, le dije que ninguna de las dos versiones oficiales eran verdad. Ella argumentaba que el enfado de mi primo se debía al hecho de que él no sabía que era adoptado, que se acababa de enterar por su libro. Le informé de que Martin nunca fue adoptado, de que tenía nuestra misma sangre. Al retroceder a la casilla de la violación, como defensa instintiva, le pregunté cómo podía explicar que la familia de un violador asistiera a la boda del hijo de la presunta víctima y al funeral de la supuesta violada. Mi madre respondió nerviosa: «Mi hermana era muy católica».

La religión ha sido una cárcel para mis padres, para una parte de mi familia y para mi abuela Pilar; la religión como excusa para sostener el miedo y dignificar la represión que nace del mismo miedo. Una religión del «no» frente a una religión del «sí», la vivida por mi abuela Germaine y su hija Marie Claire. El convento de París del que mi tía fue superiora tenía un apartamento con acceso independiente para los familiares de las religiosas. Por él pasaron mi madre y mi hermana Mónica con su marido. Cuando sugerí ir con Maribel, mi novia de entonces, Maud dijo que no podía ser porque no estábamos casados. Se lo transmitió a Marie Claire, para hacerla partícipe de mi escandalosa propuesta, pero la tía-monja respondió: «Mientras que paguen, nos parece bien que vengan». He publicado una novela, *Isla África*, que Actes Sud tradujo al francés. Mi madre compró un ejemplar para su hermana, pero selló con celofán las páginas en las que describía de una manera sutil una felación y otras en las que consideraba que había sexo. Marie Claire se interesó por el motivo de la censura. Al justificarse mi madre, su hermana monja respondió: «Aquí no nos escandalizamos por nada, estamos a la última».

Casi treinta años de convivencia con mi padre han convertido a Maud en otra víctima del franquismo, una mujer que asumió la represión, las prohibiciones de bañarse en la piscina como si fueran algo natural, como si el marido tuviera el derecho de gobernar cada centímetro de su cuerpo y de su vida. Su salto no fue tan brusco como pensaba, de luchar por la liberación de Francia a casarse con un falangista que había vestido el uniforme alemán. En realidad, pasó de la obediencia ciega a su padre a la obediencia ciega a su marido. Maud moderó a Ramón, si lo comparo con sus hermanos José Luis y Josefina, pero a cambio quedó contaminada del virus nacional-católico.

De vuelta del viaje a Londres en marzo de 2014, saqué de nuevo a mi madre el asunto del origen de mi primo Martin. Incorporé los detalles que él me había contado: el puente de Londres, la caja de la identidad, las fotos de París. Esta vez no dijo nada. Escuchó. Esa mudez ante lo evidente no significa aceptación de los hechos; su resistencia sigue alerta, dispuesta a no retroceder.

Martin me reconoció que su madre no se llevaba bien con la mía, que estuvieron peleando hasta el final. Un día, al visitar a unos amigos acompañada de Janine y un Martin infante, mi madre dijo como fórmula de presentación: «Aquí mi hermana Janine y su hijo adoptado». Al separarse, Martin quiso saber por qué había dicho eso. Su madre le respondió: «son cosas de la tía Maud». Ya adulto, Martin preguntó a la abuela Germaine por la verdad, y ella, con lágrimas en los ojos, le contó la historia de la violación. Estoy seguro de que fue la versión inventada por Marcel para su familia y que todos asumieron como cierta, también por lealtad. Pasado un tiempo, Janine contaría la verdad a sus hermanas Pauline y Tessa, que jamás se refirieron a su sobrino carnal como «adoptado». Mi madre se perdió la evolución y los matices porque estaba en España, al sur de la inteligencia, donde sigue empeñada en una versión moral sin pensar en el daño que causa. Primó el temor al qué dirán. Como en el caso de Susanne, la hermana de mi abuelo Marcel, que se tiró por una ventana.

Al extender la vida de Martin y la de su madre ante mí, como si fueran los pliegos del mapa de una novela, me doy cuenta de la insensatez de la historia, de sus posibilidades literarias. Mi abuelo Marcel, que fue abandonado dos veces en un año por su padre, obligó a su hija Janine a abandonar a su hijo. Siempre existe un bien superior que se interpone entre nosotros, sea el egoísmo, el qué dirán o la sostenibilidad de un matrimonio apresurado. Repetimos errores como autómatas, como si una fuerza exterior nos arrastrara, como si nadie pudiera escapar. Tal vez por eso nunca he tenido hijos, por miedo a transmitir heridas, a no saber educar. No había en mí un rechazo visceral a la paternidad, solo un escaso interés que coincidió con un momento vital no adecuado de mis parejas, aunque dos de las cinco tuvieron hijos en su siguiente relación; quizás esto diga bastante sobre mi fiabilidad para el compromiso.

¿Qué sentiría mi abuelo Marcel al visitar a su nieto en una familia de acogida? ¿Recordaría a su padre y a su hermana Susanne abandonada en un hospicio? ¿Conocía Janine la difícil infancia de su padre, sus heridas y carencias emocionales? Janine no tuvo la posibilidad de defenderse de esa herencia, pero sí el coraje de tener a su hijo y de sacarlo adelante. Fue una heroína. Unos días en la casa de Martin y Lisa no permiten sacar conclusiones categóricas, pero creo que mi primo ha conseguido romper la cadena, liberarse, perdonar, y por eso educa a su hija Eleonor en el cariño que le dio su madre, sin rencor, tampoco hacia mi madre por escribir la palabra que arruinó la vida de la suya, que sostuvo la mentira que le negaba como familia. Mientras que Martin quiso ser uno de los nuestros, yo me empeñé en ser uno de los otros, de quien fuera, sin nada que ver con la generación de mi padre, la que surgió triunfante de una guerra que destruyó el sueño de mi bisabuelo y mi abuelo y, de alguna manera, el mío. Martin representa lo que quiero ser: un hombre en paz. Le tengo mucha admiración.

Tenía pensado ir al centro de Londres y recorrer mis espacios de juventud, visitar The Penn Club, donde trabajé de camarero durante un año maravilloso de lujuria, libertad y amistades para toda la vida, ver una exposición sobre vikingos en el Museo Británico, pasear por Marylebone, entrar en la librería Daunt, escenario de una de mis novelas inconclusas, ir a alguno de mis parques favoritos, comer cerca del Covent Garden, pese a que se ha puesto tan insoportable como el Mercado de San Miguel de Madrid, pero vi a Martin tan feliz de tenerme al lado y hablar del pasado, de contarme su historia, que cambié los planes y decidí dedicarles todo el fin de semana. Mi Londres íntimo quedó aplazado para otro viaje. Fue el efecto Nepal.

El lunes bajé al Sur. Otra vez transbordo en la estación de Clapham Junction, esta vez sin fallos, el hombre de las patillas unidas al bigote, y la multiculturalidad interpretada por otras personas con expresión de sueño. Me levanté temprano para aprovechar el día. Quería ir a Brighton, una ciudad ligada a mi infancia, el destino de las excursiones más alejadas de Ferring. Quedé a comer con mi prima Sarah, que trabaja en la ciudad. Hablamos de la familia, de su infancia, de su padre John, un tipo autoritario, otro dictador incapaz de expresar cariño. Desde que murió su mujer Tessa con 62 años, víctima de un error médico, no ha vuelto a ver a sus nietos. Es un egoísta radical, un tipo difícil. Sarah me contó que de pequeños le llamaban Hitler. Ella le visita y le cuida en Chichester porque John no quiere saber demasiado de David. Mi padre y John nunca se llevaron bien: si uno era Hitler y el otro, Franco, y no hablaban un idioma común, la relación era imposible. Sarah me invitó a su casa; me apetecía ver a sus hijos gemelos, pero preferí quedarme en Worthing, empaparme de soledad y recuerdos amables, volver a Ferring. Fue emotivo dormir en el hotel Burlington, un edificio blanco y hermoso que, por alguna razón, está fijado a mi infancia, pese a que nunca había entrado en él. Paseé ante el mar, un mar gris, duro, de temporada baja, y volví a plantarme ante la casa de mis abuelos, pero esta vez sin entrar a ver los gnomos. Hice algunas fotos. A la salida de la calle, un hombre mayor me preguntó qué estaba fotografiando. Le hablé de mis abuelos. «Pensé que era un terrorista», dijo desternillándose. «Peor: soy un tipo que recuerda». Paseé por Ferring, por el parque en el que golpeé al racista bocazas. Incluso ha sobrevivido la tienda donde compré mis primeros discos de Little Richard y Jerry Lee Lewis. Sentí vértigo.

Al día siguiente visité el cementerio de Findon, al norte de Worthing. Allí están sepultados mis abuelos y mis tías. Estuve una vez, durante el entierro de mi abuelo en 1992, porque no pude asistir a los demás por motivos laborales. Gracias a las instrucciones de Martin, encontré la parada del autobús 23 que realiza el recorrido desde el *pier* de Worthing hasta más allá de Findon. La conductora-cobradora me informó de que en esa zona había dos camposantos. Recordé que la caravana fúnebre de mi abuelo giró a la derecha. «Entonces es el segundo», dijo ella. Al entrar en él me sorprendió su tamaño: lo recordaba inmenso. Caminé hasta el final para empezar la búsqueda desde la parte más alejada. No tardé en hallar las tumbas, están bastante juntas. Me llamaron la atención las lápidas, las inscripciones y los elementos decorativos. Cada una de esas palabras, símbolos o animales son un resumen de lo que habían sido sus vidas. La de mi abuela proclama: «Germaine Marie *Nee* Lebel; 25 noviembre 1897-17 julio 1990». Dice «nacida Lebel»; no está su apellido de casada. Parece una tumba feminista. La de mi abuelo es sencilla: «Marcel Nicholas Leyder; 28 de mayo 1889-15 Julio 1982». En la de Pauline Leyder no hay cruces ni referencias religiosas, solo los pájaros que tanto amó. La más alejada pertenece a Janine

Leyder; tiene varias cruces, una virgen y un versículo de la Biblia. Es un regalo de su hijo Martin, que cumplió sus deseos. Al lado yace Tessa Steer (apellido de casada); además de una referencia cariñosa a su memoria como esposa, madre y abuela, están las tres pirámides de Egipto, dos palmeras y un camello; el túmulo de tierra tiene velas clavadas que parecen de cumpleaños. No fue practicante. La referencia exótica es un diseño de su hijo David. Aquel viaje a Egipto de Tessa con Pauline fue su última aventura. Después quedó aprisionada por otro talibán, su marido John Steer, un hombre que nunca salió de Inglaterra. De aquel viaje faraónico conservo la mesa egipcia de Pauline, su voz al narrarlo ayudada de las diapositivas y la seguridad de que casi todas las mujeres de la familia se cruzaron con el hombre equivocado.

11

Cruzadores de puentes

Además de derrotar al comunismo, defender a la patria, vengar las afrentas de la Guerra Civil y otros eslóganes franquistas, cada voluntario de la División Azul tenía motivos personales y familiares para jugarse la vida a miles de kilómetros de distancia. Los mandos fueron para obtener méritos en combate y garantizarse ascensos en un escalafón inflado tras la absorción de miles de alféreces y sargentos provisionales. Otros, como el actor Luis Ciges, hijo del gobernador civil de Ávila, Manuel Ciges Aparicio, fusilado por los nacionales en agosto de 1936, se alistaron para hacerse perdonar; lo mismo que el padre de Jorge y Javier Martínez Reverte, que luchó como recluta forzoso con El Campesino, o Luis García Berlanga, cuyo progenitor estaba en la cárcel por republicano. Los hubo que viajaron a Rusia por la paga y la comida asegurada, algo que en los primeros meses de postguerra parecía un lujo.

Mi padre y su hermano José Luis fueron por fanatismo. En el caso de Julio Antonio, el menor, primó, además, un afán de aventura que conservó hasta su muerte; también influyó oír a su madre decir que había que meterle en un correccional. Al finalizar la guerra, tenía 15 años; era desobediente y rebelde, defectos que a los ojos de la abuela Pilar, y más tarde de la tía Josefina, resultaban intolerables. Mi primo Álvaro, hijo de José Luis, me sugirió otra hipótesis que complementa a la del fervor patriótico: también fueron para hacerse perdonar por ser hijos de un republicano represaliado, nietos de un amigo de Azaña, estar emparentados con los De Rivas Cherif y tener, para mayor desdicha, tres familiares exiliados en México.

Los hermanos Lobo participaron en el cerco de Leningrado (San Petersburgo), uno de los más feroces de la historia: casi 900 días, entre el 8 de septiembre de 1941 y el 27 de enero de 1944, en los que murieron de hambre y guerra 1,2 millones de personas, un tercio de la población. Regresaron vivos de las trincheras del río Vóljov, pero no indemnes. Mi padre se alistó el 3 de julio de 1941. Fue uno de los 18.000 voluntarios inscritos antes de que cerraran la ventanilla por exceso de cupo. La mayoría procedían del SEU, sindicato falangista universitario al que se había afiliado en marzo de 1936. Le tocó en la 10.ª compañía de Infantería del regimiento 262, números que marcarían su vida. Partió de la Estación del Norte en dirección a Alemania entre el 13 y el 23 de ese mismo mes. Ignoro si fue de los que viajaron en el primer convoy, el que gozó de una despedida multitudinaria, o tuvo que conformarse con alguno de los diecinueve trenes que siguieron hasta completar el traslado de la división hasta el Campamento de Instrucción de Grafenwöhr, cerca de Núremberg. Allí recibieron instrucción durante 45 días antes de partir hacia el frente.

Regresó a España el 12 de julio de 1942. Su decisión de luchar contra Stalin le convirtió en un ídolo ante sus hermanos, que marcharon a Rusia en los siguientes relevos. Los relatos sobre el frío y la dureza de las trincheras, además de las evidentes dificultades militares que hacían inviable la ansiada conquista de Moscú, rebajó el ardor patriótico. Al decrecer el número de voluntarios falangistas, el segundo relevo se nutrió sobre todo de militares. Un mando llegaba al cuartel elegido, formaba una o varias compañías y preguntaba: «¿hay alguien que no se presente voluntario para luchar por España, el Caudillo y contra el comunismo?» No eran tiempos para la disidencia ni para las ideas propias. También se modificó la edad de admisión, lo que permitió la entrada de Julio Antonio; nacido en 1924, quien tuvo que trampear y obtener una autorización paterna porque le faltaban tres meses para los 18.

El primer tren de la *250 Einheit Spanischer Freiwilliger* (La 250 División de Voluntarios Españoles), conocida como División Azul por las camisas de los falangistas, partió el 13 de julio de 1941 a las 15.45 de la estación del Norte. Fue el que se llevó los titulares de prensa, la gloria y las fotografías que inundan las hemerotecas y los fondos del No-Do. La estación rebosaba de falangistas uniformados que lanzaban proclamas y cantaban el *Cara al sol* y otros himnos fascistas. El ambiente era de histeria colectiva, de fe ciega en una victoria que jamás llegaría. Franco evitó acudir para no comprometerse en exceso y preservar el juego de la doble baraja política y diplomática. Estoy seguro de que, viajara o no en ese primer convoy, Ramón estuvo sintiéndose protagonista de la Historia tras tres años de espera, temor y ocultamiento, orgulloso de demostrar a su padre de lo que era capaz, una forma de ruptura simbólica en su relación, tan en guerra como la mía.

Viajó a Rusia con casi 21 años, poseído por la exaltación del momento y con esa vehemencia a la que hacía referencia Eduardo del Río. Compró el discurso del régimen, el «Rusia es culpable», y tantos otros que vinieron, sin alterar una coma. Su anticomunismo básico era un compendio de frases hechas y lugares comunes pasados por una vivencia traumática. Fue a Rusia porque había ganado una guerra en la que no había luchado. Se jugó la vida para sentirse parte de la victoria de Franco y obtener el respeto de los vencedores, para que nadie le pudiera echar en cara que no había luchado por España.

No medió cálculo de ventajas, ni en su caso ni en el de sus hermanos. Si hubo alguno económico, de poco les sirvió. A su regreso descubrieron que no quedaba rastro de la doble paga que les correspondía como divisionarios: la misma que a los alemanes, según el rango, y el salario de la Legión española. El dinero era un acicate para soñar otra vida al terminar la misión, pero su madre, encargada del cobro, se lo había gastado. Me cuesta comprender la solidez del vínculo que mi padre y José Luis mantuvieron con ella cuando apenas recibieron nada a cambio. Era una mujer incapacitada para la felicidad. Julio Antonio rompió amarras, como yo, y quizá por eso me cuesta tanto condenarle, pese al daño que causó a su mujer y a sus hijos.

Mi padre, junto al resto del primer reemplazo de la División Azul, estaba formado y en posición de firmes en el campamento de instrucción de Grafenwöhr, su primera parada dentro de Alemania. Eran las 10 de la mañana del día 31 de julio de 1941. Soplaba viento y lloviznaba. Los que se habían alistado para combatir al comunismo rindieron fidelidad al Führer vestidos con los uniformes de la Wehrmacht: «¿Juráis ante Dios y por vuestro honor de españoles absoluta obediencia al jefe supremo del Ejército alemán, Adolf Hitler, en su lucha contra el bolchevismo y que combatiréis como valientes soldados dispuestos a dar vuestra vida en cada momento por cumplir este juramento?» Se escuchó un «¡sí!» rotundo y ancho, de los que arrastran la vibración del eco.

Cuenta Jorge Martínez Reverte en su libro *La División Azul: Rusia, 1941-1944*, que el paso de los convoyes por Francia no fue un clamor. En las estaciones de los pueblos se cruzaron con rostros ceñudos, miradas desafiantes y algunos puños en alto; también gritos de los republicanos españoles contestados desde los trenes. El destino, a veces cáustico, provocó que 200 republicanos y divisionarios terminaran tras la Segunda Guerra Mundial penando juntos en un campo de concentración soviético en Kazajistán. De ellos, 129 eran franquistas capturados en diversas batallas, sobre todo en la de Krasny Bor, la más cruenta; los demás, republicanos que Stalin depuró acusándolos de trotskismo, revisionismo o de lo que fuera, y por los que el PCE no hizo nada porque tampoco confiaba en su ortodoxia. Unidos por un idioma común y bajo las mismas calamidades, tendieron los puentes que en España no fueron posibles. Al leer el libro *Todo lo que tengo lo llevo conmigo* de Herta Müller pensé en mi tío Julio Antonio, a quien la leyenda familiar tuvo preso en uno de esos campos durante cinco años.

La marcha hasta el frente ruso comenzó en octubre. Fue dura porque el general Agustín Muñoz Grandes les hizo caminar 900 kilómetros para demostrar su valentía; la de la tropa, porque él iba en coche. No quiso esperar a un transporte que empezaban a escasear, por temor a perderse la entrada triunfal de los nazis en Moscú, entre los que anhelaba desfilar. Ni Hitler ni Muñoz Grandes debieron de informarse sobre el fracaso de Napoleón un siglo antes, en las mismas tierras y en las mismas circunstancias. La historia no es circular; lo circular es la estupidez de los que no la leen.

Cruzaron Polonia, Lituania y Bielorrusia. Allí les modificaron las órdenes y el frente. En Vitebsk se subieron a un tren destino Nóvgorod, a 195 kilómetros al este de Leningrado. Muñoz Grandes se sintió decepcionado por el papel secundario de sus tropas, impropio para su aureola de gran militar. Los primeros fríos sorprendieron a los voluntarios españoles y a las tropas alemanas. Estaban mal equipados porque el Estado Mayor de Berlín pensó que la guerra contra Rusia habría terminado antes de la llegada del invierno.

La división española alcanzó sus posiciones a orillas

del río Vóljov el 10 de octubre de 1941. Dos días después, en la fiesta de la Hispanidad, entraron en combate. La temperatura ya se situaba por debajo de los cero grados. Las únicas historias que escuché contar a mi padre eran inocuas, e incluso alguna divertida: de camino al frente se detuvieron a comer en una localidad polaca, y él pidió tres platos, el primero de cada uno de los tres grupos que aparecían en el menú escrito en un idioma que no entendía; le trajeron tres sopas. También hablaba de la nieve, del aire gélido, de las meadas que se congelaban antes de llegar al suelo, de los bosques infestados de enemigos, pero poco del miedo constante a morir.

A mi hermana Mónica le dijo que disparó enrabietado una vez, con ganas de causar daño, porque los rusos habían matado a un amigo. Una de sus condecoraciones alemanas exige haber participado en tres ataques o contraataques cuerpo a cuerpo con la bayoneta calada y en días diferentes. Pudieron ser los de Possad y Otenski, dos localidades al otro lado del río, que tomaron los españoles, y cuya defensa costó decenas de vidas. Fue un sacrificio inútil, pues el mando alemán ordenó poco después el repliegue. El historiador Xavier Moreno Juliá cuenta que, el 27 de diciembre, los rusos atacaron un puesto situado entre Udarnik y Lobkovo, conocido como la posición intermedia. El pelotón español fue aniquilado, y los cuerpos, clavados con picos de romper el hielo. Los divisionarios devolvieron el golpe y aniquilaron a los atacantes con una furia y crueldad propia de la rabia animal que genera la guerra. ¿Estuvo en aquel ataque? ¿Es uno de los que contó para obtener la medalla?

¿Fue esta la muerte del amigo que le provocó ganas de matar? Son secretos que se llevó a la tumba.

Al terminar diciembre, las temperaturas eran de varias decenas de grados bajo cero; el número de muertos alcanzaba los 1.400. Lo que iba a ser un paseo heroico se convirtió en una trampa. Los intentos rusos por romper las líneas a lo largo del río fueron constantes. De aquellos meses en la tierra de Stalin, mi padre se trajo una experiencia de combate, imágenes que deseaba olvidar, el pavor al hielo, y amigos para toda la vida: el dibujante Luisote Álvarez, los hermanos Montero, que tenían una sastrería en la calle del Carmen a la que me llevaba a menudo y donde me hice el traje de boda, Tomás Ortega, que sería clave en el encuentro con mi madre. La guerra fabrica amistades inquebrantables.

La División Azul fue utilizada por Franco para ganar tiempo y demorar una eventual entrada en la guerra junto a Alemania e Italia, potencias que le ayudaron a derrotar a la República. Sin ellas, nunca habría ganado. Quería estar seguro de acertar con el bando vencedor. Se jugaba su supervivencia política y personal. Los cerca de 40.000 españoles que pasaron por Rusia fueron carne de cañón, mercancía, parte de un cálculo estratégico y de la lucha interna de los primeros años entre falangistas y monárquicos. Quizá por eso me gustó el libro de Jorge Martínez Reverte: una propuesta honesta de considerar a esos divisionarios como parte de un relato que nos falta.

Es imposible construir una memoria común, ser generoso y hablar de todos los españoles, si una parte encabezada por el Partido Popular sigue sin condenar el franquismo. A algunos les resulta más fácil ver dictaduras en Irak, Libia y Siria, incluso en Venezuela, donde aún no la hay, que en la España de Franco.

Si Hitler no hubiera repetido el error de Napoleón —atacar a Rusia y entramparse ante el general invierno—, tal vez habría invadido España para arrebatar a los ingleses Gibraltar y cerrar el Mediterráneo, pasando con sus *panzer division* por encima de Hendaya y de la «proverbial inteligencia del caudillo». Es política ficción, pero una España ocupada habría sido liberada por los Aliados e incluida en el Plan Marshall. A cambio, tuvimos 40 años de franquismo y la película de Berlanga.

Al primer reemplazo de la División Azul se le recibió a su regreso a España con grandes honores, salvo un incidente con unos heridos que llegaron a Irún sin que nadie les esperara, lo que provocó un escándalo. Muñoz Grandes tuvo su desfile y la gloria que no encontró en el campo de batalla. El régimen jugaba a los equilibrios interiores: necesitaba héroes, pero recelaba de Muñoz Grandes. El segundo reemplazo, el de mi tío José Luis, no tuvo tanto boato; él partió en septiembre de 1942 y regresó en diciembre de 1943, en medio de una discreta mudanza política y diplomática hacia la neutralidad.

Presionado por los Aliados, y ante la evidencia de que la maquinaria nazi se había atascado frente a Stalin, el régimen retiró el grueso de la División Azul a finales de 1943. Dejó una unidad de 2.600 hombres llamada la Legión Azul para no desairar a Hitler. La disolvió en marzo de 1944; ordenó el regreso de todos los soldados españoles, y amenazó con considerar prófugos y apátridas a aquellos que se negaran a obedecer. Era parte del compromiso alcanzado con los Aliados: cese de todo apoyo a Berlín. Pese a estos gestos, Franco mantuvo la fe en una victoria del Eje hasta la batalla de Las Ardenas, que concluyó en enero de 1945 con la derrota de las tropas alemanas y dejó expedito el camino hacia Berlín.

Tras el final de Hitler en junio de 1945, se puso sordina a la División Azul. Quedó la propaganda sobre el heroísmo de la lucha contra la Rusia de Stalin y el comunismo, pero sin menciones a los nazis ni a Hitler. La imagen de mi padre llorando la muerte de su caudillo el 20 de noviembre de 1975 en el salón de casa me hace pensar que no hubo revisión crítica. Ramón y José Luis murieron tan falangistas como vivieron. La historia de Julio Antonio es más compleja y apasionante.

Jamás vi la camisa azul de mi padre. Desconozco si la conservaba junto a sus medallas, la extravió o la licenció por respeto a su esposa. Pregunté a Maud si la había visto alguna vez. «Nunca hablaba de su pasado», respondió. Mi tío José Luis se hizo amortajar con la suya, azul y con el yugo y las flechas. Fueron las instrucciones que dejó a sus hijos antes de morir, de viejo, tras dos infartos de miocardio que le dejaron un corazón fatigado. Mi padre se fue muriendo a cámara lenta, sumido en una depresión que debí agravar con mis rebeliones. Sabía que llegaba al final de un camino que se le hizo empinado y largo. Lo llevamos al cementerio de San Isidro vestido de civil: traje oscuro y corbata a tono con las circunstancias del duelo. Puse una esquela en *El Alcázar*. Fui magnánimo: incluí la palabra «excombatiente». Sé que le hubiera gustado.

Si los padres se erigen en custodios de nuestra memoria individual, que asumimos sin resistencia garantizando la paz familiar, ocurre lo mismo en los países, que son la suma de personas. Así se forman las verdades colectivas. Una de las rémoras de las Españas, de todas las que la componen, es nuestra insólita capacidad de manejar varias verdades colectivas simultáneas y contradictorias sin necesidad de cotejarlas con los hechos. Somos un país que arrastra mitos, no certezas. Me gusta la definición del checo Karl Deutsch: «Una nación es un grupo de personas unidas por un error compartido sobre su ascendencia y un desagrado compartido sobre sus vecinos». Leí esta cita en un libro desmitificador de nacionalismos, en este caso del relato sionista: *La invención del pueblo judío*, del historiador Shlomo Sand. Me fascina la gente que nada a contracorriente que nos hace dudar de las verdades establecidas, que rompe las cadenas del pensamiento único y arroja luz o sombras sobre el discurso histórico. Solo desde la duda es posible el progreso intelectual.

En la fase final de la maniobra de aterrizaje en el aeropuerto de Majaskalá, en Daguestán, el Cáucaso ruso, los pasajeros se levantaron para sacar los bultos de los maleteros. La mayoría eran chechenos. Las azafatas, acostumbradas al desafío, permanecieron imperturbables en sus asientos. No se escuchó una voz por megafonía que pudiera interpretarse como una amonestación. Pensé, «los rusos no van a ganar; estos chechenos son indomables». La ciudad fronteriza de Jasaviurt, entre Daguestán y Chechenia, sirvió de base al grueso de los periodistas extranjeros que cubríamos aquella primera guerra chechena. Otros escogieron Ingusetia.

Cada día entraba en la república rebelde en coche, junto a mi intérprete Andréi Fadine, para reportear para *El País*. Era enero de 1995 y hacía muchísimo frío: 30° bajo cero. Me había equipado con camisetas y calzoncillos largos de thermolactyl, gorro, guantes, botas, calcetines de lana, un jersey, un polar y un anorak cortavientos. Todo bajo el asesoramiento telefónico de Ricardo Ortega, el periodista español que más sabía de aquel conflicto. No coincidimos en el terreno, pero me regaló contactos, nombres y consejos de supervivencia. Me salvó un viaje que a mis compañeros de periódico de la delegación de Moscú no les hacía gracia; era como si les dejara en evidencia al ir en lugar de ellos. Hay periodistas extraordinarios a los que les vence el miedo, y existen otros, locos, a los que les mueve la insensatez. Un buen jefe sabe utilizar a ambos. Eso hizo Luis Matías, uno de los mejores que he tenido.

Mi vestimenta para combatir el frío me hacía parecer un armario de gimnasio. Los centímetros cuadrados de piel que no cubría el thermolactyl, los calentaba el vodka. Andréi era especialista en conseguir la marca adecuada al mejor precio, y de transportar la botella sin quebranto por zonas de guerra y baches. El primer reportaje arrancó en el frente de Argún, al sur de Grozni. Había medio metro de nieve, costaba caminar, se oían disparos en medio de un silencio de muerte. Pensé, «así debió de ser el frente del río Vóljov, así era el frío que padeció mi padre».

Estuve casi tres semanas en Chechenia. Pasé un miedo aplastante, que se fue acumulando día a día al no poder mostrarlo ni por un instante. Fadine tenía tanto que, si hubiera confesado cualquier debilidad, habríamos escapado los dos a la carrera. Los mejores compañeros de viaje son aquellos que te permiten descansar de la ansiedad; cuando dices «creo que deberíamos dar media vuelta», te responden, «no, sigamos un poco más, hasta esa casa». Y al llegar a ese punto, son ellos quienes proponen retroceder, y tú quien dice «vamos hasta ese árbol, solo para comprobar». Así se avanza en una carrera de relevos de temores y chifladuras; así se llega a los sitios a los que hay llegar y se encuentran las buenas historias que hay que contar. Desconozco si sucede algo parecido entre los soldados, si sucedía a los divisionarios. Pensé en mi padre en aquel viaje a Rusia; es como si le pudiera decir: «ya estamos empatados, también sé pelear, ¡qué te has creído!» El Cáucaso está lejos de San Petersburgo, pero en mi cabeza las líneas estaban juntas, nos podíamos rozar.

Si Ramón hubiese vivido más años, me habría visto ir y regresar de Sarajevo, Grozni, Bagdad, de las Áfricas; regresar vivo, pero dañado como él. Hubiéramos encontrado un puente, una conexión. Murió diez años antes de que empezara a viajar a zonas de conflicto. Mi madre ha transitado desde la frialdad noreuropea a un cálido cariño mediterráneo: está orgullosa de mi trabajo, de mi forma de orientar los reportajes, de mi compromiso y combatividad, que le debe recordar la suya. Es una forma de reconocimiento que me gusta. Llega tarde, pero ha llegado. Soy afortunado. Quizá mi padre habría seguido la misma senda, y yo la contraria hasta lograr un encuentro.

Al escribir «puente» me acuerdo de mi abuelo Marcel en su conversación sobre el Támesis con el padre de Martin, pero también del periodista y amigo Bru Rovira que dice que somos «cruzadores de puentes». Pasamos de un mundo confortable a otro hundido en la miseria y, a veces, en la guerra; escribimos sobre él durante un tiempo y después regresamos a la placidez del nuestro, donde nadie parece escuchar, donde nada parece importar. De repente, tras más de cinco años de guerra en Siria, 300.000 muertos, siete millones de desplazados y cuatro millones de refugiados, nos sacude la conciencia una foto, la del niño Aylan Kurdi, y se activa una solidaridad emocionante en la que participo pese a que no resuelve el origen de los problemas. Hay miles de niños que mueren cada día sin derecho a una imagen, a un nombre.

Los que cruzan el puente entre el Primer Mundo y el Tercero saben que la pobreza no es una desgracia, un castigo de los dioses enfurecidos que pueblan el imaginario colectivo, ni de la torpeza de los pobres, sino que nace del saqueo sistemático, que decía Julius Nyerere, primer presidente de Tanzania. Nace de nuestro sistema de vida en el que nunca preguntamos de dónde proceden los bienes que gastamos ni cuál es el salario que recibe el trabajador que los fabrica en condiciones de esclavitud. No es solo la ducha de agua caliente y la gasolina, es la ropa, el teléfono, la insoportable esclavitud de los invisibles, los *nadies* de Eduardo Galeano.

Tengo las mismas preguntas que Martínez Reverte y las mismas no-respuestas. Es difícil creer que los divisionarios no se dieran cuenta del drama de los judíos con sus estrellas de David en el pecho, que no escucharan historias de cómo los detenían y golpeaban, que no supieran de los asesinatos en masa. En Riga, capital de Letonia, se hallaba el primer hospital de retaguardia de la división, también era el lugar elegido para los permisos. ¿No escucharon nada? ¿Nadie les contó? Los divisionarios llegaron a su posición en octubre de 1941. Un mes después fueron exterminados 29.500 judíos letones.

Mi tío José Luis era tan vehemente como mi padre. Le rechacé debido a ese parecido y por sus ideas franquistas. Él y mi padre terminaron peleados tras una reunión familiar sobre la manutención de su madre, mi abuela Pilar, que acabó a gritos. Como dos buenos exaltados, jamás se pidieron perdón. La radicalidad de José Luis se mantuvo a flor de piel toda su vida. Mudarse a la Córdoba de los años 60 no ayudó a airear las ideas ni los prejuicios. Un domingo se levantó durante la homilía para acusar al papa Pablo VI de comunista. Según cuentan sus hijos, ese incidente no fue una excepción. Le alteraban los curas modernos.

Solicité en el Archivo General de Ávila los expedientes de los tres hermanos. Me sorprendió lo que leí en el de José Luis. Fue a Rusia en el segundo relevo de la División Azul, que partió de Madrid en agosto y septiembre de 1942. Sirvió en la 3.ª compañía del primer regimiento antitanques, en el mismo río Vóljov que su hermano mayor. El 28 de enero de 1943 sufrió una caída en la que se rompió el húmero izquierdo. Le evacuaron a Riga primero, y al hospital de Konisberg, después. Se reintegró en su compañía el 5 de mayo de 1943. Entre ambas fechas sucedió algo que marcaría su vida. El 10 de febrero, es decir trece días después de su accidente, el Ejército ruso lanzó una gran ofensiva sobre Krasny Bor. Sus mandos eligieron la zona de los españoles. En apenas 24 horas perdieron la vida 1.125 divisionarios, y otros mil resultaron heridos; también hubo 90 desaparecidos. Fue una matanza, pero lograron sostener más o menos la línea ante un enemigo superior en número y en material. Murió el 80% de la 3.ª compañía del primer regimiento de antitanques, la suya. José Luis nunca superó el síndrome del superviviente. Supe por sus hijos que les pidió que depositaran sus cenizas en el monumento a la División Azul en el cementerio de la Almudena. Su amigo de toda la vida, Augusto, con quien soñaba ser actor, se encargó del papeleo. Así se cerraba un círculo que se abrió a sus 20 años. Toda una vida hasta regresar a Krasny Bor junto a sus compañeros.

La muerte de mi abuela Pilar, el 8 de agosto de 1986, sorprendió a mi madre en Inglaterra con su madre y hermanas. Fue una suerte: no tuvo que lidiar con una familia política que la llamaba «la hija de la Gran Bretaña». Mi tía Josefina me convocó en su casa en Fernández de la Hoz a una reunión a la que asistieron sus hermanos José Luis y Julio Antonio, además de su marido Ignacio. Me extrañó ver a Julio Antonio en un encuentro familiar, él que presumía de evitar estos asuntos. La cita se celebró después del entierro de mi abuela. Llevó la voz cantante José Luis, que hacía las veces de hermano mayor desde la muerte de mi padre. La preocupación del grupo eran dos supuestos millones de pesetas de mi abuela. Entregué las cartillas del banco donde había dinero suficiente para abonar el entierro y el funeral, no para las misas necesarias para salvar su alma, porque eso era un imposible.

Como dije no saber nada de los dos millones, José Luis se fue acalorando hasta afirmar que mi padre había sido un iluso, algo que era cierto pero que me molestó escuchar de sus labios. Creo que fue la única vez en mi vida que salí en su defensa: «Si mi padre fue un iluso, tu eres un gilipollas». Hubo gritos, desconcierto, peticiones de calma. Yo tenía 31 años y acababa de regresar de Washington, donde pasé diecinueve meses desenganchándome de mi antiamericanismo del perfecto izquierdista. José Luis jamás me perdonó. Ahora, tras saber de su vida circular, me siento más próximo; es como si a través de las emociones me resultara más sencillo esquivar el rechazo a su ideología. Es una conexión tardía porque lleva diez años muerto, pero me sirve de enseñanza: no juzgues, eso no es periodismo, no es inteligente, limita al juzgado y al juez.

De los tres hermanos Lobo, el que más me gustaba era Julio Antonio. Quizá fue la imagen que nos dejó a su paso por España en los años 60, al volante de un descapotable verde: bebía cerveza, decía tacos y hablaba de mujeres. A su lado, los demás parecían unos mojigatos amargados. Me gustaba que se sintiera un extraño entre nosotros. En su rechazo a la familia, me sentía más representado que refutado. Esa imagen amable y liberal la compartieron mis primos Aymerich, sobre todo los mayores, que participaron en alguna que otra jarana. No es el caso de sus hijos, Julio y Berta Lobo Franquesa, que padecieron su educación estricta, su ausencia física y emocional, su incapacidad para ejercer de padre más allá de ser la persona que llevaba el dinero a casa y repartía las bofetadas. No sé si esta falta de concordancia entre las imágenes exteriores y las interiores funciona también con mi padre.

Mi tío Julio Antonio fue a la División Azul en marzo de 1943. Le tocó también en antitanques, en la 14 compañía. Su estancia fue más breve que la de sus hermanos porque Franco ordenó la retirada al final de ese año. Le costó aceptar que su aventura había terminado. No aguantaba ni a su padre ni a su madre; a él, por razones políticas, y a ella, porque era insoportable. Pasadas las Navidades de 1943 se puso en contacto con la embajada alemana, activa en la captación de voluntarios, y a través de ella obtuvo los permisos necesarios para cruzar en tren a Francia y regresar a la lucha. Su plan era enrolarse en la Legión Azul, pero al llegar a Alemania en marzo de 1944 se llevó la sorpresa de que acababan de disolver la unidad y de que Franco había dado la orden de regresar a España bajo amenaza de retirarles la nacionalidad. Solo en enero de 1944 atravesaron los Pirineos a pie más de cien voluntarios pronazis. Fue el comienzo de un goteo clandestino que se secó en junio de 1944, tras el desembarco en Normandía.

Mi tío Julio Antonio, el que me parecía el más abierto, acabó enrolado en la División Valona creada por el belga Léon Degrelle, que andaba en busca de voluntarios extranjeros. Esta División pertenecía a las Waffen-SS, unidad paramilitar del Partido nazi que derivó en un cuerpo de élite responsable de numerosos crímenes de guerra y contra la humanidad. De las SS de Heinrich Himmler dependían los campos de exterminio.

Su jefe directo dentro de una unidad compuesta por españoles era el capitán Miguel Ezquerra, que también había estado en antitanques en la División Azul. Se la denominó «la unidad fantasma» porque su participación en la guerra era ilegal en España. Ezquerra publicó años más tarde el libro *Berlín, a vida o muerte*, un panegírico de sus andanzas en el que mezcla hechos con invenciones. Se otorga a sí mismo un papel heroico antes de la caída de Berlín a manos del Ejército Rojo. Mi tío Julio Antonio, que venía de participar de la batalla de la Pomerania oriental, en la que los alemanes trataron en balde de frenar el empuje soviético, también estuvo en la defensa de Berlín combatiendo hasta el último instante cerca del búnker de Hitler.

Según la historia familiar, Julio Antonio fue capturado por los rusos durante su estancia en la División Azul e internado en un campo de concentración. Cinco años después, tras escuchar que los trasladaban a uno más alejado, escapó junto a otro soldado, al parecer alemán. Estuvieron escondidos en la maleza de un río mientras los rusos rastreaban los alrededores ayudados de linternas y perros. El relato oficial sostiene que Julio

Antonio sobrevivió al tener más resistencia pulmonar que su compañero. Este, al sacar la cabeza para respirar, fue tiroteado. La versión que ha circulado como indiscutible se parece demasiado a la huida de mi padre en el Madrid republicano, en la que el compañero de escapada se escondió en unos matorrales y murió ensartado por las bayonetas de los perseguidores. La similitud me hace sospechar que ambas son falsas. La de Julio Antonio lo es.

Sus padres, es decir, mis abuelos, no sabían en qué frente luchaba como tampoco supieron qué había sido de él tras la capitulación de la Alemania nazi. Estuvo más de cinco años desaparecido, sin cartas ni señales. Fue su forma de vengarse. No estaba dispuesto a enfrentarse a la ironía de su padre. Algunos familiares le dieron por muerto, otros se inventaron la historia del campo de concentración. Un rasgo de mi familia de derechas es la fabulación. Empezó la abuela Pilar con sus diálogos de ultratumba con su madre.

En un escrito del consulado español de Múnich, fechado el 12 de julio de 1951, Julio Antonio Lobo Varela manifiesta su interés por volver a España y desea saber cuál es su situación; si le faltaba una parte del servicio militar obligatorio y existía alguna orden contra él por desobediencia al Gobierno. Desconozco la respuesta al telegrama postal, pero no regresó ese año. Del invierno de 1951 tengo varias fotos suyas en Múnich que envió a mi padre. Viste pantalón bávaro, tiene un brazo vendado y posa delante de una ambulancia de la Cruz Roja. En su viaje a España en la década de los 60 habló a solas con

Ramón, «te voy a contar mi historia; lo haré solo una vez». Jamás compartió aquellos años con su familia y amigos.

En los últimos días del Tercer Reich en Berlín, luchó en la Unidad Ezquerra, de la que quedaba un puñado de soldados. Tenía experiencia en antitanques, y esa fue su misión, tratar de parar los carros de combate rusos. Aunque Ezquerra se adjudica varias destrucciones de blindados, mi tío decía que era falso, que Ezquerra no salió a la calle, que era un cabrón que pasó los últimos días encerrado en los sótanos del hotel Excelsior en la Koniggratzer Strasse rodeado de putas y alcohol antes de desaparecer y dejar tirados a sus hombres.

Julio Antonio era el enlace del alférez Ricardo Botet Moro, a quien los alemanes enviaron a contactar con unas divisiones que venían al rescate de Berlín, unidades que solo existían en la imaginación de Hitler. Botet tenía una abuela alemana y hablaba el idioma. Julio Antonio iba a irse con él, pero Botet lo mandó antes al Excelsior a recoger unos documentos. Ezquerra le impidió regresar junto a Botet, le acusó de querer desertar, lo abofeteó y lo destinó a una posición de disparo en lo que quedaba de los pisos superiores del hotel.

Julio Antonio era de baja estatura y complexión fuerte. Tenía 19 años pero conservaba una cara de niño que le iba a salvar la vida varias veces en pocos días. La situación se hizo insostenible: los bombardeos eran constantes, corrían rumores del suicidio de Hitler, y Ezquerra se había esfumado. Cada uno se buscó la vida como pudo uniéndose a otros grupos que luchaban sin orden ni mando. El

30 de abril, el día de la entrada de los rusos en el centro de Berlín, al estar ya todo perdido, mi tío se refugió en los bajos de un edificio junto a un cabo llamado Vilches. Se quitaron el uniforme en medio de las protestas de los civiles escondidos que temían que su presencia les pudiera costar la vida. Julio Antonio se puso uno de las juventudes hitlerianas porque era lo que estaba a mano y sabía que los rusos no mataban niños, solo les golpeaban. Un grupo de soldados del Ejército Rojo bajó al sótano. Hubo gritos, escenas de pánico. Uno de los rusos pretendió violar a una mujer, y en ese momento el cabo Vilches empezó a disparar contra ellos. Julio Antonio aprovechó la confusión para escapar. Nunca volvió a ver a Vilches. Trató de esconderse en los portales y en las tiendas de los edificios. La destrucción era completa. No sé si ese día o al siguiente fue apresado por una patrulla rusa. Le golpearon y le condujeron a un centro de detención a las afueras de Berlín. Estaba repleto de soldados alemanes, rendidos o capturados en la caída de la ciudad el 2 de mayo de 1945. Estuvo tres días en ese campo de detención haciéndose el loco y el mudo. Como parecía un niño tarado, los rusos no le hicieron caso. Se dio cuenta de que las mujeres entraban y salían sin dificultades. En cuanto pudo cambió el uniforme de las juventudes por ropa civil y escapó. Hay algo en su relato que coincide con el de Ezquerra, que estuvo en el mismo centro o en otro similar, aunque no se llegaron a ver. Los rusos preguntaban por los soldados españoles, decían que había orden de repatriarlos los primeros. Ezquerra estuvo a punto de presentarse, pero el militar alemán que tenía al lado le ordenó quedarse quie-

to: a los españoles los iban a enviar a Rusia; Stalin quería castigarlos de manera ejemplar. Mi tío Julio contaba la misma historia, pero no necesitó que nadie le advirtiera del peligro de la oferta.

Se unió a una columna de civiles. Su objetivo era salir de la zona controlada por los rusos y entregarse a los Aliados. Los primeros que encontró eran británicos, otra ironía del destino. El intérprete de aquella unidad resultó ser un republicano español; Julio Antonio se llevó varias palizas durante las tres semanas que lo mantuvieron detenido. Como no había nada contra él y parecía un crío, le dejaron en libertad. Julio Antonio trabajó en el desescombro de una fábrica, y en ella fue reclutado poco después por otros británicos que buscaban personas con formación. Aunque él solo tenía los aprobados patrióticos, podía presumir de bachiller. También era hábil con los idiomas; además de castellano, ya hablaba bastante alemán. Trabajó de albañil y en otros oficios similares que le ayudaron a pagarse los estudios. En la Universidad cursó Ingeniería de Caminos. Sus amigos del primer curso se interesaron por las razones de su presencia en Alemania. Al decirles que había luchado en el Ejército alemán, le llamaron asesino. Comprendió que no podía volver a hablar de ello con nadie.

Terminó los estudios en un idioma que no era el suyo, y encontró trabajo en una empresa alemana. Cuando pudo presentarse a su familia como un triunfador, viajó a España con su descapotable verde. En aquella estancia se encontró por casualidad en el hotel Palace de Madrid con Ricardo Botet Moro. Ambos se habían dado por muertos en la batalla de Berlín. Poco después se cruzaron en la calle con Ezquerra, quien acusó a Botet de chaquetear (huir). Este le dio una paliza y ambos acabaron en la comisaría.

La empresa alemana de Julio Antonio le envió a realizar trabajos a Catalunya, donde se construyeron las primeras autopistas. Allí conoció a Mercedes Franquesa, una mujer de la burguesía catalana, con quien se casó. Fichó por Autopistas del Mediterráneo, donde llegó a ser un alto cargo. No fueron un matrimonio feliz. Él seguía siendo un aventurero; regresaba con frecuencia a Alemania, donde tuvo varias amantes. En su querencia por las mujeres corrían los genes de mi bisabuelo. Mi padre, declarado entusiasta seguidor del Opus Dei, intentó reconducirle con bastante poco éxito. La última amante de Julio Antonio, o tal vez debería escribir «compañera», vivía en Kiev, tal vez es rusa o ucraniana. Fue ella quien telefoneó a Barcelona para informar de que había muerto a causa de un infarto. Nadie me puede precisar las fechas, pero ya debía de ser octogenario. Desconozco dónde está enterrado y qué fue de sus notas sobre los campos de concentración de la URSS, en las que estuvo trabajando los últimos años. Tampoco sé qué fue de los libros y enseres que se llevó a Kiev.

Cerca del final de su vida, conoció a Augusto Ferrer-Dalmau, pintor de asuntos militares y experto en la División Azul, que buscaba información. Pronto trabaron amistad y confianza durante varios encuentros celebrados en el club deportivo de Barcelona. En ellos le contó su historia. «Creo que tenía una gran necesidad de narrar su vida sin que nadie le juzgara», dice Ferrer-Dalmau. Una vez se le escapó en su casa que había luchado en Berlín, y su hijo Julio le llamó nazi. Tuvieron una pelea a puñetazos. Volvía a ser un asesino como en los tiempos de la universidad. «He hablado con unos cuantos españoles que sirvieron en el Ejército alemán, algunos exageran sus gestas o mienten; en el caso de tu tío, puedo decir que cobraba una pensión alemana más alta porque se le reconocía en ella como combatiente de Berlín. También conocí a Botet Moro, un caballero, incapaz de inventarse nada; él me corroboró la versión de Julio Antonio. Sé que se fue a vivir a Kiev y que murió. Me dio pena no haber podido despedirme de él».

Después de saber del pasado de mi tío, localicé a su hijo Julio gracias a Internet, y le llamé a su teléfono móvil. Jamás habíamos conversado, nunca tuvimos interés por conocernos pese a ser primos hermanos. Se sorprendió. «¿Cómo me has localizado?», preguntó. Dije alguna tontería sobre las habilidades de los periodistas. En mi siguiente visita a Barcelona, ciudad que frecuento y me gusta, quedamos a cenar. Los dos estábamos nerviosos, y así nos lo reconocimos. Le hablé del libro, de las andanzas de su padre, de las Waffen-SS, de la batalla de Berlín. Recibió las noticias desde una frialdad aprendida, un escudo de supervivencia como el mío; parecía que le estaba hablando de un extraño. Según Julio, el gran acto de compartir de su padre consistía en ir a El Corte Inglés para regalarles ropa. Comprar cosas es una forma de comprar cariño.

Para Julio, su padre murió el día en que su hermana

Berta se tiró por una ventana delante de su madre. Ella procesó las ausencias de otra manera; era una mujer con problemas en la gestión de la vida y los desamores. Julio recuerda la expresión de su padre durante el entierro, «es como si se hubiera quitado un peso de encima». En aquella cena, en la que bebimos una botella de vino y luego un par de gin tonics, él se emborrachó un poco. Nada grave, solo algunas eses. No le permití subirse a la moto en esas condiciones; «he tardado no sé cuántos años en conocerte y ahora no pienso dejar que te mates», dije. Dimos un paseo cerca del restaurante. Esa noche soñé con él; es como si me hubiera pasado horas conversando sobre nuestras cosas recién encontradas. Al día siguiente le llamé para decírselo, y me confesó que le había sucedido algo parecido. Su madre prefirió no verme, no tenía ganas de hablar de un marido que le dio tan mala vida, de remover un pasado que aún le duele. Conversamos por teléfono. Apenas pregunté por Julio Antonio, pero ella me contó: era otro Lobo averiado, una pieza más en esta cadena interminable de infelicidad.

He abrazado a Sigfried Meir, un hombre que sobrevivió a los campos de Auschwitz y Mauthausen, algo extraordinario. Fue en enero de 2015, al finalizar la presentación del libro de Carlos Hernández *Los últimos españoles de Mauthausen*. Estaba conmovido por los testimonios de los supervivientes, por la conexión que se había producido en la sala que atendía extasiada, por la mía particular con un hombre que había rechazado a su padre a los ocho años, tras prometerle que el dios de los judíos les protegería, cuando la verdad era que nadie, ni divino ni humano, supo impedir la tragedia del Holocausto. Su padre murió en los crematorios de Auschwitz-Birknau; su madre, de tifus en el mismo campo. Su ateísmo fue súbito, como el de Edmond Billard, a quien le quemaron sus libros por leer a Voltaire en misa.

Me acerqué a Sigfried y pregunté: «¿le importa si le abrazo?» No esperé la respuesta. Al estrecharle por los hombros, añadí: «En usted abrazo a mi abuelo y a mi bisabuelo, dos republicanos condenados al exilio interior». Me fui con lágrimas en los ojos, y así estuve, revuelto, durante un par de días. Me hubiera gustado tener un padre como él, un luchador. Mi padre real también perdió, pero de manera menos heroica: perder cuando se milita en el bando de los vencedores no te baña de la misma pátina que cubre a los que ganan en el bando de los perdedores.

En el enterramiento de 129 fusilados hace más de 77 años en Aranda del Duero, me situé al lado de una mujer mayor. Me contó que días antes había recibido los restos identificados de su padre, asesinado por los franquistas y perdido durante décadas en una fosa común no señalada. Al recibir la urna, al recuperar su padre la dignidad del nombre y los apellidos, lo llevó ante la tumba de su madre, y allí exclamó: «Madre, aquí te traigo al hombre por el que tanto has llorado». Le pasé el brazo por el hombro. Sentí su fuerza.

No me cuesta pronunciar la palabra «familia» al referirme a mis abuelos maternos y a mis primos Sarah, David y Martin, y a sus hijos; tampoco con Maud. Los problemas aparecen en España, con mi padre, mis hermanas, primos y sobrinos con quienes he sido, y soy, injusto. Entre nosotros se interpone una cordillera de glaciares que he contribuido a levantar y conservar. Me inventé una familia paralela compuesta de rescatadores, amigos y mujeres a los que quise y sigo queriendo. Al meditar sobre mi conmoción ante el relato de Sigfried y el abrazo que le di, comprendo que tiene que ver con mi sensación de orfandad. Estoy suspendido en el aire.

En las primeras semanas de convivencia con María y su hija Paula, que se habían trasladado desde Huelva a Madrid para empezar una vida juntos, ella comentó, «ahora somos una familia». Para María era importante verbalizarlo, pero a mí me sonaron las alarmas antiaéreas. «No, no somos familia; somos un proyecto de familia», corregí. Una vez, Luis del Olmo me preguntó en antena: «¿qué dice tu familia cuando vas a una guerra?» Respondí: «Nada, porque mi familia son dos gatos: Claudio y Oliverio». A Lourdes, la persona con quien compartía mi vida en ese momento, le sentó mal: «menudo disgusto si lo oye tu madre»; pero el disgusto era el suyo.

Separados de una convivencia que parecía imposible, siempre discutiendo, pero aún juntos en la fascinación y en el querer, María ha sido esencial en la construcción de este libro. Ha aportado luz y pasión a cada descubrimiento, a sus posibles significados. No quise un texto cerrado, inamovible; le he permitido crecer, moverse y madurar. A veces sospecho que es María quien mueve los hilos de manera sutil para que un libro que iba a ser contra mi padre, pese a que nunca fue mi deseo firmar una venganza, se vuelva contra mí y me ponga en mi sitio. O es el texto el que ha conseguido una independencia de criterio e invita al lector a sacar sus conclusiones.

Ha sido un maravilloso viaje a mi infancia y juventud, a las Españas interrumpidas y aún mal resueltas. Ha resultado difícil y doloroso. Lo que fue una decisión de supervivencia infantil se enquistó en un hábito, en una actitud ante la vida: las verdaderas emociones son secretas, no se muestran, no se comparten. La palabrería de lo que se dice para aparentar transparencia sirve para distraer. Para mí, compartir equivale a abrir las puertas a un desengaño, a la traición. Cuando se acerca el momento del compromiso ineludible, escapo, me voy. Percibo la estabilidad como una cárcel. Odio sentirme preso.

Hice una excepción sin darme cuenta con *El País*, y me impliqué emocionalmente sin límites ni defensas durante veinte años de enviado especial sin esperar contrapartidas, premios ni ascensos, más allá de un sueldo que nunca subió por reconocimiento de méritos, solo por el IPC. Fue un amor ciego y loco, como todos los amores. No era tanto un enamoramiento con el periódico en sí, que también, sino con sus valores, su compromiso con un tipo de periodismo atrevido en la forma y en el fondo que no reparaba en gastos. Las historias estaban siempre por encima de los gerentes. Tuve suerte de vivir los últimos años de una época dorada, de trabajar en un periódico que no parecía español y con el que me identificaba. Todo esto es pasado, pertenece a un mundo que difícilmente volverá. Cambiaron las prioridades, como dice el creador de *The Wire*, David Simon. Ahora es más importante el precio de las acciones del medio en la Bolsa que sus exclusivas.

Desde que el Gobierno del PP aprobó su reforma laboral, eufemismo de abaratamiento del despido, supe que habría un ERE (despido colectivo) en *El País* y que estaría en esa lista. Lo que no podía imaginar es que iba a afectar a un tercio de la plantilla. Soy un individualista radical que carecía de apoyos. Me había ganado la antipatía de bastantes jefes debido a mi forma de ser, directo e irónico, algo suicida. Por una buena frase soy capaz de perder un amigo, de ganarme un odio. Una tarde de domingo, uno de los mandos se acercó a la mesa de Internacional para decirnos que debíamos dar una información. Discutimos ante lo que parecía una imposición, algo relacionado con la Alianza de las Civilizaciones de Rodríguez Zapatero. No me pude contener y pregunté «quién dice que lo tenemos que dar». «Lo digo yo, y basta», respondió el mando. «¿Y tú, quién eres?», seguí retador. «Soy tu superior». En ese momento se activó la palanca de la insensatez: «No, tú solo eres mi jefe, lo de mi superior lo tendrás que demostrar». Fue uno de los que hizo la lista de despedidos.

Me he pasado la vida queriendo cambiar de familia, buscando otro padre, unos referentes éticos alejados del franquismo, tratando de escapar de una historia impuesta. Años de trabajo como periodista, de viajes al epicentro de la desgracia y cientos de conversaciones con víctimas me han regalado unas vidas extra que no merezco. He vivido muchas veces. Fueron veinte años y dos meses portentosos de aprendizaje continuo en los que crecí como persona y periodista. Solo perdí el trabajo, no el sentido de las cosas.

María goza de una extraordinaria destreza para pacificar las relaciones que no tienen que ver con ella, y una no menos extraordinaria capacidad para no dejar de agitar la nuestra. Quizá por eso me gusta. Me ha enseñado a ver a mis hermanas desde otro ángulo. Una de las últimas veces que me reuní con ellas tuve la impresión fugaz de que eran parte de mi familia. Escribo con los sentimientos a flor de piel y sin chaleco antiemociones, sin red. Como periodista nunca me importó que afloraran, son parte esencial del trabajo. Como persona me siento vulnerable, en tierra de nadie.

Ha sido un viaje apasionante desde una sala de plancha en la casa de María de Molina en la que fantaseé con ser otro, hasta el punto final narrativo que se anuncia, que me ha permitido ver lo que era evidente, lo que estaba a mi alcance. Cegado por la guerra contra mi padre, contra todo lo que él representa, no me di cuenta de que siempre fui otro, desde que nací en un hospital inglés de Lagunillas impregnado de olores caribes. Salí blanco, pero raro. Soy emocional como los Lobo, sea cuales sean sus ideas, y rígido como los Leyder, un defecto muy sajón. Siento que conecto con las generaciones de mi abuelo y de mi bisabuelo, con la España transformadora que fue destruida por la guerra y una dictadura de la que no hemos terminado de salir. Aunque tal vez parezca pretencioso, me siento continuador de esa España, de esa parte de la familia derrotada. Tengo miedo de que con tanta pacificación pierda alguna esencia, la rebeldía. Bru Rovira, que desea ayudarme a encontrar un buen final, sugiere que anuncie mi decisión de hacerme cartujo y retirarme a la vida contemplativa. Es una opción tentadora, pero tal vez baste con pedir perdón, dar las gracias.

Llegué hasta aquí empujado por una docena de rescatadores, hombres y mujeres que me salvaron del ahogamiento y, tal vez, del suicidio: mi abuelo Marcel Leyder, Bernardo Arrizabalaga, Javier Andreu, Jesús Álvarez, y, por supuesto, Celina, Blanca, Maribel, Lourdes y Carmen. Y María, la Gran Rescatadora, la última guía. Este libro es el cierre de un viaje de más de sesenta años con el privilegio de seguir vivo, como el coronel Aureliano Buendía que se salvó del pelotón de fusilamiento. Viajo y navego consciente de mis actos, de los buenos, los malos y los peores, sin necesidad de esperar al acto supremo de morirme para enfrentarme a lo que los católicos llaman el juicio final. Sé que cuando llegue ese momento podré exclamar: «¡Coño, esto ha merecido la pena!» Será un buen epitafio.

Agradecimientos

Debería empezar por el principio y dar las gracias a mi madre, la culpable de que esté aquí; transmisora de dos virtudes esenciales en el periodismo: la rebeldía y el afán de lucha. Le doy las gracias por su libro, que puso en marcha el mecanismo durmiente de este.

A María por sus apasionados consejos y críticas, por ayudarme a salir de cada laberinto, por estar en las tripas de un libro que tanto me ha costado.

A mis primos ingleses Martin Leyder, Sarah Steer y David Steer, que compartieron recuerdos y tiempo; lo mismo que mis primos españoles Julio Lobo, Álvaro Lobo y José Luis Lobo, tres descubrimientos.

A mis hermanas Mónica y Patricia; además de regalarme memorias, me han tenido que soportar toda su vida. A mis sobrinos, que apenas menciono.

A mis primos Ramón, Pilar y Jesús Aymerich Lobo, y a Margarita D'Olabarriague, suministradora de ideas, fotos y papeles. A Carmen Jiménez de los Gavilanes por aquellas ostras de la calle Hermosilla.

A Guadalupe Fernández Gascón por su generosidad al remover un pasado doloroso y compartirlo para equilibrar este libro. A Jan Martínez Ahrens, ex compañero de *El País* en México, que me puso en contacto con Carmen Tagueña, presidenta del Ateneo Republicano en el Distrito Federal, que a su vez me ayudó a localizar a Guadalupe. Gracias Carmen, y a los republicanos españoles en México.

A Alfredo Mesa, que corrigió errores de la época del colegio Chamberí. A Jesús Álvarez y los amigos de la pandilla del barrio. Sobre todo a Juan Rodríguez, *El Copón*, por aquel combate mítico de boxeo.

A Carmen Andrés, que me ayudó a eliminar erratas y a poner bien las preposiciones, mi punto débil. A Raquel Rico Bernabé por intentarlo. A Manuel Saco, que revisó la última edición, y a Guillermo Altares por sus siempre sabios consejos.

A Anna Soler Pont por guiarme y a Marina Penalva por creer en este libro y obligarme a escribirlo.

Al Archivo General Militar de Ávila por la documentación enviada y a Juan Martínez Ortiz, que me ayudó a interpretar los datos. Al equipo del Archivo de la Villa que me socorrió en la búsqueda de los catastros y soportó con paciencia mi manifiesta inutilidad con las máquinas. Al Colegio de Médicos de Madrid que me permitió revisar los expedientes de mi bisabuelo y mi abuelo. A Marisa Navas por enseñarme la planta 12 del edificio de Telefónica y a Luis Solana por sus comentarios sobre la historia del edificio.

A Emilio Silva y a su prodigiosa memoria histórica.

A Esther García Guillén por evitarme errores y regalarme detalles de los que mejoran un libro. A Pablo Segarra y al pintor Augusto Ferrer-Dalmau por su ayuda para entender la División Azul.

A Jorge Martínez Reverte por su ayuda y consejos, y por sus libros y su lucha.

A mi padre, por su esfuerzo titánico para convertirme en otro, y a cada lector que llegó hasta aquí.